Notre histoire mérite une fin heureuse

L'éditeur remercie le Fonds de dotation agnès b.
ainsi que l'Institut français d'Afrique du Sud (IFAS)
pour le soutien apporté à l'édition de ce livre.

Titre original :
The Jail Diary of Albie Sachs

978-2-85061-302-9

www.premierparallele.fr

Albie Sachs

Notre histoire mérite une fin heureuse

Traduit de l'anglais (Afrique du Sud)
par Cécile Dutheil de la Rochère

Premier Parallèle

Albie Sachs

Albert Louis Sachs naît le 30 janvier 1935 à Johannesburg, en Afrique du Sud, de parents juifs ayant fui la Lituanie dans les années 1920.

Devenu étudiant en droit, il s'engage très tôt contre le régime d'apartheid. À 17 ans, il participe notamment à la série de manifestations et d'actions de désobéissance civile dite *« Campaign of Defiance against Unjust Laws »* (« campagne de résistance passive »). Il est alors arrêté une première fois pour s'être assis sur un banc réservé aux non-Blancs, puis relâché du fait de son jeune âge. Trois ans plus tard, il assiste au Congrès du peuple à Kliptown, lors duquel est adoptée la Charte de la liberté, qui sera le programme politique, social et économique du Congrès national africain (ANC). Il devient avocat à 21 ans et se consacre à la défense des victimes du régime d'apartheid et de ses opposants, souvent menacés par la peine de mort.

Lui-même est visé par la police et se voit soumis à des ordonnances restreignant sa liberté de mouvement. En 1963, il est arrêté, emprisonné et mis au secret pendant près de six mois en vertu de la « loi des 90 jours », qui autorise la mise en détention et l'isolement de toute personne suspectée de détenir des informations sur des infractions d'ordre politique. En 1966, il est à nouveau incarcéré et torturé par privation de sommeil, sous la responsabilité d'un haut responsable des services de sécurité de l'apartheid formé par des officiers de l'armée française en Algérie.

La même année, il s'exile en Angleterre, où il publie *Notre histoire mérite une fin heureuse (The Jail Diary of Albie Sachs)*, son journal de prison écrit en secret dans les mois qui ont suivi sa libération. Il est adapté au théâtre par la Royal Shakespeare Company, ainsi qu'à la radio et à la télévision par la BBC. La pièce, jouée dans de nombreuses régions du monde, contribue aux efforts internationaux visant à isoler le gouvernement sud-africain et à mettre un terme à l'apartheid. En Afrique du Sud, le livre est interdit ; en posséder un exemplaire relève du délit. Quelques ouvrages introduits clandestinement circulent néanmoins sur le territoire.

À Londres, Albie Sachs étudie et enseigne le droit pendant onze ans. En 1977, il s'installe au Mozambique, où il poursuit ses activités d'enseignement et de recherche et s'engage activement aux côtés de l'ANC.

En 1988, à Maputo, il est victime d'un attentat à la voiture piégée commandité par les services secrets sud-africains. Il survit miraculeusement à l'explosion, mais perd un bras et l'usage d'un œil.

Après de longs mois de convalescence, il se consacre à la préparation d'une Constitution démocratique pour la nouvelle Afrique du Sud, dont il sera l'un des architectes. Il retrouve son pays en 1990, après vingt-quatre années d'exil.

Il plaide notamment pour l'adoption d'un *Bill of Rights* établissant les droits fondamentaux de tous les citoyens – parmi lesquels l'impossibilité d'être détenu sans procès.

À la suite des premières élections démocratiques de 1994, il est nommé par le président Nelson Mandela pour siéger à la nouvelle Cour constitutionnelle. En tant que juge, il se distingue par ses décisions qui ont contribué à faire de la Constitution d'Afrique du Sud un exemple en matière de protection des droits humains et de promotion de l'égalité.

Il défend l'existence de la Commission de la vérité et de la réconciliation et lutte pour que l'on accorde le pardon aux criminels de l'apartheid à condition qu'ils reconnaissent publiquement leurs actes.

Dans le cadre de la Commission, il rencontre l'homme qui a organisé la tentative d'assassinat dont il a été victime et lui serre la main.

Sa renommée de juge est désormais internationale ; en France, il se rapproche de Robert Badinter.

Albie Sachs est l'auteur de plusieurs livres consacrés à son expérience de militant et de juriste. *Notre histoire mérite une fin heureuse*, écrit alors qu'il n'avait pas trente ans, est le premier à être publié en France. Il est considéré comme un classique de la littérature carcérale.

Albie Sachs témoignera par la suite, dans de nombreux autres livres mêlant l'intime et le politique, d'un destin pris dans l'histoire de l'Afrique du Sud : *Stephanie on Trial* (1968), *The Soft Vengeance of a Freedom Fighter* (1990) and *The Free Diary of Albie Sachs* (2004).

Dans les années 1980, il collabore avec Indres Naidoo pour rendre compte des conditions de détention de milliers de prisonniers noirs sur Robben Island, et de la résistance dont ces prisonniers font preuve – dont Naidoo lui-même et les plus hauts dirigeants de l'ANC. Le livre s'intitule *Island in Chains* (1982).

Le récit de son expérience de juge à la Cour constitutionnelle a été traduit en français sous le titre *L'Étrange Alchimie de la vie et de la loi* (2021). Il est accessible en ligne sur le site de l'université de Pretoria.

Albie Sachs vit aujourd'hui au Cap. Il continue de témoigner d'une vie de combat à travers le monde – un combat porté par la simple mais ferme conviction qu'il finirait, car il était juste, par être couronné de succès.

Pour Dot,
qui m’a tendu tant de mains
que je ne saurais le dire

Note à l'attention des lecteurs français

Les découvertes dues au hasard sont d'autant plus précieuses qu'elles sont liées à un moment important de votre vie. Pour ma part, c'est la rencontre inattendue avec une écrivaine française dont je n'avais jamais entendu parler qui allait me faire cet effet. Mais revenons quelques années en arrière.

Dans les années 1950, à l'époque où j'étais étudiant, je faisais partie d'une association appelée la Modern Youth Society. C'était une organisation antiraciste dynamique, dont les membres étaient jeunes, en majorité blancs, et souvent juifs. Nous étions résolument opposés à l'apartheid et partisans de la lutte pour la libération nationale et la démocratie menée par l'ANC. Nous jugions intolérable que seuls les Blancs aient le droit de vote, dictent et appliquent la loi, s'approprient près de 90 % du pays en toute légalité et obligent tous les Sud-Africains et les Sud-Africaines à vivre dans des zones définies en fonction de leur appartenance raciale. Comme nous savions que l'État se retournerait tôt ou tard contre nous et que nous finirions en prison, nous dévorions la littérature carcérale.

Nous lisions la poésie de Nâsim Hikmet, un écrivain membre du Parti communiste turc clandestin. Nous étions en adoration devant le chef-d'œuvre de Julius Fučík, dirigeant communiste tchèque détenu dans une prison de la Gestapo, à Prague, pendant la Seconde Guerre mondiale. Intitulé *Écrit sous la potence*, l'auteur y relate les pensées et les émotions qui l'ont traversé au cours des derniers jours de son existence – un gardien a réussi à faire sortir le manuscrit clandestinement, en se faisant passer pour un sympathisant nazi. Mais le livre que nous lisions et relisions avec le plus de ferveur était *La Question* de Henri Alleg, directeur d'un journal franco-algérien. Nous connaissions tous les détails des tortures que lui avaient infligées les parachutistes français pendant la guerre d'Algérie. Le texte que lui consacra Jean-Paul Sartre nous frappa particulièrement. Écrit dans une langue percutante, passionnée et accessible, il y analyse le rôle de la torture dans la répression coloniale. Aujourd'hui encore, je me souviens que Sartre y explique que l'obtention d'informations n'est qu'une des facettes de la torture ; son vrai but est d'affirmer, par la violence physique, la domination et la supériorité totales de la classe des tortionnaires sur celle des torturés. La déshumanisation des personnes torturées n'est pas un effet secondaire, elle est au cœur même de la torture.

C'est en cherchant à en savoir plus sur Sartre que j'ai découvert celle qui allait me marquer encore plus profondément, Simone de Beauvoir. Très vite, elle cessa à mes yeux d'être la compagne de Sartre – Sartre devint son compagnon. Dans l'un de ses livres, que j'ai lu à cette époque tumultueuse de ma vie, Beauvoir insiste sur le rôle que l'écriture a joué dans sa propre existence. Sa fonction, dit-elle, n'est pas celle d'une catharsis permettant d'exprimer des émotions profondément refoulées. Il s'agit plutôt de découvrir et de révéler les liens entre des événements de façon à donner un sens à ce qui, sinon, serait vécu comme un chaos. Même si le cadre de ses récits est souvent épique et idéologique, ce qui les rend vivants et émouvants, ce sont l'intimité et la précision de l'expérience dont elle rend compte. Étonnamment, donc, ce n'est ni Karl Marx, ni Henri Alleg, ni Jean-Paul Sartre qui m'ont permis de préserver mon imagination quand j'étais condamné à l'isolement ; c'est Simone de Beauvoir.

L'isolement prolongé eut sur moi des conséquences bien plus destructrices que ce que j'avais anticipé, minant la perception que j'avais de moi-même et le sens que je donnais à ma vie. Moi qui m'étais battu avec tant de détermination, j'avais l'impression, en prison, de me déliter. De ne plus avoir d'ancrage, de vivre dans un chaos émotionnel et intellectuel. Je chantais, je sifflais, je jouais à toutes sortes de jeux de mémoire complexes pour tenter de préserver le sentiment d'exister – physiquement et mentalement. Je sentais qu'il me fallait trouver une manière de donner un sens à ce que je vivais et aux répercussions que cela avait sur moi. Peu à peu, j'ai commencé à mûrir l'idée de coucher sur le papier ce que j'étais en train de vivre. La possibilité de transformer mon désespoir en littérature m'a donné du courage. J'ai toujours voulu être écrivain. Quand j'écrivais en tant qu'avocat, j'éprouvais le besoin de réprimer l'élan de mon imagination plutôt que de m'en inspirer. Désormais, j'évoluais dans une zone de parfait non-droit, dans un univers où l'idée même de vouloir ou d'avoir des droits était totalement absurde. La police avait la responsabilité de tout. C'était elle qui détenait la clé de ma porte, elle qui décidait quand on pouvait m'apporter mes repas et m'autoriser à sortir de ma cellule une vingtaine de minutes par jour, elle qui était la cause de tout ce que je vivais. C'était moi, en revanche, qui serais responsable du récit que je ferais de cette expérience. Cette idée m'a donné une forme d'énergie intérieure. À partir de ce moment-là, tous les petits riens de la vie que je menais dans mon cube se sont chargés de sens. J'ai commencé à y voir la matière première du livre que j'écrirais le jour où je sortirais, percevant déjà les premières lueurs d'une possible autodétermination. Je ferais ce à quoi Simone de Beauvoir en appelait : je donnerais un sens à une expérience apparemment insupportable et indescriptible. Je lutterais contre le pouvoir absolu que mes geôliers exerçaient sur moi. Mais il y avait mieux : je dirais à de jeunes idéalistes du monde entier ce que c'est que d'être derrière les barreaux. J'échangerais avec des combattants de la liberté impatients de savoir ce que j'aurais vécu. Je serais de nouveau dans la lutte, hors de cette cellule de prison dont la police était responsable, dans les concepts nés de mon esprit, entièrement maître de la situation.

Ce n'est donc pas un hasard si ce livre commence par : « C'est donc à ça que ça ressemble... »

Albie Sachs, juin 2025

Première partie

Maitland
Journal d'amour

1
Introduction

C'est donc à ça que ça ressemble, la prison. Le calme est total, je suis seul dans ma cellule, l'écho du choc de la porte claquée encore dans la tête. C'est donc à ça que ça ressemble. Le sol est dur, sur les murs brille une peinture couleur crème récente, les fenêtres sont hautes, plus hautes que ce que mon regard pourrait atteindre si j'étais -et je le suis - sur la pointe des pieds. Dans un coin, en partie séparées, des toilettes ont été scellées dans du béton, flanquées de deux lattes de bois en guise de siège. L'eau dans la cuvette est propre. Un anneau métallique dépasse d'un trou dans le mur. Ça doit être la chasse. J'y glisse mon doigt et donne un coup sec. La tirette jaillit de la paroi comme une langue de serpent avant de se rétracter. De l'eau dégorge, l'écho du ressac des toilettes qui se remplissent résonne dans la pièce. Nouveau coup sec. L'évacuation a lieu aussitôt : excellente qualité des W.-C., mon unique source de musique. Nouveau coup sec. Invention mécanique géniale. Je recommence, tire sur l'anneau... Arrête, ne fais pas l'idiot, dis-je à mon bras avant de me retourner pour finir le tour du propriétaire. Les murs sont parfaitement propres et antiseptiques. Au sol gît une natte tressée de longues herbes jaunes, assortie d'une pile de couvertures grises et sales à l'une de ses extrémités. Je m'y étends de tout mon long. Elle n'est pas trop dure et légèrement plus grande que moi. Je me redresse pour compter le nombre de couvertures. Que faire, compter debout ou assis sur la natte ? Debout et penché, c'est fatigant, et je suis très fatigué. Le chat était bien assis sur la paillasse, pourquoi pas moi ? Ce n'est pas commode d'être assis par terre. Six couvertures. C'est beaucoup, finalement.

La cellule est entièrement nue : ni lit, ni matelas, ni couchette, ni chaise, ni table. Mon Dieu, c'est effroyable. Même pas de couchette. Je poursuis mon tour du propriétaire. Le monde, y compris ce monde réduit et étranger, a un aspect inattendu vu du sol. Il y a autre chose qui cloche dans la pièce. Ce n'est pas l'angle d'observation qui lui donne cette allure si étrange. Ça y est, je sais : ce n'est pas une pièce, c'est un cube en béton vide qui me contient, moi, un être humain. Seule la gravité me maintient au sol, sinon je flotterais dans les airs, tel un astronaute. Voilà ce qui cloche. Aucun monde du dehors n'existe. Aucun dehors dont je sois conscient. *Je ne vois rien qui soit hors de ma cellule.* Les fenêtres sont trop hautes. Les murs forment la limite extérieure de mon environnement. Soudain je saute, avant de me reprendre sèchement : prends ton temps, prends ton temps. Quatre-vingt-dix jours, c'est long. Suivis par quatre-vingt-dix autres, et encore... et... prends ton temps. J'évalue lentement les dimensions de ma nouvelle demeure. Talon, gros orteil – ma chaussure mesure pile un pied –, talon, gros orteil, talon, gros orteil. D'abord dans un sens, douze pieds, puis dans l'autre, dix pieds et demi. À présent j'accélère, je tâte les parois, passe mes paumes sur la surface brillante, appuie et palpe à la recherche de points faibles. Je m'étire pour atteindre la grille métallique au-dessus de la fenêtre et donne un coup sec. Je me penche et gratte le sol avec un doigt – un premier coin, un second. Je marche jusqu'aux toilettes et j'imagine mon corps glisser le long de la cuvette avant d'en ressortir. Il faut que je fuie. Je creuserai un tunnel. J'assommerai les gardiens et je leur arracherai les clés. Mes copains débarqueront et feront sauter le mur pour y créer une brèche. Ils prendront la police de court, je filerai dans le coin opposé pour éviter l'explosion, je bondirai dans la brèche et...

Ne fais pas l'idiot, tu sais que tu ne peux pas t'échapper. Tu ferais mieux de déballer tes affaires et de commencer à t'installer. Peu à peu, je prends conscience d'avoir un cerveau rationnel opérant, parlant en silence dans mon crâne. J'ouvre la fermeture Éclair du petit sac de toile contenant mes affaires, que je sors et étale par terre. Des chaussures pour le sable, une serviette, un pyjama, une trousse de toilette, une tenue de rechange et un chandail : mes effets personnels – mes compagnons. Je retire mon costume et j'accroche la veste et le pantalon sur de gros écrous qui dépassent du cadran de la grille de la fenêtre. Les jambes du pantalon flottent, tels deux pendus sur un unique nœud coulant, mais la cellule est un peu moins austère. Je suspends la serviette sur un autre écrou, une serviette de plage aux carreaux vifs, aussi colorés et stimulants qu'une scène vue à travers une fenêtre – un point sur lequel mes yeux pourront se reposer au cours de leurs rondes frénétiques le long des murs. J'enlève ma chemise blanche et la dépose sur le pantalon. Ma chemise d'arrivée, qui sera aussi ma chemise de sortie, peu importe quand et où celle-ci aura lieu. Maintenant, voyons : si j'empile les couvertures comme ça, je ne suis plus assis directement par terre. C'est mieux. La pièce est un peu plus gaie. Je regrette qu'ils m'aient pris ma montre – je me demande quelle heure il est. Aucun rayon de soleil ne filtre, même s'il ne fait pas trop sombre.

Pourquoi le calme me semblait-il absolu ? Un train passe avec un bruit de ferraille et je perçois le vacarme assourdi d'un trafic automobile au loin. Je suis pourtant dans un monde muet. La police a disparu en franchissant une série de portes qui s'ouvrent et se ferment comme des valves menant au bureau du commandement, dans la partie avant du bâtiment. Au-delà de la rumeur du trafic, je distingue un son différent, venu de très loin – le carillon d'une horloge d'église qui sonne. Trois quarts d'une heure viennent de s'écouler. Quelle merveille : si j'écoute attentivement, je peux suivre le passage du temps. Qu'ils la gardent, ma fichue montre. Privé d'instrument de mesure du temps, interdit de soleil et soustrait aux périodes de travail de la vie normale, j'écouterai le carillon résonnant au-delà des toits, comme au Moyen Âge, quand on vivait l'oreille tendue vers de gigantesques horloges communales.

Je refais le tour de la cellule, ravi par ce repère inattendu ; je m'arrête devant les toilettes, tire sur la langue du serpent dardant de la paroi et sens l'excitation monter face à l'afflux d'eau bouillonnante dans la cuvette, jaillissant avant de replonger dans les profondeurs.

Je frappe dans mes mains pour voir si l'écho me répond. J'ai le droit de frapper dans mes mains, ils ne vont quand même pas me punir pour ça. Je pince les lèvres en soufflant, tâchant d'émettre un petit sifflement. Rien. Personne ne débarque en m'intimant de me taire. Je siffle de plus en plus fort, me dirige à grands pas vers l'immense porte en acier dépourvue de poignée, et m'insurge en lançant, furieux, quelques notes nettes, retentissantes, de la *Cinquième* de Beethoven. De la grande musique, le thème du « *V* de la victoire », qui date de la guerre. Vous, là-bas, je n'ai pas peur que vous m'entendiez, vous ne savez même pas ce que je siffle.

Me voici de nouveau assis, observant de nouveau les murs, tâchant d'imprimer dans mon esprit les différentes parties de la cellule, de l'envisager comme un tout. Quelle tristesse, quelle cruauté de voir des hommes en enfermer d'autres dans ce genre de tombe, sans lit, sans couchette. Si c'est ainsi qu'ils me traitent, moi, un homme blanc, un avocat, quel cauchemar ce doit être pour les Africains[1]. Les

1. Dans les années 1950, les personnes blanches se disaient « européennes », tandis que celles qui ne l'étaient pas étaient qualifiées de « non-européennes ». Cette seconde catégorie comprenait la population la plus importante, que l'on qualifiait officiellement de « native », c'est-à-dire les personnes d'origine africaine autochtone, qui parlaient des langues africaines. Les militants anti-apartheid préféraient utiliser le terme « Africains » pour désigner les personnes d'ascendance autochtone. De leur côté, les lois sud-africaines sur la classification raciale divisaient la population en quatre groupes « raciaux ». Le premier regroupait les Blancs. Le deuxième comprenait les personnes d'ascendance mixte, que l'on appelait les « *Coloured* » (de couleur). Le

murs sont désespérément lisses et monotones, ils n'ont rien pour accrocher le regard. Dieu que c'est affreux. Je suis dans un drôle d'état. Je pensais que je réagirais mieux. Je ne m'attendais pas à ce que ce soit aussi épouvantable. Il faut que je tienne. Je me demande qui sont les autres, enfermés dans ces cellules. Non, je ne flancherai pas.

J'ai une idée. Je vais rompre la monotonie des murs. J'imprimerai quelque chose de moi et, en même temps, je laisserai un souvenir sur cette surface stérile. J'ai ce qu'il faut dans ma trousse de toilette. Ils m'ont confisqué mon rasoir, mais pas mon tube de crème à raser. L'extrémité arrière du tube est assez pointue et solide pour érafler la peinture. Je choisis un coin du mur proche de la porte de façon à ce qu'ils ne voient rien quand ils entrent. Peu à peu, j'esquisse une carte : un croquis du commissariat de police où je me trouve, fondé sur un exercice d'observation intensive effectué quand on m'a transbahuté d'une section à une autre. L'essentiel est d'indiquer l'entrée, la route principale, la position du centre de la ville et la montagne. Maintenant, j'inverse et je coche le bureau du commandement, le passage, les portes, la cour, ma cellule. Voilà qui devrait me permettre de me repérer ; je serai quelque part, pas seulement dans un cube en béton. Qui sait, un jour il me sera peut-être utile d'avoir un croquis du bâtiment où je suis enfermé. Mardi, premier octobre. Je grave les chiffres 1 – barre – 10 – barre – 1963. Les incisions ont beau être légères, elles sont assez visibles pour que je m'y retrouve, alors qu'un visiteur n'y verrait que du feu. Une barre légèrement différente pour le premier jour. Je garderai la trace du temps qui s'égrène. Quel dommage que les anciens occupants n'aient pas laissé leur marque dans ce cachot. Je grave mes initiales dans un autre coin. Ils ne pourront jamais prouver que c'est moi qui ai dessiné

---

troisième désignait les personnes d'origine indienne, que l'on appelait les « Indiens » ou les « Asiatiques ». Enfin, dans le quatrième groupe, il y avait la grande majorité de la population, que l'on nommait les « Natifs » et, plus tard, les « Bantous ». Les combattants de la liberté utilisaient donc le mot « Africains » pour parler des personnes d'origine autochtone. (*Note de l'auteur à l'édition française.*).

la carte, mes initiales sont trop éloignées. Quels qu'ils soient, mes successeurs sauront que je suis passé ici : quiconque vit dans une cellule entraîne ses yeux à repérer la moindre empreinte d'occupation antérieure. Je ne suis pas le premier à être emprisonné ici, et ils seront nombreux à me suivre. La chaîne des prisonniers politiques remonte loin dans le temps, et elle est promise à un long avenir.

De retour sur ma paillasse. Je tombe de sommeil, mais préfère ne pas fermer les yeux de peur que m'assoupir en plein après-midi ne complique les choses cette nuit. Je rêve de ce soir, d'obscurité et de sommeil. Comme le café et les légumes instantanés, le sommeil est le temps de l'instantané : une nuit entière réduite à deux yeux qui se ferment et deux yeux qui s'ouvrent. La nuit sera un nouveau repère signalant le passage du temps. Une fois celle-ci écoulée, j'aurai été à l'isolement une journée entière. Mais je me demande si je dormirai tout mon saoul. Je ne dors jamais bien la première nuit dans un lieu inconnu, même dans les circonstances les plus favorables. Quel cauchemar, si je ne dors pas. Inutile d'y penser maintenant. Le plus judicieux est de rester éveillé afin d'être épuisé à la nuit tombée. Voyons, à présent, que faire ?

Je me lève en me raclant la gorge. Tousse plusieurs fois avec un peu plus d'audace. Jusqu'au moment où j'entends ma voix, fredonnant, puis libérant quelques timides bribes de chant. C'est ma voix ; je suis en train de chanter. Les choses sont plus difficiles que je ne le pensais. Je n'imaginais pas que l'isolement serait aussi absolu ni aussi éprouvant. S'il y a quelqu'un plus loin, détenu lui aussi, écoute, c'est moi, je suis en train de chanter, je suis venu te rejoindre, et je vais rester longtemps, très longtemps, parce que je ne lâcherai pas, quoi qu'il arrive. Je ne céderai pas. Mon devoir est d'aller jusqu'au bout.

2
Journal d'amour

Premier jour. Ma cellule est située dans le coin de la cour, à part, près des portes. Qui sont les détenus enfermés de l'autre côté ? Je suis sûr qu'il y a des prisonniers de la loi des 90 jours. Ils ont arrêté tellement de gens ces derniers mois qu'on doit en trouver dans tous les commissariats du Cap. Cela dit, je ne crois pas avoir entendu dire qu'il y en avait ici, au poste de Maitland. Si c'est le cas, il faut qu'ils sachent qu'une nouvelle arrivée a eu lieu. Je siffle quelques notes de Beethoven avant de chanter la phrase d'ouverture, et j'attends ; j'enchaîne avec la Marseillaise. Aucune réaction. J'entonne un chant africain, *We will follow Luthuli*, toujours rien. Très concentré, je fredonne l'air de *The Red Flag*[2]. Puis *Let's Twist Again*. Silence. Peut-être sont-ils trop loin pour m'entendre. Peut-être que « ça ne se fait pas » de chanter. Peut-être se débrouilleront-ils autrement pour entrer en contact avec moi. Peut-être suis-je le seul prisonnier ici.

Deuxième jour. Je commence à m'y retrouver. Les surveillants m'apportent trois plateaux-repas par jour. Ils parlent des « autres »

2. Hymne du mouvement ouvrier socialiste anglais et irlandais (*N.d.T*).

– sous-entendu : les autres prisonniers. Où sont ces autres et qui sont-ils, je ne le sais pas. C'est l'heure de la promenade. On m'escorte jusqu'à une minuscule cour en veillant à ce que je ne regarde pas dans la cour principale adjacente, plus grande. En rentrant, j'aperçois une femme qui doit être l'épouse du commandant, sans doute la surveillante principale, ce qui signifie qu'il y a au moins une prisonnière ici. On vient de verrouiller ma porte quand j'entends un des gardiens hurler un nom. Quelque chose dans le ton de sa voix me fait dire qu'il s'adresse à un détenu. Le nom ressemblait à « Zollie ». J'imagine que c'est Zollie Malindi. Il a été membre de l'ANC pendant des années, je l'ai souvent défendu. Nous voilà tous les deux derrière les barreaux, lui, un ancien mécanicien africain, et moi, un avocat blanc, séparés par une cour en béton.

Troisième jour. Aujourd'hui, ils sont moins stricts à la promenade. Je suis dans la grande cour quand ils ouvrent la porte d'une cellule d'où sort une jeune femme : une fille de taille moyenne, avec des cheveux foncés et des vêtements soignés. Elle a plus ou moins mon âge, l'air très digne. Alors qu'on l'escorte dans une des petites cours, je découvre son visage, grave et impassible. Elle marche sans un mot, puis disparaît. Je garde d'elle l'image de sourcils épais, de lèvres charnues brun foncé et de longues tresses relevées de cheveux noirs. Elle a l'air très courageux, je me demande comment elle tient. Je pense à elle en courant. Il est évident que c'est aussi une victime de la loi des 90 jours. Vu son allure et ses vêtements, elle ne doit pas venir de la classe ouvrière. Elle n'est pas non plus membre du Coloured People's Congress ni d'un syndicat, sinon je l'aurais croisée. Ce qui signifie qu'elle fait partie du groupe Alexander[3]. J'espère que je pourrai la revoir à la fin de la promenade. Hélas, au moment où ils m'enferment, elle est toujours dans la petite cour. Je la croiserai peut-être plus longuement demain.

3. Groupe d'intellectuels noirs, radicaux, dont le principal membre était Neville Alexander, arrêté au motif qu'il aurait envisagé la possibilité de la lutte armée (*N.d.T.*).

Quatrième jour. Elle a beau me voir en sortant de sa cellule, elle ne me fait pas le moindre signe. Je m'adresse tout haut aux surveillants : « Vous pourriez permettre à cette jeune femme d'aller dans la cour principale, cette fois-ci ? » Je suis sûr qu'elle m'entend. Si seulement elle disait deux ou trois mots pour que je distingue sa voix ! Vite, je fonce du côté de la petite cour. La porte qui la relie à la grande est fermée, impossible de la revoir. Plus tard, de nouveau sous les verrous, je reconnais le nom de Zollie, qu'on appelle à tue-tête. Quand ils m'apporteront mes fruits à l'heure du déjeuner, je leur demanderai d'en donner aux autres détenus.

Cinquième jour. Le nom que j'ai entendu était bien celui que je pensais. Aujourd'hui, quand ils ont ouvert ma porte, je l'ai vu : Zollie Malindi. Il s'est laissé pousser la barbe et s'est un peu empâté, mais il n'a pas beaucoup changé ; on dirait toujours qu'il porte son corps de grand dadet sur sa carcasse souple. Les gardiens s'adressent à lui en criant avec une forme d'affection, comme s'ils s'adressaient à un chien pour qui ils auraient un faible. Il vient d'émerger de sa cellule, voisine de celle de la jeune femme à la peau sombre, quand soudain il m'avise. Il veille à ne pas marquer de pause et nous nous saluons discrètement. Les gardiens n'y voient que du feu – ni lui ni moi ne pipons mot, et nous n'esquissons pas un geste, pas le moindre mouvement du visage. Un puissant courant de reconnaissance passe entre nous. Il se dirige vers le lieu réservé à sa promenade et j'en profite pour échanger quelques mots avec mes surveillants de façon à ce que ma voix porte de l'autre côté de la cour.

Au début de l'après-midi, je suis allongé sur ma natte, hébété, quand peu à peu je distingue un air qui m'est familier. Des notes lointaines, très lointaines, qui semblent venir d'une autre planète. J'arrive à peine à suivre la mélodie. Je perçois tout juste un sifflement, aussi argenté et ténu qu'un fil d'araignée emporté par le vent. Rien à voir avec la musique enjouée de la police. La mélodie, concentrée, langoureuse et distante, reprend. Je sais ! C'est le *largo* de la *Symphonie du Nouveau Monde*, l'air de *Going Home*. Je bondis sur mes pieds et j'écoute, tout ouïe. Quelque part, quelqu'un siffle pour que les prisonniers l'entendent. Je serais incapable de dire précisément d'où vient le son, mais il faut que je réagisse. J'attends que ces longues mesures plaintives s'achèvent et je vais me plaquer contre la porte avant de siffler à mon tour. De nouvelles notes s'élèvent, hautes et sonores.

Au loin, imperceptiblement, la réponse sourd. Ligne à ligne, chacun sifflote : salut, réponse, salut, réponse. Chaque fois, je commence, puis le siffleur ou la siffleuse enchaîne. Une fois de plus, nous parcourons la mélodie en sautillant puis, à tour de rôle, nous sifflons le couplet central, suivi du refrain. Peu de gens connaissent *The Red Flag* en Afrique du Sud. Ça fait bientôt douze ans qu'il est presque interdit de militer en faveur du socialisme. Depuis, la lutte pour la libération des Africains est devenue si fondamentale que les hymnes à la liberté que nous connaissons sont presque tous d'origine africaine. En Afrique du Sud, le drapeau du Peuple, qui correspond au mouvement pour l'émancipation des Africains, est vert, or et noir. Communistes, socialistes, gandhistes, nationalistes et libéraux, tous se réunissent sous cette unique bannière.

Je suis de plus en plus ému ; je fredonne sans prononcer les paroles, jusqu'à ce que j'arrive au refrain :

« *Though cowards flinch, and traitors sneer,*
We'll keep the la la la here.[4] »

Personne ne réagit.

Je retourne sur ma natte en me demandant qui m'a répondu. Mon petit doigt me dit que c'est la jeune femme à la peau sombre. Je doute que Zollie connaisse la *Symphonie du Nouveau Monde* ; en revanche, il connaît sûrement *Somlandela Luthuli*[5]. Comme il est engagé depuis des années, il doit connaître *The Red Flag,* mais je m'attendrais plutôt à ce qu'il en chante les paroles. Quant à la jeune

4. « Même si des lâches tremblent et des traîtres se moquent / Nous ferons flotter le drapeau la la la » (*N.d.T.*).
5. Chant en l'honneur d'Albert Luthuli, président de l'ANC de 1952 à 1967 (*N.d.T.*).

femme, si elle fait effectivement partie du groupe Alexander, elle doit connaître le *largo* de la *Symphonie du Nouveau Monde* et *The Red Flag*, mais pas le chant de Luthuli. Après tout, que sais-je de ce groupe, si ce n'est qu'il réunit des gens de gauche, des intellectuels influencés par plusieurs membres de la vieille garde trotskiste, très militants mais, de mon point de vue, très portés sur la théorie et l'écrit et coupés du principal courant de la politique africaine ? Si j'en crois les rapports de la presse, la police a arrêté leurs dirigeants et découvert des projets de lutte révolutionnaire. Elle aurait brisé ce qu'elle appelle un « groupe terroriste chinois ». Il va de soi qu'aucun des accusés n'est chinois : à part un Afrikaner, ce sont tous des jeunes hommes et des jeunes femmes *coloured*, essentiellement des professeurs et des artisans, originaires du Cap et de ses environs. Leur maître à penser est Neville Alexander, 26 ans, qui est doté d'un bagage universitaire impressionnant. Je me souviens l'avoir croisé à l'université du Cap avant qu'il n'aille poursuivre ses études en Europe.

Ô toi, jeune femme à la peau sombre, si tu es membre du groupe Alexander, et si c'est toi qui sifflais, le lien qui nous unit est plus précieux que tout. Loin de la prison, nous avons des divergences mais les mêmes objectifs ; ici, en prison, rapprochons-nous et serrons-nous les coudes. Quel bonheur d'avoir quelqu'un à qui parler, même si c'est dans une langue aussi fragile et indistincte que le sifflement. J'espère que nous nous reverrons demain. Et que nous pourrons nous saluer face à face.

Ô jolie, si jolie jeune femme à la peau sombre, avec tes sourcils noirs et tes cheveux relevés, ton air triste et courageux et tes gestes silencieux, puissions-nous nous revoir demain !

Sixième jour. Les surveillants ne voient pas que je suis très excité au moment de sortir pour la promenade. Je vais bientôt savoir qui s'est adressé à moi en sifflant. Je me rase soigneusement et tâche de dompter mes cheveux ébouriffés. Dans la glace, mon visage semble apaisé, imperturbable ; les gardiens ne verront rien dans cette courette où je fais mes ablutions. J'entends la porte de sa cellule qui s'ouvre et la surveillante qui lui parle. Au loin, un officier de police hurle contre Zollie. Ils seront bientôt dans la cour principale.

« J'ai oublié ma serviette, dis-je au sergent qui me surveille. Je peux aller la récupérer ?

– Pas de problème », répond-il.

Il ouvre la porte qui donne sur la cour principale et me suit tandis que je file dans ma cellule. La jeune femme à la peau sombre se déplace dans un rectangle éclairé par le soleil et fume avec des mouvements calmes et solennels. Zollie doit se trouver dans l'autre petite cour. Je fonce en évitant de me retourner pour regarder la jeune femme. Je devrais me retrouver pile en face d'elle en sortant. Je prends ma serviette, me lisse les cheveux et regagne la porte. Le sergent veille.

« Pardon, je suis distrait, lui dis-je, merci de m'avoir autorisé à revenir la prendre. »

J'arrive devant l'embrasure de la porte quand je la vois. Elle est juste en face de moi et avance dans ma direction. Elle tient sa cigarette entre ses doigts pointés vers l'avant, traçant dans l'air de légères volutes de fumée. Elle marche la tête haute, en regardant droit devant elle. Son buste est pris dans un beau chemisier jaune, et ses hanches et ses jambes, revêtues d'un pantalon vert soigné, chaloupent délicatement. Je vais bientôt relever la tête, nos yeux vont se rencontrer. Je secoue ma serviette pour détourner l'attention du sergent, fais un pas dans la cour. Ma tête se lève très naturellement, et, pour la première fois, je la dévisage, les yeux dans les yeux. Là, maintenant – l'implore mon esprit –, regarde-moi, là, maintenant. Elle continue à avancer. Imperturbable. Son regard se dirige vers le mur, glisse sur mon corps, balaie mon visage puis revient au mur. Aucun signe de reconnaissance. Ni son corps, ni son visage, ni ses yeux ne me disent quoi que ce soit. Elle m'ignore, comme si j'étais un officier de police, une porte, un pan de mur. Confus, dérouté, je m'éloigne.

Le moment de se saluer est passé et je n'ose pas la fixer : le sergent veille. Je suis revenu dans la petite cour et tournicote en trottant, encore et encore, intrigué par cette absence de reconnaissance. Le sergent se tient debout dans l'embrasure de la porte entre les deux cours. La porte est entrouverte.

Je pince les lèvres et j'expire légèrement en courant : « Ta ra tata, ta ra ta ra – *Here we go round the mulbery brush*[6]. » Je sifflote doucement, juste assez fort au cas où quelqu'un, dans la cour voisine, comprendrait.

« Here we go round the mulbery brush. »

Je siffle au rythme des mouvements ascendants et descendants de mes coudes et de mes genoux. Jusqu'au moment où j'arrête pour tendre l'oreille. De la cour du fond s'élèvent des voix de policiers plus ou moins étouffées par la distance. La surveillante dit deux ou trois mots au sergent qui m'a à l'œil. Le fracas d'un train résonne. Personne ne siffle. Je recommence. Cette fois-ci, je choisis les premières notes du thème *Going Home*. Le tempo rapide et *staccato* coïncide avec mes foulées. Je sifflote tout bas, comme si j'étais seul – mais je suis sûr qu'elle m'entend. Une fois de plus, j'attends une réaction de sa part. Rien n'est plus silencieux que le béton. Seul le bruit feutré de mes pieds se fait entendre. Pourquoi refuse-t-elle de m'accorder le moindre signe ?

L'heure de la promenade est derrière moi, je suis allongé sur ma paillasse. Les gardiens ont disparu, le calme règne. Il faut absolument que j'entre en contact avec la personne qui sifflait avant que la nuit tombe. Je me plaque contre la porte et siffle comme si je m'adressais à toute la prison. Ils l'ont peut-être éloignée. Les notes s'élèvent, de plus en plus haut. Je suis découragé. J'ai peur de me retrouver seul, encore. Arrivé aux dernières mesures, je m'assieds et tends l'oreille. Elle monte, je l'entends, elle monte d'un lieu qui

6. Comptine anglaise du XIXe siècle qui viendrait d'une prison de femmes de Wakefield, dans le Yorkshire de l'Ouest, dont la cour avait un mûrier autour duquel les femmes chantaient (*N.d.T.*).

n'est ni trop proche ni trop lointain, ma douce mélodie chérie. C'est exactement celle de la veille, aussi fine, aussi liquide, aussi belle. Ô toi qui siffles, qui que tu sois, merci. Si tu as l'occasion, s'il te plaît, je t'en prie, dévoile-toi, que je sache qui tu es.

Septième jour. Les gardiens m'apportent mon déjeuner quand je remarque un colis alimentaire. Il est manifestement destiné à une détenue. Sur le papier d'emballage, je lis : POUR MADEMOISELLE DOROTHY ADAMS.

Huitième jour. Au milieu de l'après-midi, je distingue un chant qui vient de l'autre côté de la cour. Une voix de basse résonne à travers le béton. Une musique qui provient du cœur de l'Afrique. Un air grave, résigné, qui ressemble à un cantique dont les couplets se répètent sans fin mais dont la monotonie est rompue par de subtils changements de rythme et de ton. La musique, à la fois amplifiée et étouffée par les murs, se déploie, puis s'affaisse, martelant en rythme ; avec quelque chose de fort, de proche des éléments, comme des vagues ou – qui sait – comme la mort. Je reprends la mélodie ; hélas, personne ne répond.

Neuvième jour. Dans la matinée, au moment où je reviens de ma promenade, je perçois un bruit d'eau qui gicle. Le glouglou vient des sanitaires situés de l'autre côté de la cour. J'y jette un œil : la porte battante, d'ordinaire ouverte, est fermée. Elle ne couvre que le milieu de l'embrasure, créant deux espaces vides au-dessus et en dessous. J'aperçois le bas de deux jambes sombres sous la porte. Deux jambes de femme nues, sur lesquelles coule de l'eau. Puis un talon qui se hisse, le gros orteil s'appuyant fermement sur le sol, suivi par deux mains se promenant le long des mollets.

Ma porte est claquée et verrouillée depuis longtemps, mais je continue à entendre le bruit de l'eau qui gicle.

L'après-midi, je suis en train de faire ma gym quand le siffleur ou la siffleuse me convoque. L'air de *Going Home* est devenu notre cri de ralliement. Je suis au milieu de mes pompes – quinze, seize, dix-sept. La mélodie reprend – vingt, vingt et un, vingt-deux, vingt-trois, vingt-quatre, vingt-cinq. Je m'écroule sur ma natte, à bout de souffle. Notre accord risque d'avoir raison du régime auquel je m'astreins. En prison, la première règle est la suivante : tu n'oublieras pas ton semblable. Personne n'abandonne personne. Quelle que soit mon activité, je m'interromps. Inversement, il ou elle réagira toujours si je siffle, quel que soit ce qui l'occupe à ce moment-là.

En même temps, j'ai l'impression de me soumettre aux aléas de la volonté d'autrui. Cela fragilise la routine que j'essaie de mettre en place. Le plus souvent, on siffle quand j'essaie de dormir ou quand je suis au milieu d'une des activités censées m'aider à tenir. Le pire, c'est lors de mes exercices de gym. Comme je déteste ces séances solitaires, si je m'arrête, j'ai un mal fou à m'y remettre. Or, il faut que je persiste. Je ne vois qu'une solution : siffler tous les jours à heure fixe pour que chacun puisse suivre son emploi du temps. Ô toi qui siffles, où que tu sois, si je ne te réponds pas, ce n'est pas seulement parce que je suis essoufflé, c'est parce que j'attends l'heure du dîner. N'aie pas peur, je ne te laisserai pas tomber. Nous pourrions nous appeler en sifflant tous les soirs. Je t'explique les avantages de la régularité : chacun peut s'organiser pour siffler à telle heure et s'en réjouir d'avance. Personne ne dérange personne, nous nous donnerons rendez-vous comme deux amoureux qui se séparent le soir et se retrouvent le lendemain. La nuit tombée, la circulation est moins bruyante, nous aurons moins de mal à nous entendre. Je sais que je suis cruel de ne pas te répondre tout de suite, mais c'est le seul moyen que j'ai pour te faire passer le message : fixer une heure pour communiquer. S'il te plaît, attends-moi, je suis là – fais-moi confiance.

Le soir même, j'attends le carillon de dix-neuf heures quarante-cinq avec impatience. Dès qu'il sonne, je bondis de ma natte, je me précipite à la porte et je siffle. Un sifflement plus appuyé, plus aimant que d'habitude. J'émets de longues notes pleines, en interprétant la mélodie avec une tendresse particulière. La réponse s'élève. Je n'avais jamais été aussi sensible à la majesté de cette musique. Nous sommes tels deux amants réunis. Je me souviens rarement des airs auxquels j'ai pensé pendant la journée, mais il en existe assez pour que j'imagine un long concert varié. Les trente-trois tours de Miriam Makeba et d'Ella et Louis – pourquoi ai-je mis si longtemps à me les rappeler ? – devraient nous permettre de tenir au moins deux soirées.

Nous passons une heure à siffler en canon. Çà et là, c'est un air qu'il faut répéter plusieurs fois pour que l'autre le reconnaisse. J'ai beau avoir l'oreille plus exercée, j'ai encore du mal à entendre la personne qui s'adresse à moi. D'où, sans doute, la joie que j'éprouve chaque fois que j'identifie une mélodie.

Vingt et une heures sonnent. Il est temps de se préparer à dormir. *Goodnight Irene*, je siffle. Réponse. *Goodnight Irene*, je reprends, *Goodnight Irene*. De nouveaux sifflements s'élèvent des tréfonds de la prison. Je ne réponds pas. La séance est finie pour aujourd'hui. Demain soir, à huit heures moins le quart, promis, je te rappellerai.

Bonne nuit, toi qui siffles, nous nous retrouverons bientôt.

Quelque part dans cette prison, j'ai un ami ou une amie, une personne avec qui je pourrai communiquer tous les soirs. Je regrette de ne pas savoir qui c'est, même si, en dépit de son refus de m'accorder le moindre signe à l'heure de la promenade, j'ai l'intuition que c'est la jeune femme à la peau sombre.

Qui que tu sois, ô toi qui siffles, merci de me tendre la main. Je t'aime parce que j'aime ta loyauté, ta sollicitude. Tu me donnes du courage et tu me rappelles que la beauté existe. Les êtres humains sont plus forts que les murs. Pourvu que nous ayons le courage d'aller jusqu'au bout.

Notre histoire mérite d'avoir une fin heureuse.

3
Interrogatoire

On s'agite, un trousseau de clés tinte, des voix résonnent, des pas se dirigent vers ma cellule. Le cliquetis métallique du cadenas retentit. Je me lève pour aller à la porte, qui s'ouvre brusquement. Deux hommes habillés en civil se précipitent vers moi ; je les connais, ce sont les lieutenants qui ont supervisé la fouille de mon bureau et de mon appartement. Le premier, le lieutenant Potgieter, est petit, avec des cheveux fins, blond sable, et une bouille de gamin sympathique. Son élocution est ferme et cassante, toujours assortie d'un petit côté railleur ; il a l'art de gigoter et de me balancer des remarques cinglantes en me dévisageant pour voir si je réagis. Le lieutenant Wagenaar, lui, est une armoire à glace. Son corps a beau être souple, son long visage cireux est tendu, planté sur un cou épais et rigide. Bouillonnant, agressif, il ne fait pas le moindre effort pour cacher son hostilité. Sous cette façade directe et accusatrice, je sens que c'est le plus humain et le moins cruel des deux. Je suis à la fois inquiet et rassuré de les avoir face à moi. Le jour où ils m'ont arrêté, ils se sont montrés brutaux et intraitables. Tout à coup, j'ai vu quatorze mains d'hommes de la Security

Branch[7] plonger dans mes tiroirs et remuer les doigts au milieu de mes papiers. J'ai été stupéfait de les voir ouvrir mes dossiers pour les examiner ; ils violaient le secret qui me liait à mes clients.

« Ce sont des dossiers confidentiels, me suis-je défendu.

– Nous sommes les seuls à savoir ce qui est confidentiel et ce qui ne l'est pas », m'a répondu le plus grand, avec son masque de cire.

– Vous êtes donc juge, mais aussi officier de police et procureur. » Peu après, il s'est installé sur la chaise derrière mon bureau. « Je vois que vous êtes non seulement officier de police, procureur et juge, mais aussi avocat. La seule casquette qui vous manque est celle d'accusé », ai-je ajouté avec sarcasme. Il était tellement absorbé par la lecture de mes lettres d'amour qu'il n'a manifesté ni amusement ni froissement. Plus tard, il n'a pas manqué de me faire remarquer qu'il avait hautement conscience d'être afrikaner, alors que moi, j'étais juif.

Aujourd'hui, les deux lieutenants portent un attaché-case, tels de parfaits hommes d'affaires, et m'encadrent pour aller m'interroger dans la cour. L'officier responsable des clés, en uniforme, attend patiemment à côté. J'ai l'impression d'être mal peigné et mal préparé, comme chaque fois que je reste allongé longtemps et que je mets un moment à m'adapter au monde des gens debout. Enfin, je vais peut-être savoir pourquoi j'ai été arrêté. Ignorer le motif de ma détention me déstabilise profondément. Il m'arrive d'avoir envie que l'on convoque mes interrogateurs, ne fût-ce que pour me libérer de cette tension. J'ai été avocat pendant sept ans, et je n'ai jamais compris pourquoi même les criminels les plus aguerris finissaient par livrer des aveux complets et détaillés à la police, qui en a besoin pour les déclarer coupables. Aujourd'hui, je sais : l'isolement provoque un besoin de communication presque irrésistible. Tout, plutôt que l'incertitude qui se prolonge. Heureusement, le fossé qui me sépare de mes interrogateurs est tellement large, et leurs

7. Unité de la police sud-africaine chargée de la détention et de l'interrogatoire des présumés « terroristes » (*N.d.T.*).

requêtes tellement ambiguës, qu'il me suffit de les voir pour que ma détermination se renforce.

« Alors, comment va ? me demande le plus petit.

– Pas trop mal, vu les circonstances.

– Bien. Nous espérons que vous ne serez pas bouclé ici trop longtemps. Ça dépend de vous, j'imagine que vous le savez. Si vous répondez à nos questions de façon satisfaisante, la situation s'améliorera très vite pour vous. Vous connaissez la loi. Nous avons le droit de vous garder quatre-vingt-dix jours, suivis de quatre-vingt-dix autres, et encore de quatre-vingt-dix, et ainsi de suite, jusqu'à ce que vous répondiez à nos questions. Alors, êtes-vous prêt à coopérer ?

– Non, je ne suis pas prêt à répondre à vos questions.

– Vous savez que nous sommes tenus de vous garder jusqu'à ce que vous changiez d'avis. Nous ne sommes pas pressés. Il va de soi que vous ne serez pas libéré tant que vous vous obstinerez. Il va falloir vous décider, parce que nous n'autoriserons personne de l'extérieur à venir vous voir. »

Il marque une pause. Je ne moufte pas.

« Au fait, nous avons mis la main sur Esme, reprend-il. Elle parle, et beaucoup. »

Son ton est moqueur, ricaneur, tranchant.

« Elle nous a tout balancé sur vous. »

Je ne moufte toujours pas.

« Comment se fait-il que vous n'ayez pas préparé de réponses ? me lance le plus grand sur un ton agressif. [Brusquement, je pivote vers lui.] Vous avez quelque chose à cacher ? ajoute-t-il d'une voix cassante.

– Je suis prêt à répondre à des questions devant un tribunal. Conduisez-moi au tribunal et je serai ravi de réagir aux accusations que vous m'opposerez. Si le procureur a besoin de savoir quelque chose en audience publique, je répondrai, mais je refuse de vous fournir des renseignements, messieurs, ici, derrière ces portes, que vous pourrez interpréter comme il vous chante.

– Vous êtes avocat, vous devriez être au courant, poursuit le grand, sarcastique. La loi des 90 jours n'a rien à voir avec les tribunaux : ça, c'est ce qui se passe après. Le Procureur général décidera de vous poursuivre ou non, ce n'est pas de notre ressort. Notre boulot, c'est de vous soutirer des informations, et nous savons que vous en avez. Si vous affirmez que vous ne savez rien, il suffit de nous dire pourquoi. Tant que nous n'obtenons pas satisfaction, la loi dit que nous ne pouvons pas vous relâcher.

– C'est faux. La loi dit que vous *pouvez* me détenir quatre-vingt-dix jours, pas que vous *devez* me détenir.

– Nous sommes là pour appliquer la loi. Ce n'est pas nous qui décidons quelle politique mener, c'est le Parlement. Nous faisons ce que le Parlement nous demande de faire.

– Bien. Tout ce que je peux vous dire, c'est qu'enfermer un être humain seul et le condamner à se tourner les pouces en scrutant les murs toute la journée, ce n'est pas très civilisé.

– Nous ne sommes pas ici pour discuter de politique. Notre boulot, c'est de vous soutirer des informations. Nous ne vous relâcherons pas tant que nous n'obtiendrons rien.

– Ça n'a rien à voir avec la politique. Tout prisonnier, peu importe ce qu'il a fait ou non, a droit à un traitement civilisé.

– Si vous étiez au Ghana ou en Russie, vous auriez droit à beaucoup moins. Ils vous imposeraient des conditions bien pires.

– La comparaison vous paraît bonne ? Je vous parle de l'Afrique du Sud. Ça en dit long sur nos forces de l'ordre de voir qu'elles sont incapables d'obtenir des informations sans appliquer des méthodes aussi atroces que la torture.

– Notre job, c'est de protéger les gens de ce pays – les gens de *toutes* les races, je vous répondrais. Quelles méthodes faudrait-il que nous appliquions ?

– Les méthodes qu'utilisent toutes les polices du monde – enquêtes minutieuses, informateurs et ce qui s'ensuit.

– Nous ne sommes pas là pour parler de nos obligations vis-à-vis de vous. La loi est claire, vous ne sortirez pas tant que vous refuserez de coopérer. La balle est dans votre camp.

– Vous n'avez pas l'impression de ne penser qu'à vous ? intervient le plus petit. Votre femme, vos enfants, vous y pensez ?

– C'est à vous de penser à ma famille, pas à moi, rétorqué-je en me retournant face à lui.

– Allez, on y va. On reviendra un jour où vous serez moins têtu. Quand vous voulez : il suffit de demander au sergent de garde, il nous appellera. »

Ne partez pas, ai-je envie de leur répondre, restez, parlez-moi, tant pis si vous êtes des brutes... Mais je ne bronche pas. Le plus grand sort, furieux, sous les ricanements de l'autre. La porte claque et je me retrouve seul, une fois de plus. Je fais les cent pas dans ma cellule, l'esprit agité, essayant de me calmer en marchant. Je vais et viens presque une demi-heure en ressassant l'entretien, en en reprenant tous les éléments factuels et en essayant d'en retenir les expressions les plus significatives. Jusqu'au moment où je ressens une forme d'élan. L'entretien se présente plutôt bien pour moi. Sauf que... ? Ah oui, pauvre Esme... « Nous avons mis la main sur Esme. Elle parle, et beaucoup. » Étant donné la situation de son mari, Denis, condamné à la prison à vie parce qu'il soutient les mouvements clandestins, elle espérait sûrement avoir un peu de tranquillité pour ses enfants et elle[8]. Ces gens sont sans merci, c'est évident. Ils l'ont harcelée, et ils vont la maintenir à l'isolement pour obtenir des informations qu'ils utiliseront contre son mari. Évidemment qu'elle parle. Elle ne doit pas avoir grand-chose à leur cacher. En plus, vu ce qu'elle vit, je doute qu'elle supporte la dureté des conditions de la loi des 90 jours. Avec un peu de chance, ils vont bientôt la relâcher, et elle sera rassurée. Elle n'a rien à dire qui puisse me nuire. Ce qui signifie que la police n'a rien de substantiel contre moi. Ils tentent leur chance, ils avancent à l'aveuglette en attendant que je leur donne

8. Denis Goldberg, militant sud-africain anti-apartheid (1933-2020) (*N.d.T.*).

des informations de moi-même. L'astuce qui consiste à évoquer ma femme et mes enfants, c'est de la foutaise. Ils devraient savoir que je ne suis pas marié. C'est encore leur sempiternel argument. Quant à ma mère, ici, au Cap, à mon père, exilé à Londres, et à mon frère, également à Londres en attendant d'être opéré d'une malformation du cœur, je suis sûr qu'ils me soutiennent et qu'ils seraient horrifiés si j'oubliais tout sens de l'honneur. Ces policiers sont des menteurs, tout ce qu'ils disent est faux. Ils emploient des ruses éculées pour fragiliser les prisonniers. Mais plus ils mentent, plus ils jouent en ma faveur, car s'ils avaient des éléments qu'ils jugeaient vraiment solides, ils n'auraient pas besoin de mentir. Il n'empêche, même s'ils sont à mille lieues de ce qui nous anime, ils ne sont pas aussi bêtes que ce que beaucoup de gens pensent. J'ai intérêt à être prudent. Je me demande quand ils vont revenir.

On a ouvert ma porte deux fois sans que je m'y attende, mais ce n'était pas pour m'interroger. La première fois, c'était un major de police qui venait pour une inspection ; la seconde, le premier magistrat qui faisait sa tournée hebdomadaire. Il faut du temps pour s'habituer à dépendre autant du pouvoir des autres. La police refuse de me donner une copie du règlement qui me vaut d'être détenu et m'interdit toute lecture, à part la Bible. Quant au magistrat, si je lui demande l'autorisation de rester plus que les vingt minutes quotidiennes réglementaires dans la cour, il prétend que ma requête est étrange sous prétexte que certains prisonniers souhaitent passer moins de temps hors de leur cellule.

Cette fois-ci, la porte s'ouvre et je reconnais deux autres hommes de la Special Branch[9]. Le premier est un sergent que j'ai souvent soumis à un contre-interrogatoire au tribunal ; j'ai toujours pensé que c'était un fonctionnaire sans aucune imagination, rébarbatif, mais méthodique. Le second, surnommé « l'Anglais », est celui qui mène la danse, c'est évident. Je vais peut-être comprendre ce que cet « Anglais » fiche avec cette clique. Je l'ai vu pour la première fois

9. Ancien nom de la Security Branch (*N.d.T.*).

le jour où ils ont perquisitionné mon bureau. J'ai eu droit au nom et au rang de chacun des limiers, sauf aux siens – il se tenait à l'écart, avec sa pipe et son air calme et distingué. Ses collègues parlaient afrikaans, alors que lui s'exprimait en anglais, avec un accent britannique appuyé. Il ne donnait pas l'impression de faire partie du groupe, mais plutôt de l'accompagner à titre de consultant. Il n'est pas particulièrement grand, il a des cheveux foncés et parfaitement coiffés, un visage rond et bien rasé. Il commence par me dévisager avant d'aviser ma cellule. Son regard a quelque chose d'amusé, à la fois ironique et averti, comme s'il en avait vu d'autres et s'attendait à en voir davantage. Il retire la pipe de sa bouche, jette un œil sur les fruits posés par terre et déclare :

« Je vois que vous avez droit à une belle ration de fruits. »

Sa voix est soigneusement modulée, apaisée, amicale, *british* jusqu'au bout des ongles.

« Je ne suis pas sûr d'avoir retenu votre nom, l'autre jour, lui dis-je.

– Freeman, Phil Freeman, répond-il en me serrant la main. Vous connaissez le sergent Louw, j'imagine.

– Oui, je l'ai croisé à l'occasion de nombreuses affaires. »

Il glisse la main dans sa poche et sort la photo d'un jeune homme qui pose au sommet de la montagne de la Table. C'est en effet l'un des éléments qu'ils ont pris dans mon bureau.

« Vous le connaissez ? me demande-t-il en me la tendant.

– Je ne suis pas sûr d'être prêt à répondre à des questions. »

Il range le cliché dans sa poche avec un sourire affable.

« Des réclamations à propos du traitement qui vous est réservé ? » ajoute-t-il d'une voix lasse.

Le sergent se tient debout près de la porte, muet.

« Personne ne me tabasse, ni rien de cet ordre. Cela dit, puisque vous me posez la question, permettez-moi de vous dire que je trouve particulièrement cruel de condamner un être humain à un isolement prolongé sans avoir rien à faire de la journée. Par ailleurs, l'aménagement est assez primaire. Je passe toute la journée par terre. »

Il hausse les épaules, apparemment débonnaire, presque compréhensif. Je me demande le nombre de cellules qu'il a vues – en Malaisie, au Kenya, à Chypre – dont l'aménagement devait être pire.

« Tout dépend d'eux, répond-il. Ils disent qu'ils vous garderont jusqu'à ce que vous acceptiez de répondre à leurs questions.

– Je trouve peu civilisé d'enfermer des gens dans ces conditions, *sine die* et sans procès. »

Soudain, il fend l'armure.

« Dans vos pays, là-bas, en Europe de l'Est, ils ne prendraient même pas la peine de vous enfermer. Ils vous tireraient dessus sans autre forme de procès ! hurle-t-il. [Sa métamorphose est sidérante, j'ai remarqué une lueur dure et fanatique dans ses yeux. Il tourne autour de moi comme un lion en cage.] Parfaitement, ils vous tireraient dessus illico. »

Je ne dis rien, j'attends que sa rage s'évanouisse. J'ai compris pourquoi il travaillait pour la Special Branch de la police d'Afrique du Sud. Il doit faire partie des gens qui ont décidé de lutter contre le communisme coûte que coûte et qui sont prêts à collaborer avec n'importe qui. Par ailleurs, il éprouve peut-être du plaisir à jouer avec le tempérament et les émotions de ceux qui sont coincés derrière les barreaux. Comme toutes les colonies britanniques vont obtenir leur indépendance, il risque d'avoir de moins en moins d'espace pour poursuivre son petit jeu.

« Tout ce que je peux dire, c'est ce qui suit, lui lancé-je timidement. [L'armure est restaurée, il s'est repris.] L'Afrique du Sud est mon pays, c'est le pays que je connais. Je maîtrise bien son droit et je sais comment les gens y sont traités. Et je ne vois pas en quoi la loi des quatre-vingt-dix jours peut relever de la civilisation. »

Il ne réagit pas. Je dois lui prouver que je suis raisonnable et sincère, même si j'aurais du mal à être d'accord avec lui.

« Je ne sais pas ce que vous en pensez, mais, un jour, il va falloir que ce pays change. Combien de temps faudra-t-il, je l'ignore. En tout cas, si d'aventure, dans ce pays ou ailleurs, je suis dans une position qui m'autorise à influer sur la politique, je ferai tout pour m'opposer à ce que des gens soient aussi mal traités. Jamais je ne défendrai une loi comme celle des 90 jours, quels que soient le pays et l'époque.

– Bien sûr qu'il faut qu'il y ait des changements, dit-il, de nouveau détendu. La seule question, c'est comment y arriver – évolution ou révolution ? »

Il sourit en voyant ma stupéfaction, que je suis incapable de dissimuler. Jamais les gars de la Special Branch ne tiendraient ce genre de propos. Reconnaître qu'il faut que les choses changent ? Ce serait une pure hérésie, voire franchement subversif.

« Quoi qu'il en soit, poursuit-il, ça n'a pas beaucoup de sens de discuter de ça maintenant. [Il avise les lieux d'un œil moqueur et se dirige vers la porte.] J'espère que vous finirez par vous sentir bien ici.

– Prenez un fruit, je vous en prie. » Je me retiens de dire : restez, parlez-moi. Vous avez vu comme je suis modéré. Je suis prêt à partager ma ration de fruits avec vous, mais regardez comment vous vous comportez avec moi.

« Non, lâche-t-il, abrupt. [Légèrement contrarié par ma proposition, il se reprend aussitôt.] Je vous conseille d'essayer la vieille recette de l'armée : vous prenez une gamelle, vous y mettez les épluchures, vous versez un peu de flotte et vous avez de la gnole. »

Le sergent – toujours silencieux – et lui s'en vont, suivis par le policier en uniforme, qui claque la porte avant de la verrouiller. Le calme revient. Je tourne en rond dans ma cellule, perplexe. Quel drôle d'interrogatoire. Il s'est contenté de me poser une question – et encore, sans insister. J'imagine qu'il était là pour me jauger. Il va sans doute expliquer aux autres comment s'y prendre avec moi. Étrange, cette façon de parler de ses collègues en disant « eux », comme s'il avait plus de choses en commun avec moi qu'avec ses collaborateurs. Je sais que je ferais mieux de ne pas aborder le moindre sujet avec lui, mais après tout ils connaissent mes opinions politiques. En tout cas, ils devraient les connaître, puisque je suis fiché depuis douze ans. Ils savent que je penche nettement à gauche et qu'il y a longtemps que je suis associé à l'Alliance du Congrès, chapeautée par l'ANC, dirigé par Albert Luthuli et Nelson Mandela. Ils ont sûrement des enregistrements du discours que j'ai prononcé avant l'interdiction de l'ANC, où j'exhortais le public à œuvrer pour que le prix Nobel de la paix, Albert Luthuli, soit nommé Premier ministre d'Afrique du Sud, et de celui que j'ai donné à l'université avant d'en être exclu, où j'expliquais aux étudiants blancs que, s'il finissait par y avoir une épreuve de force entre Noirs et Blancs, à long terme les Noirs l'emporteraient.

Je doute qu'ils aient besoin de le missionner pour savoir ce que je pense de la situation en Afrique du Sud, même si j'ai intérêt à tourner sept fois ma langue dans ma bouche avant de parler. Heureusement, c'est lui qui est sorti de ses gonds, je suis resté très calme. Je me demande pourquoi il a choisi la photo de Bill. Il serait aux anges s'il apprenait que le portrait que j'ai pris de lui le jour où nous sommes montés au sommet de la montagne de la Table intrigue les types du renseignement. Il a dû rentrer aux États-Unis. J'espère qu'il va faire un esclandre quand il saura que je suis sous les verrous – balancer une pierre dans la fenêtre du consulat de Détroit, non, ce n'est pas son style... plutôt placarder une affiche appelant à manifester. S'il était au courant, il penserait que je suis fou de ne pas leur révéler son identité et de ne pas leur dire que nous n'avons rien évoqué de dangereux. Mais soit je réponds aux questions, soit je n'y réponds pas. Si je commence, ils me harcèleront jusqu'à ce que je sois à terre. Il faut que je les persuade qu'ils perdent leur temps avec moi parce que je ne coopérerai jamais, peu importe la durée de ma détention. Il ne me reste plus qu'à espérer que ceux qui sont dehors, surtout outre-mer, nous défendront, moi et les autres, suffisamment haut et fort pour que nos geôliers comprennent qu'ils ont plus à perdre à nous enfermer qu'à nous relâcher. Par ailleurs, je ne sais ni pourquoi ils m'ont arrêté, ni s'ils comptent m'inculper.

J'aurais tort de répondre à leurs questions et de leur fournir sans le vouloir des informations qu'ils pourraient retourner contre moi ou contre d'autres. Il faut que je me batte jour après jour. Je ne pense pas qu'ils me tortureront : je suis trop connu, ils savent que je déposerai plainte à la moindre occasion. La solitude a beau être un enfer beaucoup plus dur à supporter que ce que j'imaginais, on n'en meurt pas. Je préfère souffrir des années plutôt que de vivre en sachant que j'ai acheté ma liberté au prix de celle d'autrui. Je n'ai pas le choix. Je me dois de ne pas répondre à leurs questions et de leur faire comprendre qu'ils perdent leur temps, peu importe la durée et la violence de leurs interrogatoires ou la bienveillance des personnalités missionnées pour me piéger. Dussé-je commencer par me tuer, je ne répondrai pas à leurs questions.

Les jours se suivent et les deux lieutenants n'arrêtent pas de revenir. Comme je ne sais jamais quand ils débarquent, chaque fois qu'on ouvre la porte, je me demande si c'est pour être interrogé. Parfois, ils me surprennent à moitié endormi, à peine habillé, et je sursaute en ayant l'impression d'être un animal, entièrement nu. Leur pouvoir est considérable : ils peuvent me garder aussi longtemps qu'ils le veulent, isolé du monde, privé de tout lien et de toute activité normale. J'ai compris leur tactique : ils me posent une question sur l'aménagement des lieux de façon à ce que je leur réponde. Ensuite, ils me demandent si je suis prêt à coopérer, et je refuse. Chaque fois, ils haussent le ton. Leur principal argument consiste à me rappeler que je serai condamné à l'isolement tant que je ne parlerai pas. Ils glissent des bribes d'informations sur ma vie en sous-entendant qu'ils connaissent les moindres détails de ce que j'ai fait ces dernières années. Insistent en me disant qu'ils ne sont pas pressés et que je suis têtu comme une mule. « Je sais ce que vous ressentez, répète le plus grand. Vous aimeriez nous parler, mais quelque chose en vous vous en empêche. »

Leur présence m'inspire des sentiments ambivalents. Ils fragilisent le peu de paix que je parviens à me ménager. Ils ont beau s'escrimer à m'aiguillonner et à me titiller, il est rare que j'arrive à ébranler l'aura de leur assurance et de leur autorité. Si je les prends de court parce qu'ils ont baissé la garde et que je parviens à les faire réagir plus ou moins spontanément, par la colère ou par le rire, par exemple, j'exulte. J'ai horreur de leurs intrusions, mais, une fois qu'ils sont là, je n'ai plus envie qu'ils partent. Ils sont la seule source d'information que je peux avoir sur les causes et la durée de ma détention. Les seules personnes avec qui j'ai le droit de parler. Les seuls en face de qui je peux me défendre, entendre ma propre voix plaider en ma faveur et structurer certaines de mes idées. Je m'étonne souvent de voir le courage et la maîtrise dont je fais preuve. À peine entrent-ils que mon corps est automatiquement en alerte, réagissant comme un boxeur bien entraîné sur le ring.

Plus d'une semaine s'est écoulée lorsque la porte s'ouvre sur une nouvelle tête. Je suis mal réveillé, et j'ai à peine le temps d'enfiler le peignoir et les pantoufles auxquels j'ai enfin droit. Le petit lieutenant, suivi par le nouveau, puis le grand, entrent. Tout sourires, sympathiques.

« Je vous présente le capitaine Rossouw, dit le petit. C'est lui qui est chargé de l'enquête.

– Ravi de vous rencontrer, ajoute le capitaine en me tendant une main affable. Ça ne devrait pas être trop long. J'ai deux ou trois questions à vous poser, ensuite on s'en va. »

Il est baraqué, de la même taille que moi, et large, très large d'épaules. Il doit avoir une cinquantaine d'années, mais il a dû jouer au rugby dans sa jeunesse. Il a une grosse tête, pas très amène, la raie au milieu, et une fine moustache foncée flanquée de petites verrues qui ressemblent à des perles accrochées aux coins de sa bouche. Il porte un costume large, impeccable ; dès qu'il sourit, les commissures de ses lèvres se retroussent et son visage prend un air enfantin et avenant.

« Je vous en prie, commencez », lui lancé-je. Je suis poli, curieux de l'entendre parler. Il a un bon anglais, accentué et un peu appuyé, comme s'il craignait de ne pas trouver le ton juste.

« Vous êtes donc prêt à répondre aux questions ?

– Quelles sont-elles ?

– Dites-nous d'abord si vous y répondrez.

– Comment voulez-vous que je fasse si je ne sais pas quelles sont ces questions ?

– Si nous vous les soumettons, vous aurez le temps de réfléchir aux réponses.

– Les deux lieutenants présents peuvent vous dire quelle est ma position.

– Je veux que vous nous disiez tout ce que vous savez sur les organisations subversives de ce pays.

– Quelles organisations subversives ?

– Le Congrès des démocrates, le Parti communiste d'Afrique du Sud, le Congrès national africain, outre, évidemment, le Congrès panafricain.

– Je ne suis pas prêt à répondre à ce genre de question.

– Vous n'avez absolument rien à me dire ?

– Si, j'ai beaucoup de choses à vous dire, mais je doute que cela soit très judicieux de ma part. »

Le petit lieutenant glousse et l'atmosphère se détend. Le capitaine, qui ne comprend pas ce que je sous-entends, lui jette un regard perplexe.

« Bon, j'ai beaucoup de choses désagréables à vous dire, à vous et à quiconque voudrait bien m'écouter, sur mes conditions de détention et tout ce qui s'ensuit. À part ça, je ne suis pas prêt à répondre à la moindre de vos questions.

– Quel âge avez-vous ? me demande le capitaine avec un sourire de loup, en se retournant vers le lieutenant. Vous n'étiez pas né quand nous sommes entrés dans la police, je vous ferais remarquer. Je me souviens de votre père. Nous avons eu affaire à lui quand il était secrétaire du Syndicat des ouvriers du vêtement.

– Je suis sûr qu'il n'a jamais répondu à vos questions.

– À quoi bon perdre du temps, qu'il s'agisse du mien ou du vôtre ? réplique-t-il sèchement.

– Je suis ravi de perdre mon temps, à dire vrai.

– Je ne vais pas vous lâcher comme ça. M'est avis que nous allons faire amplement connaissance, j'ai encore pas mal d'années à tirer avant la retraite. Ça vous laisse le temps de réfléchir à la déposition que vous devez nous remettre. Pour commencer, je vous prie de nous dire ce que vous savez sur l'école de sabotage que vous avez fréquentée à Mamre. »

Il hoche la tête en direction des deux lieutenants, qui quittent les lieux. Il est sur le point de sortir quand, soudain, j'ai une idée.

« Pardon, capitaine, lui dis-je, il y a une chose que je voulais mentionner. »

Il se retourne en souriant avec complaisance. Mes trois interlocuteurs se postent exactement là où ils étaient quelques secondes plus tôt, comme si l'interrogatoire se poursuivait. Contents, affables, attendant que je poursuive.

« S'il vous plaît, la prochaine fois que vous venez, pourriez-vous me prévenir trois ou quatre minutes avant, le temps que j'enfile mon pantalon pour vous recevoir correctement ? »

Son sourire disparaît.

« J'ai mieux à faire. »

Les deux lieutenants affichent un sourire amusé. Ils sont dans le rôle des spectateurs, sans doute pas mécontents de voir le capitaine se débattre pour sauver la face. Son exaspération a plutôt l'air de les distraire : ils ont dû le prévenir que j'étais un dur à cuire, et lui a dû leur répondre qu'il suffisait de trouver la bonne approche. Le capitaine sort, sans décolérer. Les deux lieutenants le suivent en bavardant tranquillement. La porte claque et je suis là, souriant, ravi de l'avoir mis hors de lui. Ils ne pourront pas dire que j'ai été provocateur, ni injurieux, ma requête est parfaitement raisonnable. Bien fait pour lui s'il est assez vaniteux pour avoir cru que j'avais succombé à son supposé charme.

Manifestement, ils étaient à la pêche aux informations. Je serais curieux de savoir pourquoi ils accordent autant d'importance au Congrès des démocrates. Je parie qu'ils le pensent encore actif, opérant en clandestin depuis son interdiction il y a un an. Je doute qu'ils me gardent en détention uniquement pour l'histoire du camp de Mamre. Mais pourquoi est-ce qu'il parle d'une « école de sabotage » ? Je n'ai pas vu l'ombre d'un entraînement au sabotage le matin où j'y étais, il y a neuf mois. Comme c'est la police qui nous a découverts, ils doivent tout savoir sur ce camp. Si c'est ce qui les inquiétait, ils auraient pu m'arrêter il y a des lustres. En tout cas, si le chef d'inculpation qu'ils comptent retenir est le sabotage, j'attendrai d'être au tribunal pour m'expliquer. Quel que soit ce que les responsables du camp ont fait quand je n'étais pas là, ils ne m'ont sûrement pas mêlé à la moindre action illicite. Et si le juge ne croyait pas ce que je dis ? Je m'occuperai de ce problème quand l'occasion se présentera. J'ai assez à faire avec le présent pour ne pas me soucier du futur. S'ils m'inculpent, il faut que je tienne jusqu'à ce que je sois face au tribunal. S'ils ne m'inculpent pas, il faut que je tienne le temps que les gens à l'extérieur se mobilisent, qu'on m'accuse ou qu'on me relâche. Quelle que soit l'option, la période qui s'annonce sera longue et éprouvante. Je vais devoir puiser dans toutes mes ressources pour survivre. Mais l'alternative est pire que les souffrances que j'aurais à endurer. Le fait que l'on m'envoie autant de haut gradés pour m'interroger est plutôt flatteur, et je m'en suis bien sorti. Il faut que je résiste. À chaque jour suffit sa peine, le lendemain se souciera de lui-même. Je m'assieds sur ma paillasse en attendant l'heure de mes exercices. J'ai intérêt à être en forme. Je vais subir beaucoup, beaucoup d'interrogatoires. Je vais avoir besoin de toute la patience et de toutes les forces dont je suis capable.

4
Dans le miroir

Le choc de l'enfermement, animal, immédiat, est plus ou moins passé, et je commence à réfléchir à ma situation. Je sens qu'un processus d'auto-observation et d'analyse s'est mis en place au fil des jours, une exploration de moi-même qui fait partie de mon emploi du temps. Mon isolement est si total et mes conditions de vie si rudimentaires que le seul objet qui me stimule est ma propre personne. J'ai acquis une conscience de moi-même physique, émotionnelle et intellectuelle très aiguë, et le regard que je porte sur moi est sans merci. La moindre imperfection me saute aux yeux, je dissèque et distingue le peu de vertus que je me découvre, décomposant ma personnalité à la façon d'un squelette en plastique. Souvent, quand j'observe ces différents composants, je me demande par quel mystère ils s'intègrent pour former un seul être.

Certaines de ces découvertes m'amusent. Mon nez, par exemple, est de guingois et vire, comme mes opinions, nettement à gauche. De quand cela date-t-il ? De ma naissance, sans doute. C'est drôle, en vingt-huit ans, je n'y avais jamais fait attention. J'ai aussi remarqué que la partie droite de mon arc de Cupidon est plus prononcée que la partie gauche – j'ai un peu pitié d'elle parce qu'elle est sous-développée. Je ris de voir que je ne me lasse décidément jamais de défendre les laissés-pour-compte. Et je m'interroge sur ma tendance à l'autodérision – est-ce une force qui contribue à l'équilibre de mon tempérament ou un mécanisme de défense qui m'évite de m'engager avec trop de passion et de spontanéité ? Toutes sortes de pensées plus ou moins importantes jaillissent dans mon cerveau, sans queue ni tête, malgré moi.

J'examine mes jambes et mes bras, longs et fins, centimètre par centimètre, sous tel angle, puis sous tel autre. Ma taille – 1,82 mètre – n'a plus grand sens dans ce monde, puisque je suis le seul à y vivre. Je ne dirais pas non plus que je suis maigre – à la plage, quand je nouais une serviette autour de ma taille, mes amis m'appelaient « Gandhi » –, puisque je suis à la fois l'unité de mesure de ce monde et mon propre prototype. En même temps, ma maigreur me fournit ce dont j'ai plus que tout besoin – quelque chose à faire : j'ai décidé de prendre du poids, et, tous les jours, je me réserve un moment pour promener mes doigts sur mes côtes afin d'évaluer la quantité de chair qui recouvre mes os.

C'est curieux de passer son temps à scruter son corps sans jamais voir son visage. Ma cellule n'a pas de miroir. Le seul objet réfléchissant que j'ai sous la main, la boucle métallique de mon sac, me renvoie une image floue et déformée qui me démoralise. Les quelques minutes que je passe le matin devant le miroir pour me raser, à l'heure de la promenade, me permettent heureusement de me souvenir de mon apparence et de mon identité singulières. Mais chaque moment dans la cour est trop précieux pour que je le perde à me contempler, et il est hors de question que la police voie que je suis préoccupé par mon image – ils seraient trop contents. Tout ce que j'ai le temps d'imprimer dans mon esprit, c'est une crinière de cheveux noirs ondulés, un visage long, fin, avec un air triste et des pommettes saillantes, un nez rose assez large, des lèvres sensibles et une peau cireuse, voire boutonneuse. Cette image, j'en ai le sentiment, c'est moi, Albie, celui qui réagirait si quelqu'un l'appelait par son prénom. Mon corps pourrait être celui de n'importe qui ; mon visage, lui, n'appartient qu'à moi. Dès que l'attention du surveillant se relâche, j'esquisse un sourire en tournant la tête pour apercevoir mon profil. Mais le portrait auquel je me suis habitué est celui d'un visage sérieux, au regard curieux, prenant forme au fil des couches de mousse que le rasoir élimine. Mes mains, ai-je remarqué, sont pâles et élégantes. Un visage intéressant, mobile – c'est la conclusion à laquelle j'arrive chaque jour –, ni beau, contrairement à ce que plusieurs femmes m'ont dit, à mon grand étonnement, ni laid, ce que d'autres ont sous-entendu, mais joyeux et enfantin quand je souris. Quel dommage que je ne puisse sourire plus souvent.

On m'a annoncé que j'étais définitivement privé de visites. Les premiers jours, deux de mes collègues ont été autorisés à venir me voir pour régler mes affaires professionnelles. Leur chaleur, leur dignité et leur sollicitude m'ont rappelé qu'il existait un autre monde, un univers professionnel où eux, moi et tous ceux qui l'habitent sommes des gens de valeur, où chaque personne compte. Puis ce fut au tour de ma mère. Nous étions dans la cour alors que soufflait un vent glacial. Elle grelottait, mais elle était contente de me valoir quelques minutes supplémentaires d'air frais et, bien que maladroite et inquiète, avide d'échanges. J'avais l'impression que c'était moi qui lui rendais visite et essayais de la rassurer. Jusqu'au moment où elle est partie, sans se plaindre ni s'apitoyer ; si elle a éclaté en sanglots, ce fut hors du commissariat. Parler avec quelqu'un qui m'aime a contribué à apaiser la souffrance née de l'isolement, mais ce fut aussi un moment éprouvant et déstabilisant. Enfin, un dernier collègue, réputé pour avoir l'oreille du ministère, est venu me voir, mais sa visite m'a plutôt déprimé – si bien qu'après son départ j'étais au bord des larmes. Il était écartelé entre le respect professionnel qu'il me doit et les obligations liées à sa position, mais j'ai compris qu'il était avant tout loyal au ministère. Lui aussi me considérait comme une personne, mais une personne vivant dans des limbes qu'il n'osait pénétrer. Quand il est parti, je me suis senti très seul, abandonné. Entre-temps, la prison a comblé les trous à travers lesquels les gens du dehors passaient et m'a entièrement avalé. Je n'ai de compagnie que la mienne et me voilà de nouveau face à mon reflet.

Observer mon moi physique est une distraction dont je ne me lasse pas. Les mensurations et les estimations sont objectives, et les conclusions que j'en tire n'ont pas la moindre importance. Sonder mon moi moral et émotionnel, ce qui m'accapare davantage, est plus déstabilisant. Regarder mon corps est une chose, penser à ma pensée en est une autre. Comme j'ai très peu de stimulations extérieures pour maintenir cette activité mentale et émotionnelle à un niveau raisonnable, j'ai un mal fou à penser et à percevoir de façon cohérente et satisfaisante. Ma mémoire et mes divagations s'imposent comme des adjuvants toujours plus précieux, mais plus le temps passe, plus le souvenir du monde du dehors laisse place à celui de mes journées dedans, comme si ma vie avait commencé en prison. Mes divagations, elles, ont tendance à se muer en de vaines projections nées de désirs immédiats plus qu'en échappées imaginaires dans le monde de la non-prison. Je les chéris, beaucoup plus que mes souvenirs, parce qu'elles m'arrachent à la dure réalité et me transportent en des royaumes où je suis actif et où un auditoire me comprend. Elles apportent un peu de tonus et de joie à mes émotions flasques et douloureuses. J'y vois avant tout une source de soulagement quand je pense aux questions morales et philosophiques qui me minent l'esprit comme du ciment coulé au marteau-piqueur.

5
Réflexions

S'il y a une chose dont je n'ai jamais douté, à aucun moment, c'est que j'ai été emprisonné non parce que je me suis mal comporté, mais parce que je me suis bien comporté. J'ai commis beaucoup de fautes : j'ai blessé des gens, j'ai été vaniteux, je me suis révélé incapable de rendre un amour qui m'était généreusement offert, et ainsi de suite. La liste a beau être longue, aucune de ces erreurs ne me vaut d'être puni aujourd'hui. Je suis détenu parce que j'ose exiger une vie meilleure pour mes semblables, que je suis prêt à œuvrer en ce sens, à faire des sacrifices, et que je suis associé à des personnes qui partagent ces convictions.

Enfant, j'ai assimilé les réactions habituelles à l'égard de la prison, persuadé que c'était un lieu destiné aux êtres malfaisants. Mais ce que j'ai observé et vécu a bouleversé mon horizon, à tel point que j'ai presque l'impression, comme un réflexe, qu'on n'y trouve en réalité personne de mauvais. Les statistiques révèlent que, en Afrique du Sud, presque un Africain sur dix, homme, femme ou enfant, passe par la prison une fois par an, essentiellement pour des infractions administratives – par exemple, ne pas pouvoir fournir certains papiers à la demande. Récemment, de nombreuses personnalités exceptionnelles, notamment les dirigeants les plus avisés des communautés africaine, indienne et *coloured*, ont passé des semaines, des mois, voire des années derrière les barreaux parce qu'ils ont choisi la voie du sacrifice plutôt que celle de la soumission. Moi-même, en 1952, alors que j'avais dix-sept ans, n'ai-je pas risqué la prison parce que j'étais à la tête d'une bande de quatre Blancs déterminés à s'asseoir sur des chaises *Non-Whites Only* dans un bureau de poste ? Heureusement, après avoir été arrêtés et inculpés, nous avons été relaxés – mais nous étions prêts à suivre les 8 500 détenus non-blancs qui se sont volontairement fait arrêter dans le cadre de cette campagne de résistance passive. C'était à la fin de ma deuxième année à l'université du Cap et de ma première année d'activisme.

J'ai grandi dans une famille politisée, une famille de livres, d'idées et de personnalités courageuses. Très jeune, j'ai compris qu'aider son prochain était la plus belle fin que l'on pouvait se proposer et que des gens de couleur, de nationalité et de croyances différentes pouvaient vivre et travailler ensemble en étant heureux. J'en avais la preuve tous les jours quand je voyais la camaraderie de ceux qui venaient chez nous : des hommes et des femmes de toutes les origines d'Afrique du Sud, mais aussi des militaires européens et américains qui faisaient partie des convois alliés de passage. C'est aussi à cet âge que j'ai appris à respecter les ouvriers. J'ai toujours été très à gauche, mais pendant toute ma scolarité et jusqu'à la fin de ma première année à l'université je me suis gardé de militer et de me lancer dans des discussions politiques. La prison, très naturellement, était une réalité qui me semblait à mille lieues de moi. Jusqu'au jour où j'ai rencontré des hommes et des femmes jeunes, essentiellement des étudiants, qui faisaient partie d'une organisation connue sous le nom de Modern Youth Society. En les rejoignant, j'ai fait entrer la prison dans mon ordre du jour – certes, en bas de page, mais comme une réalité qui finirait par se présenter à moi « à mesure que la lutte s'intensifierait ».

Ce fut une période heureuse et galvanisante. La Modern Youth Society avait l'enthousiasme de la jeunesse. À l'époque, c'était la seule organisation activement multiraciale d'Afrique du Sud. Nous avions un but dans la vie : nous préparer à « l'assaut du Ciel ». Il est vrai que nous passions un temps fou à discuter et à essayer de trouver des maisons où organiser des fêtes, mais nous étions sincèrement préoccupés par le destin de l'humanité. Et tous de gauche. Nous vendions des journaux militants et nous encouragions les réunions de ce qui allait devenir le Mouvement de libération de l'Afrique du Sud. Nous lisions de la philo, nous partions randonner et nous passions des soirées entières à écouter de la musique, ce qui nous mettait en transe. Nous raisonnions sur un ton très décidé alors que nous ne prenions aucune décision ; nous nous exprimions avec passion alors que nos vies personnelles en étaient dénuées. Nous rêvions d'un avenir à trois étages : au premier étage, la préparation ; au deuxième, l'épreuve ; au troisième, la victoire. Laquelle ne faisait pas l'ombre d'un doute. Et même si nous riions en imaginant ce que nous chanterions en marchant jusqu'à la potence, il allait de soi que chacun de nous serait témoin de la libération. L'Homme pouvait et devait être formidable, et nous avions la chance d'être nés à une époque où l'émancipation sociale était possible. Notre mission immédiate était claire : nous équiper pour les batailles à venir. Le but ultime l'était aussi : libérer l'humanité. Seul l'intervalle entre les deux restait flou. Le sacrifice était inévitable – nous le reconnaissions –, mais quel sacrifice ? Nous évitions d'avoir à le préciser. Comment pouvions-nous être à la fois précis et réalistes ? Quand il est permis de militer ouvertement, quand les forces peuvent être déployées en vue d'une entreprise légale et sûre, il est impossible d'imaginer avec l'exactitude et la finesse psychologique nécessaires quelles rigueurs accompagnent l'engagement en temps de répression et de tension extrême – quand toute opposition radicale est proscrite et que la police détient un pouvoir maximal. Même si nous épiloguions sur le fait que la classe dirigeante n'abandonnerait jamais si personne ne luttait, et même si nous nous faisions peu d'illusions sur la violence que cette lutte engendrerait en Afrique du Sud, à nos yeux le sacrifice était une notion d'ordre intellectuel liée au futur plus qu'au présent. Nous faisions volontiers cadeau de notre temps et de notre enthousiasme, mais ni notre liberté ni nos vies n'étaient en danger.

Puis, peu à peu, le futur s'est immiscé parmi nous. Plusieurs d'entre nous ont été inculpés lors du procès de la trahison, qui a débuté en 1956 et traîné jusqu'à ce que l'affaire tombe à l'eau en 1960[10]. S'ensuivit l'état d'urgence, décrété après les émeutes de Sharpeville en 1960, à la suite desquelles d'anciens membres de notre groupe ont été emprisonnés, cette fois-ci sans procès. Pourtant, même à cette époque, il y avait suffisamment d'espace pour qu'on puisse s'engager légalement, si bien que les personnes détenues lors du procès de la trahison et de l'état d'urgence en sont sorties grandies[11]. Les persécutions de ce type échouèrent systématiquement jusqu'en 1962, qui marqua une nouvelle étape de la vie politique en Afrique du Sud. Le gouvernement annonça qu'il interdisait et frappait d'illégalité toute manifestation d'opposition militante non-blanche à l'apartheid. C'est cette même année que l'opposition non-blanche, soutenue çà et là par quelques Blancs, décida d'adopter une nouvelle forme de lutte : le sabotage.

Le nombre de victimes commença à augmenter. Notre petite bande s'était dispersée : la Modern Youth Society s'était défaite à mesure que chacun avançait en âge et obtenait des diplômes lui permettant d'exercer une profession, sur le plan personnel, et d'être membre d'organisations politiques chapeautées par l'ANC, sur le plan politique.

Le renouvellement de nos membres avait beau être important, le noyau de notre groupe n'a jamais dépassé une douzaine de

10. 156 personnes ont été arrêtées pour conspiration contre le gouvernement ; le procès a duré quatre ans et demi, au bout desquels tous les accusés ont été acquittés (*N.d.T.*).

11. Suivant le Public Safety Act, signé en 1953, l'état d'urgence fut instauré après les massacres de Sharpeville (*N.d.T.*).

personnes. Et le taux de victimes au sein de ce noyau est impressionnant. Les premiers à avoir été frappés sont trois jeunes universitaires africains, respectivement originaires du Nyassaland, de Rhodésie du Nord et du Sud-Ouest africain, qui ont poursuivi leur lutte pour l'indépendance une fois rentrés chez eux. L'étudiant du Nyassaland, qui est aujourd'hui le Malawi, un État indépendant, a même été sacré « général » par la presse blanche à l'époque où il a pris en main la résistance des paysans du Nyassa. Il a été arrêté et condamné à trois ans d'emprisonnement. Le Rhodésien du Nord est devenu l'un des lieutenants de Kenneth Kaunda, premier président de la Zambie indépendante, avec qui il a été condamné à l'isolement plusieurs mois. L'étudiant du Sud-Ouest africain a été banni et relégué dans un avant-poste à moitié désert, mais il a réussi à influer sur la direction d'un des mouvements pro-indépendance les plus importants de son pays. Quant à ceux d'entre nous qui sommes restés en Afrique du Sud, nous avons été sanctionnés un peu plus tard. Certains ont abandonné la politique, quelques-uns ont préféré la catégorie des sympathisants, la plupart des autres ont été victimes de restrictions, bannis et isolés d'une façon ou d'une autre par décret ministériel. Le premier à avoir été mis sous les verrous est Bennie, géomètre, qui a pris trois ans pour avoir posé une bombe dans le bureau d'un tribunal où étaient jugés des Africains ayant violé les lois destinées à contrôler leurs mouvements. Le deuxième est George, un ancien maçon devenu conseiller municipal, qui a écopé d'une peine de un an pour incitation à la violence et d'une autre de quatre ans, dont deux avec sursis, pour avoir tenté de faire exploser une bombe devant la plus grande prison du Cap. Peu après, ce fut au tour de la femme de Bennie, Mary, détenue six mois parce qu'elle soutenait les mouvements africains clandestins. Ensuite, arrêtés peu avant ma détention, Dennis, ingénieur, et H., médecin, ont été interceptés à Johannesburg au cours d'une descente de police dans ce que les porte-parole du gouvernement appellent le quartier général d'un mouvement d'insurrection clandestin, dirigé, jusqu'à son arrestation peu avant, par Nelson Mandela. Ils vont être jugés et risquent la peine de mort. Enfin, il y a moi, arrêté pour je-ne-sais-pas-quoi et emprisonné pour je-ne-sais-pas-combien-de-temps.

6
Une journée dans ma vie

Je viens de me réveiller. Comme tous les matins, je suis un peu dérouté de me retrouver allongé sur une natte, dans cette cellule vide. Tout se passe comme si mon inconscient mettait plus de temps à s'adapter, et que, la nuit, le monde léthargique caché au fond de moi s'affirmait. C'est un stabilisateur qui répugne à s'incliner devant les changements et les accidents de la vie quotidienne. Le sommeil est un refuge, dans la mesure où mon angoisse se manifeste le jour. Épuisé par mes efforts constants pour rester actif quand je suis éveillé, mon esprit se repose la nuit. Je rêve peu. Mes émotions, tendues et exténuées après avoir vainement cherché à s'engager, se relâchent quand la lumière disparaît. La nuit est devenue synonyme de normalité. Le sommeil n'a pas de géographie. Je pourrais être chez moi. Ce qui explique que chaque réveil soit un choc.

Le jour commence à poindre. Je distingue mon pantalon, qui pend curieusement de l'écrou sous la fenêtre, et, sur le mur d'en face, ma serviette dont les carreaux semblent incolores. Il doit être environ six heures, le petit déjeuner est dans deux heures. Je me tourne sur le côté, ferme les yeux et somnole.

Je rouvre les yeux. Il fait presque jour. Les carreaux de ma serviette sont rouges et jaunes ; au coin penche un sachet d'oranges à moitié plein. Je tends l'oreille, guettant le carillon. J'ai moins de mal à patienter quand je suis à moitié endormi. Je referme les yeux ; mon esprit se sent libre, seule mon ouïe est en alerte. Un train passe, plusieurs camions crissent en rétrogradant avant de s'arrêter au feu, un peu plus loin. Ça y est, le carillon sonne – première série de ding-dongs. J'attends la deuxième série, qui ne vient pas. Ça devait être le quart d'heure : huit heures moins le quart. Encore trois quarts d'heure avant le petit déjeuner. Ce n'est pas trop long. Je vais essayer de me rendormir. Toute ma vie, j'ai eu du mal à me réveiller. Aujourd'hui, je me réjouis d'être aussi mou. J'ai l'esprit engourdi, ralenti. Je perçois les premiers remous de l'émotion. C'est une sensation déplaisante. Je n'ai qu'un mot pour décrire l'état dans lequel je me sens à cette heure : nul. Et sans défense : tous les matins, je prends de nouveau la mesure de la gravité de ma situation. Je me sens vide et malheureux comme une pierre, et je me réfugie dans un demi-sommeil.

On tourne une clé dans la serrure, j'entends des voix. J'ai dû me rendormir. Vite, je me débarrasse de mes couvertures et bondis sur mes pieds. Je n'ai aucune envie qu'ils me surprennent au lit. On ouvre le cadenas extérieur, on débloque la porte. Je viens d'enfiler mes chaussures de plage et je suis en train de nouer la ceinture de mon peignoir quand j'entends le déverrouillage de la porte en acier. Il fait froid. Heureusement que nous ne sommes pas en hiver. Comme d'habitude, je me retrouve nez à nez avec trois officiers. Un sergent porte deux trousseaux de clés – de grandes clés pour les portes principales et celles des cellules, et des clés plus petites pour les cadenas réservés aux cellules des prisonniers de la loi des 90 jours. Déverrouiller tout ce bazar n'est pas une mince affaire. Il y a des jours où ça m'arrange, parce que ça me donne le temps de m'habiller et de cacher des bricoles. Mais, le plus souvent, je suis perturbé et je fais les cent pas dans ma cellule, nerveux, pendant que les gars s'acharnent sur les verrous. Le sergent de garde est accompagné par un agent blanc, tous deux sont revêtus d'un uniforme bleu clair impeccable impressionnant. Debout derrière eux, vêtu d'un pantalon kaki clair et d'une chemise blanche ouverte, un agent *coloured* transporte trois écuelles en étain pleines. Il fait un pas en avant et en pose une par terre. Les trois hommes s'apprêtent à repartir. Sans un mot.

« Bonjour », balbutié-je tout bas, sur un ton amical.

Je ne connais pas ce sergent, et le renouvellement permanent du personnel de service me trouble. J'ai mis un temps fou à établir une sorte de contact humain avec ses prédécesseurs, il va falloir que je recommence à zéro. L'agent *coloured*, quant à lui, ne m'adresse jamais la parole. Je suis un prisonnier blanc et, même si je n'ai aucun droit, la règle est stricte : on jugerait irrévérencieux qu'il parle à un détenu blanc. Il s'occupe des tâches élémentaires et veille au ménage des cellules. Ses collègues blancs se moquent gentiment de lui et ne le laissent pas une seconde seul avec moi à l'heure de la promenade. Quelque chose me dit qu'il pourrait me fournir des renseignements sur les autres détenus si l'occasion se présentait. Le policier blanc, lui, est plutôt liant avec moi, manifestement habitué à établir une forme de contact avec les prisonniers. En général, c'est pour les rabrouer, parfois pour plaisanter ; en tout cas, s'abstenir de parler doit lui sembler contre-nature et contraignant. Ce matin, comme il accompagne le nouveau sergent de garde, il ne pipe mot, parce que ce n'est pas à lui de prendre la parole. Sauf que le sergent est muet et se contente de me répondre en hochant la tête avant de claquer la porte. Un tour dans le verrou, le cadenas est bouclé et verrouillé, les bruits de pas et les voix s'éloignent. J'entends qu'on ouvre une nouvelle porte, puis un claquement, et le même cliquetis. Les bruits de pas et les voix se rapprochent à nouveau. On ouvre la porte de la cour, on la referme, et les bruits de pas et les voix finissent par s'évanouir.

Je me penche pour prendre l'assiette avant de la reposer près de ma natte. Puis j'enroule les couvertures et je m'assieds dessus pour petit-déjeuner. Aujourd'hui, j'ai du porridge. Je pourrais difficilement me plaindre de la nourriture : trois repas par jour, plus ce qui m'arrive de l'extérieur. Vous aurez droit à des « rations complètes », m'a dit le magistrat, de passage. J'ai vu les « rations réduites », servies aux prisonniers non-blancs qui attendent d'être jugés : une tranche de pain avec une noix de margarine en guise de repas. Tout est préparé par la femme du commandant, appelée « la surveillante ». Sa famille et elle vivent à côté du poste, qu'elle doit considérer comme une extension de sa maison. Si bien que les fonctions qu'elle occupe à la prison, qui lui valent d'être rémunérée par le gouvernement, sont une simple extension de l'entretien de cette maison. Imaginez : être prêt à ce que toute votre vie dépende d'une prison ! Cela dit, pour nous, les prisonniers de la loi des 90 jours, elle concocte des plats plutôt savoureux et équilibrés. Il y a peu, le commandant, si austère et réservé, est même devenu rouge comme une pivoine quand je lui ai demandé de féliciter son épouse pour la qualité de sa cuisine.

« Ach ! c'est juste de la *boerekos*[12] », m'a-t-il dit.

Depuis, il est un peu moins distant. Quant à l'agent, je dirais qu'il ne redoute plus d'être surpris en train de me parler. Ce matin, le porridge est froid, mais onctueux et servi avec une bonne dose de sucre et de lait. Finalement, le petit déjeuner que l'on me donne en prison est meilleur que celui que j'avais l'habitude de prendre dehors – vu la précipitation que je m'imposais chaque matin par crainte d'être en retard. Ici, pas de précipitation.

Une fois le petit déjeuner terminé, je reste assis. J'attends qu'un certain laps de temps s'écoule avant de passer à l'activité suivante, calculée pour tomber pile entre le petit déjeuner et ma séance de gym. Elle consiste à défaire mon lit, autrement dit à secouer les couvertures, à les plier et à former une pile sur laquelle je serai assis presque toute la journée. Plus tard, je referai mon lit – c'est une activité distincte. J'essaie de ne penser à rien. Je m'entraîne à

12. Cuisine traditionnelle de la ferme.

être le plus inerte possible jusqu'à ma séance de gym. Un quart de la journée, la fraction la plus significative, sera déjà passé. Moins je m'activerai pendant ce premier quart, plus j'aurai d'activités en réserve pour plus tard.

Les frottements de pas et les voix se rapprochent, les clés tintent. Elles sont plus bruyantes que les voix, ce qui explique peut-être que la prison soit qualifiée de *clink*[13]. Première porte ouverte et refermée. Deuxième porte. Les voix et les bruits de pas et de clés s'éloignent du côté de la cour. Cette fois-ci, ce sont les portes des cellules. Hurlements, ordres, suivis d'une foule de pieds qui traînent. Des hommes et des femmes arrêtés la veille au soir ou au cours de la journée sont alignés et dénombrés. La police s'égosille, hystérique. Les prisonniers sont des p... de salauds débiles. Lents comme des escargots et infichus de donner leur p... de noms. Le mot *baas*, « patron », revient sans cesse. Non, *baas*. Oui, *baas*. Pardon, *baas*. La nuit précédente, les détenus étaient plus excités ; certains avaient bu et se défendaient en hurlant sur la police, cognant contre la porte et enrageant pendant des heures au fond de leur cellule. Je ne les vois jamais, mais je les entends très nettement : quand on les traîne de force, qu'on les injurie et qu'ils répliquent, ou quand ils crient, furieux, pitoyables, toute la nuit. Le matin, avant d'aller au tribunal, ils sont doux comme des agneaux, brisés, mais la police continue de brailler contre eux. Le Droit assied son triomphe en légitimant toute une gamme d'abus. Les captifs se blottissent les uns contre les autres, prêts à se précipiter dans le fourgon qui les attend, comme des moutons libérés de leur enclos. Les portes s'ouvrent. Aussitôt, une myriade de pieds, certains nus, d'autres chaussés, détalent devant ma cellule. Les portes se referment ; les bruits de pas, les voix, les cliquetis s'estompent, tandis qu'au loin le moteur du fourgon s'emballe. L'épisode est clos ; je n'ai rien vu mais j'ai tout entendu. Mon attention délaisse la cour et revient d'elle-même à ma cellule.

---

13. Le verbe to clink signifie « tinter », « cliqueter » (*N.d.T.*).

Mon regard vagabonde le long des murs et sur le sol. J'arpente mon domaine en m'attardant sur chacun de mes biens : mon pantalon, ma serviette, mes oranges, mon sac de vêtements, ma natte, mes couvertures, moi-même. J'observe mes membres : mes genoux sont remontés, mes bras, croisés mollement dessus. La tombée de la nuit me semble à des années-lumière. Il y a des jours avec – des jours plus ou moins pénibles – et des jours sans – des jours franchement épouvantables. Avec ou sans, tous les matins, à cette même heure, j'ai un coup de cafard. Pour ce qui, je le sais déjà, ne sera pas la première fois de la journée, je me rassure en me disant qu'il n'y a pas mort d'homme. Je tâche de ne pas réfléchir. Mon esprit passe en revue le programme qui s'annonce. J'organise mes activités en fonction de la fin de la journée, de façon à avoir toujours quelque chose qui m'attend. Je garde le meilleur pour la fin. Le supplice du temps mort qui succède au déjeuner se profile au loin, telle la traversée d'un désert sans fin. Je dois être à mi-chemin avant le moment de secouer mes couvertures.

Je divise tout en fractions qui n'ont de sens que parce qu'elles sont les dimensions de mon nouveau monde. Une journée est découpée selon les heures de repas ; le matin, l'après-midi et la soirée sont eux-mêmes divisés en activités. Une journée équivaut à une période qui forme un tout, de même qu'une semaine ou un ensemble de dix jours. Une fois dix jours passés, je vise deux semaines, puis vingt jours, puis trois semaines, suivies par quatre semaines, puis trente jours, et un mois entier. Trente jours représentent déjà un tiers du chemin qui mène à quatre-vingt-dix jours. Suivront deux semaines pour arriver à quarante-cinq jours, ce qui représentera la moitié du chemin, puis soixante, et enfin quatre-vingt-dix. Quatre-vingt-dix jours formeront la moitié par rapport aux quatre-vingt-dix suivants. Ce qui fera six mois, soit les deux tiers du temps aboutissant aux quatre-vingt-dix suivants, et ainsi de suite. À la fin de chaque période, la fraction de temps qui s'est écoulée gagne en épaisseur et en sens. Là, maintenant, je suis un peu plus qu'à mi-chemin avant la première activité succédant au petit déjeuner, donc au premier quart de la journée, celle-ci étant la neuvième d'une première série de quatre-vingt-dix – autrement dit, un jour avant une fraction de dix jours. La date du calendrier, que je confirmerai plus tard quand je cocherai un jour supplémentaire sur le mur, est le 9 octobre – j'ai la chance d'avoir été arrêté un premier de mois. Le carillon sonne trois quarts d'une heure. À neuf heures, je plierai les couvertures. Le sachet d'oranges est incliné dans le coin, près de la serviette aux carreaux vifs. Sur l'autre mur, accroché à l'écrou en bas de la fenêtre, mon pantalon ressemble toujours à deux pendus. L'heure de la sortie approche, je vais bientôt pouvoir m'aérer. La promenade a beau être le clou de la journée, y penser me rend triste car elle sera très vite passée ; je sais que je l'aurai derrière moi toute la journée.

Le carillon retentit : quatre coups, pause, puis l'horloge indique un – je compte –, deux, trois, quatre, cinq, six, sept, huit, neuf... silence. Même quand je mange, que je somnole ou que les gardiens viennent de me donner l'heure, j'ai le réflexe de compter chaque coup. Comme si un coin de mon esprit était réglé sur l'horloge en permanence.

Je me lève pour pouvoir séparer mes couvertures. Je commence par les secouer fort, une par une, puis je les plie soigneusement. Il m'a fallu plusieurs jours pour trouver la meilleure façon de m'y prendre. Le but est d'accumuler le plus de pliages possible pour que la pile finale soit suffisamment haute par rapport au sol. Je secoue chaque couverture en la tenant par deux coins, puis deux autres, encore deux autres, et de nouveau deux autres, jusqu'à ce que je l'aie secouée par les quatre côtés. Je la retourne et je recommence. Je secoue, secoue, secoue, secoue, plie, replie et re-replie jusqu'à ce que la couverture ne puisse plus être pliée. Je fais la même chose avec une autre couverture, puis avec la suivante, et encore la suivante, jusqu'à ce que toutes soient bien en place. Ce n'est pas de tout repos. Arrive le moment où j'aère ma natte en frappant la partie haute avec la main, tout en donnant des coups de pied dans le bas, le but étant d'en chasser les puces. Je repose la natte le long du mur et empile les couvertures parfaitement pliées contre la paroi. Je m'assieds dessus en soufflant bruyamment. Attendre l'heure de la promenade n'est pas ce qu'il y a de pire. Ce que je redoute, c'est l'idée qu'elle sera très vite terminée et évacuée. Dès que le premier quart de l'heure sonnera, je m'attellerai à la préparation de mes affaires. Si je me concentre suffisamment, je parviens à y consacrer plusieurs vraies minutes. La cruche d'eau doit être vidée et essuyée avec du papier toilette. Il faut que je sorte mes chaussures, ainsi que ma serviette et mon savon. Ma chemise et mon short sont à retirer du fond de mon sac, à déplier, à secouer et à replier. Ma respiration est plus posée. J'ai besoin de m'activer, de bouger physiquement, pour avoir les idées plus claires. Je peine à suivre le fil de mes pensées jusqu'au bout. À quoi est-ce que je pensais il y a deux secondes ? J'ai oublié. Malheur à moi, je n'arrive même plus à raisonner correctement. Une vague de chagrin m'envahit. Je n'ai qu'une envie, c'est de m'allonger et de me recroqueviller en fermant les yeux. Hélas, c'est hors de question. Je ne me permets de m'allonger que lorsque mon corps est engourdi – tôt le matin, après les repas ou la promenade. Laquelle ne va pas tarder. En attendant, je vais m'asseoir et souffrir en silence. J'étends les jambes et les observe. Une bribe de conversation me revient en mémoire : « Maman, pourquoi est-ce qu'Albie a autant de cheveux sur les jambes ? » Ma mère était gênée, je m'en souviens. Je souris. Je regarde mes pieds et flexe les chevilles. Autre bribe de conversation qui resurgit : « En tout cas, mes pieds sont plus beaux que les tiens », avais-je répondu. Mais à quelqu'un d'autre, et un peu plus tôt. À nouveau, je souris. Mes pensées m'échappent. Je m'assieds.

Je suis toujours assis, et toujours aussi déprimé. Le carillon sonne. Je me lève pour aller jusqu'aux toilettes. Je prends le papier à côté de la cruche, que je vide dans la cuvette. Je la nettoie avec des feuilles propres. C'est une cruche en plastique, je ne suis pas autorisé à avoir des objets en métal ni en verre. J'ai aussi un presse-agrumes en plastique. Tout ce qui est en plastique est permis ; s'il existait des clés en plastique, je suis sûr que ma mère pourrait m'en envoyer. Tous les jours, quand je lave ma cruche, j'ai cette idée absurde. Et, tous les jours, elle me fait rire. La surface de la cruche a des empreintes en forme de diamant que je frotte une par une. J'ai décidé qu'elle serait nickel. C'est la seule façon de justifier le travail-effort que je lui consacre tous les matins. J'ai besoin de m'activer, mais ce que je fais doit être un minimum utile. Si la corvée que je m'impose n'a aucun sens, je suis encore plus découragé une fois qu'elle est accomplie que si j'étais resté les bras ballants. Je dépose la cruche au pied de la porte et je commence à préparer mes affaires pour l'heure de la promenade. Je procède toujours de la même façon. Chaque objet – chaussures, short, gilet – a droit à un traitement individuel et méticuleux. Le geste le plus anodin – ce que nous faisons comme si de rien n'était, sans réfléchir – est l'occasion pour moi d'effectuer un travail méthodique et pensé. Aller aux toilettes, par exemple, est une opération assortie d'un rituel élaboré et sciemment chronophage. J'urine souvent et je vais à la selle trois fois par jour en moyenne. Je n'ai aucune raison d'imposer une discipline à ma vessie ni à mes intestins, puisque je n'ai aucun emploi du temps que cela bousculerait. Je les apprécie, ces passages aux toilettes. Je me soulage dès que mon corps m'y invite. C'est la seule activité qui échappe au programme que je me fixe. Elle a quelque chose de spontané et d'improvisé qui me réjouit. Je considère que c'est un bonus. Mes chaussures pour le sable sont posées côte à côte, lacets au garde-à-vous, parfaitement répartis. À côté attendent mon short et mon gilet, soigneusement pliés. Je décroche ma serviette du mur, je la plie délicatement et je dépose serviette et savon sur mes vêtements. Je m'assieds sur la chaise-couvertures et je patiente. J'espère qu'ils ne seront pas à l'heure. Plus tard ils arriveront, plus éloignée sera la fin de la promenade. « Il y a des gens qui sont assis et réfléchissent, me répété-je, et d'autres qui sont juste assis. » Comme moi, juste assis. Anticiper le moment où je serai dans la cour avec les autres me permet de contenir une nouvelle vague de découragement. Je suis assis, c'est tout : assis. Penser, c'est pour plus tard. Il faut que j'économise les thèmes qui me viennent à l'esprit.

Tintements de clés, frottements de pieds et voix. Les gardiens sont à deux pas. Ouverture et fermeture de la première porte, puis de la seconde. Les voix sont pile derrière ma porte, dont quelqu'un tripote le cadenas. Je me lève en attendant qu'ils poussent. Je vais et viens pendant qu'ils essaient chaque clé. Ça y est, la clé glisse dans le verrou, tourne, métal contre métal, et soudain la porte s'ouvre. « C'est l'heure de l'exercice », m'annonce le sergent en anglais. En afrikaans, le mot qui signifie « exercice » est le même que pour « pratique ». Je fais un pas hors de ma cellule en évitant de courir. Je jette un coup d'œil au ciel : grand bleu, pas un nuage. Un ruban de lumière aveuglant masque un des hauts murs et une partie de la cour. Maintenant je sais qu'il fait beau et je suis enchanté. Le sergent et le policier qui m'a déposé mon écuelle de porridge sont accompagnés par un agent blanc que je ne connais pas. Pour eux, la promenade est un pensum, parce qu'ils n'ont nulle part où s'asseoir et rien à faire. Voir le ciel et la lumière du soleil, marcher ne fût-ce que vingt mètres dans une seule direction, être entouré d'êtres humains : je suis ravi. La police avise une silhouette souriante qui se dirige vers le robinet d'une des deux courettes avec sa serviette et son savon. J'entends des portes qui s'ouvrent et se referment et j'aperçois l'agent *coloured*, un jeune *Coloured* et la surveillante qui rejoignent les gardiens. Ladite surveillante est une Afrikaner d'âge moyen, au visage sévère et à la peau rugueuse. Elle n'a jamais un gramme de maquillage, mais, ce matin, elle porte une jolie robe bariolée. Sa voix a beau être stridente, les rares fois où elle ouvre la bouche, ce n'est jamais pour tenir des propos désobligeants. Elle est chargée de surveiller la jeune femme de la cellule qui se trouve de l'autre côté. Le robinet qui m'est attribué se situe dans une des petites cours, où m'attend un policier blanc. Je me déshabille et me débarbouille soigneusement. Souvent, j'ai droit à un seau d'eau chaude, mais pas ce matin. Le *Coloured* m'apporte mon kit de rasage, un miroir métallique et mon peigne. Je me sèche et j'enfile des vêtements propres. Je me change deux fois par jour, c'est une façon de m'occuper. Le gilet avec lequel j'ai dormi la nuit précédente est parsemé de taches de sang. J'aperçois une puce qui rampe à la surface du tissu. Je lâche ma serviette et la pince entre le pouce et l'index de la main droite. Je la glisse entre mes ongles, l'écrase et m'en débarrasse sous le robinet. Je suis devenu un expert en chasse aux puces. Les insectes, j'adore, mais les puces, je les zigouille sans pitié. Elles m'assaillent jour et nuit, je les ai en horreur. Mes sous-vêtements sont tellement ensanglantés que j'ai demandé au commandant de poste de rassurer ma mère de peur qu'elle ne pense qu'on me tabasse. L'autre jour, j'en ai tué treize en une journée – c'était mon record. J'aime aussi beaucoup me raser, c'est un geste si civilisé. Ce qui m'amuse, c'est d'assister à la métamorphose de mon visage dans ce vieux miroir piqué – je découvre mon portrait, étonné de se voir, puis un sourire, un coup d'œil jeté sur ma barbe, un visage couvert de mousse et enfin celui qui émerge, propre comme un sou neuf. Ces jours-ci, il est rare que je me blesse, même quand l'eau est froide et que la mousse est très légère. Deux ou trois coups de peigne. Frais comme un gardon et rasé de près, je fonce dans ma cellule pour enfiler mes chaussures, trop content de pouvoir me déplacer et m'agiter. J'entends de l'eau qui gicle dans l'autre courette. Quelqu'un est en train de faire sa toilette. Mes chaussures sont lacées, je commence à courir très doucement, déterminé à profiter de l'heure de la promenade. Il me reste vingt minutes hors de ma cellule, vingt-cinq minutes avec un peu de chance. Je retourne dans la courette où j'ai fait mes ablutions. Le soleil n'y pénètre pas, elle est tellement exiguë – environ 13 mètres carrés – que j'ai la tête qui tourne si je cours trop vite. Qu'importe : tout ce que j'ai à offrir à mes deux camarades, c'est l'usage de la grande cour, qui mesure quatre fois la surface de chacune des deux petites – et le don est une source de joie plus profonde que l'exposition au soleil. « Vous pourriez permettre à la jeune femme d'avoir la cour principale ? » demandé-je au surveillant de façon à ce qu'elle m'entende.

Un tour, deux tours, trois tours... Je sens que l'air me fouette le visage et je lève régulièrement les yeux vers le ciel. Les murs sont tellement hauts que j'ai l'impression de tourner autour de la souche d'une immense cheminée. Enfin, je transpire, à bout de souffle, mais grisé. Les gardiens sont habitués à me voir courir ; ils trouvent ça tellement cocasse qu'ils pensent que je devrais m'inscrire aux marathons. Deux des policiers blancs sont postés dans l'embrasure de la porte qui donne sur la grande cour de façon à pouvoir surveiller les deux côtés. Ils bavardent tranquillement. Chaque fois que je passe devant, je les observe en me demandant si ce sont eux qui criaient si violemment contre les détenus le matin même. L'un d'eux interpelle le sergent, à qui il répète une blague qu'il a entendue dans le bus quelques jours plus tôt.

« Vous n'avez rien contre les blagues, monsieur Sachs ? me lance-t-il en me regardant.

– Non, bien sûr que non.

– Bon, dit-il en visant les deux côtés de la porte, je me retrouve avec deux mecs dans le bus, et y en a un qui dit à l'autre : « T'as entendu parler de cette femme dont le fils a avalé une pièce de six pence ? Elle était paniquée, prête à l'emmener chez le médecin quand son mari lui dit : “Ne l'emmène pas chez le médecin. Amène-le chez un avocat, il lui fera cracher plus vite son fric...” »

L'agent s'esclaffe et je ris ostensiblement, en courant, quand bien même je connais l'histoire par cœur.

« J'espère que vous n'êtes pas vexé, monsieur Sachs, répète l'auteur de la plaisanterie, soucieux de ne pas m'offusquer.

– Pas le moins du monde, j'adore les blagues. »

Il reprend la conversation avec son acolyte, je tends l'oreille. Ils évoquent les réparations du moteur de la voiture de je-ne-sais-qui. Je suis atrocement curieux. Non pas que le sujet me passionne, mais j'ai plaisir à les entendre bavarder. La parole circule librement entre eux ; çà et là, ils éclatent de rire. La conversation a quelque chose de merveilleux : deux êtres humains communiquent, détendus, en toute confiance. Chacun écoute l'autre et lui répond par un sourire, un froncement de sourcils, un hochement de tête ou une exclamation. Je regrette qu'ils ne parlent pas plus fort pour ne rien rater. Courir au grand air et écouter des gens parler – que demander de plus ?

Soudain, l'auteur de la blague donne un ordre à son collègue *coloured*. Ça lui arrive deux ou trois fois par jour, à l'heure de la promenade, comme si c'était une règle – pour que les rapports soient clairs et que le monde soit en ordre. « Allez, dépêche, gros lard ! On va pas y passer la matinée, lance-t-il avant de se tourner vers moi. Putain, quel cossard ! Il n'en fiche pas une, il se débrouille toujours pour que ce soit l'autre qui fasse tout. »

« L'autre » en question, c'est le jeune *Coloured*, dont c'est le tour de se faire tancer par le policier *coloured*. Le pauvre, il est au plus bas de l'échelle. D'ici dix ans, il sera peut-être suffisamment haut dans la hiérarchie pour avoir quelqu'un à harceler. En attendant, il est condamné à balayer les cellules en perdant le moins de temps possible parce que toute la violence – à commencer par celle du commandant, et ainsi de suite jusqu'au dernier échelon – retombe sur sa pomme. Je décide de courir dans l'autre sens pour que mes deux jambes subissent la même pression. Courir dans le sens inverse des aiguilles d'une montre a un avantage : la vue depuis l'embrasure de la porte est légèrement meilleure. Un tour, deux tours... Je transpire librement. Mes mollets commencent à tirailler, mais je repousse le moment de m'arrêter ; il suffit que je m'interrompe pour qu'ils sonnent la fin de la récréation. Le rythme du martèlement feutré de mes pieds crée un contrepoint monotone et réconfortant à leur bavardage. Plus je trotte, plus ils causent. Quand je cours, il arrive que mes pensées se déploient en toute liberté. Comme si mon esprit sortait de sa torpeur, stimulé par la cadence. Ça me rappelle la nouvelle d'Alan Sillitoe, *La Solitude du coureur de fond* – je cours en pleine forêt, dans la brume, au son d'une trompette de fanfare. Un tour, deux tours... Le sergent déboule pour voir où j'en suis. Souriant à pleines dents.

« Je me demande quelle distance j'ai parcourue », dis-je en soufflant.

Silence.

« C'est drôle, le meilleur moment de ma journée, je le consacre à tournicoter comme un fou dans cette cour grande comme un mouchoir de poche. »

Pas un mot. J'attends deux ou trois secondes.

« À l'époque où j'allais rendre visite à mes clients derrière les barreaux, jamais je n'aurais imaginé que je m'y retrouverais. »

Il grogne vaguement. Un début de réaction, c'est déjà ça. La police de la Security Branch me titille pour que je parle, je titille les agents ordinaires pour qu'ils me parlent. Aujourd'hui, celui-là se contente de grogner ; demain, il me dira bonjour, et la semaine prochaine, il me demandera des conseils pour la couleur des murs de sa cuisine. Je n'aborde jamais de sujets sérieux avec les gardiens, je n'en profite pas non plus pour savoir ce qu'il se passe dans le monde. Ce serait mettre en péril le peu d'échanges que j'arrive à avoir avec eux.

« C'est bon », lâche-t-il en jetant un œil sur sa montre.

Je continue de courir, porté par mon élan. Puis je ralentis et je m'arrête, à bout de souffle. Je ramasse ma serviette, le kit de rasage, le miroir et le peigne et me dirige vers ma cellule. Soudain, j'ai une idée. Du calme. Si je fais comme si de rien n'était, ils n'y verront que du feu. Je lui rends le miroir et le kit, et, ma serviette sur la main, je rentre. Je suis sûr que ça va marcher. Le jeune *coloured* a à peine fini de balayer ma cellule. Si seulement ils pouvaient me laisser un balai et un torchon, pour que je fasse le ménage moi-même. Hélas, c'est exclu : ce n'est pas un travail de Blanc. De toute façon, ils veulent que je n'aie rien à faire. Chaque fois que je réclame du travail – je serais prêt à bâtir des murs pour m'enfermer –, ils refusent. Le sergent arrive et, voyant le jeune garçon sortir avec le balai, me lance :

« Vous auriez dû voir le gosse avec le chien, hier. »

Je me souviens avoir entendu des aboiements déchaînés dans l'après-midi, mais je pensais que c'était le berger allemand de la police, qui a aussi droit à son heure de promenade.

« Montre-lui ton bras », ordonne le sergent au jeune garçon.

Il remonte sa manche et je découvre une série de plaies rougeoyantes entre son poignet et son coude. Il a l'air fier, comme si c'était une prouesse et qu'il affichait des blessures de guerre.

« Qu'est-ce qui s'est passé ?

– Le chien était très excité, il l'a mordu à travers le tissu qui lui couvrait le bras », répond le sergent.

Manifestement, « le gosse » joue le rôle de mannequin, et le chien est dressé à repérer l'odeur d'un jeune *Coloured*. Le sergent, qui doit adorer ces animaux, précise que celui-ci est particulièrement intelligent et que les hommes en sont fous.

La porte claque, mais je suis tellement content de ma petite manœuvre que je n'ai pas le temps de m'appesantir. Tintement de clés, les bruits de pas et les voix s'évanouissent suivant la séquence habituelle, traversant la cour avant de franchir les portes – et, soudain, silence. Ça a marché. Je suis exténué mais content, vraiment content. Là, sous ma serviette, à droite, j'ai caché un truc que j'ai réussi à piquer au nez et à la barbe des gardiens. Mais il y a mieux : ce larcin ouvre la voie à une série d'activités inédites. Je retire la serviette et, profitant de l'isolation de mon cube bouclé et verrouillé, j'examine mon butin : un peigne. Long, noir. Une partie a des dents serrées les unes contre les autres ; l'autre partie a des dents plus espacées, couvertes de la crasse qui s'est accumulée au fil des jours et immiscée en attendant – en tout cas j'ai l'impression – qu'on vienne l'enlever. J'ai au moins vingt minutes de travail concentré et relativement utile à tirer de ce peigne. Qui plus est, tous les trois ou quatre jours, il faudra répéter l'opération. Et je pourrai me coiffer plus régulièrement. Je dépose le peigne à côté du savon et de la serviette, sur le côté de la cuvette. Mieux vaut ne pas le cacher ; comme ça, s'ils le trouvent, je dirai que j'avais oublié que je n'avais pas le droit de le garder. Cet après-midi, je trouverai quelque chose pour le nettoyer. En attendant, il faut que je m'occupe pendant deux heures avant le déjeuner. La première heure, c'est facile – dormir. Je déroule deux couvertures sur ma natte. Je me mets en slip, j'enfile mon peignoir et je me glisse entre les deux couvertures.

Je sens une puce grimper le long de ma cuisse. Je me suis assoupi. Combien de temps, je ne saurais le dire. Lentement, je me redresse en position assise. Je dégage la couverture du haut, j'entrouvre mon peignoir, quand tout à coup je darde la main sur ce petit bidule noir qui m'horripile. Pouce et index serrés l'un contre l'autre. Ai-je réussi à l'attraper ? Je relâche doucement la pression de façon à écarter les deux ongles. Rien. J'écarte un peu plus les doigts. La puce bondit sur la couverture et disparaît dans la laine grise. Salope, tu vas voir ce que tu vas voir... « Salope ! » Je peux jurer autant que je veux. Personne ne m'entend. Ici, ni la politesse ni l'ordre social ne comptent. « Espèce de... ! » Non, même ici, je suis incapable de jurer comme un charretier, je suis trop bien élevé. Je me demande combien de temps je me suis endormi. Il va falloir que j'attende le carillon. Je me rallonge, encore engourdi, mais l'oreille en alerte.

L'horloge sonne – premier coup, silence, second coup, silence. Une demi-heure. Onze heures et demie ? Ce serait trop beau. Dix heures et demie, seulement ? Encore une demi-heure à attendre pour savoir. J'essaie de me rendormir. Je tire la couverture sur moi et me recroqueville dans ma position fétiche. En vain ; ma détresse est là, allongée sur ma natte, à côté de moi. J'ai perdu la notion du temps, il faut que je patiente encore presque trente minutes pour remettre les pendules à l'heure, au sens propre. Comme si je faisais du surplace en attendant qu'on m'envoie un gilet de sauvetage. Tu ne vas pas en mourir, me consolé-je. Le temps s'écoule au même rythme, que je sois au fond du trou, mourant de solitude, ou heureux d'être occupé et indifférent à l'environnement. L'univers est à la fois majestueux et impitoyable ; face à son immensité, je suis une pauvre petite créature perdue au fond de sa cage. Si je suis vraiment patient et que j'ai de la chance, une fois ce long intervalle de temps passé, je serai sorti de cette cage. Les trois quarts de l'heure sonnent. S'ensuivent quinze minutes étales. J'ai les yeux fermés, la cellule vide a disparu de ma vue, mais, en mon for intérieur, j'ai conscience du lieu où je suis. Le carillon sonne, l'horloge retentit. Un, deux, trois, quatre, cinq, six, sept, huit, neuf, dix, onze. Silence. Il est onze heures à peine. Je vais rester assis un quart d'heure et j'irai mettre à jour mon calendrier. L'idée d'avoir encore mon peigne à nettoyer me remonte le moral. Je reconnais l'impression d'anticipation agréable que je ressentais quand j'étais libre. Cela dit, ma dépression persiste. Sentiment de vanité totale. Que je suis bête de me réjouir de toutes ces tâches minables que je m'impose. Je ne suis occupé que trois heures et demie par jour, y compris les repas et l'heure de la promenade. La moitié de ce temps, je la consacre à des broutilles que je fais durer bien au-delà de ce qu'elles valent. Pour le reste, je dors, ou je suis couché, ou assis. Je suis là, comme un idiot, fixant le mur, moi, un être humain en pleine forme, condamné à l'isolement et au désœuvrement. Combien de temps ça va durer, je n'en ai aucune idée. Si ça se trouve, un bail : peut-être qu'ils ne me relâcheront jamais. Je vais déjà tenir bon jusqu'à ce soir. Une nouvelle journée sera passée... Et quoi ? Ça me fait une belle jambe. Les jours n'ont aucun sens. La police peut me garder aussi longtemps qu'elle le souhaite. Les types n'ont ni honte ni conscience de ce qu'ils infligent à un autre être humain. Leur but est de me briser. Pire encore, maintenant que j'ai tout le loisir de réfléchir, je suis infichu de maîtriser mes pensées. Je ne me souviens de rien. Je suis incapable d'élaborer une réflexion. Incapable de suivre le moindre fil de pensée. Il faudrait que je puisse tout consigner par écrit. Je me surprends à prendre des notes mentales, en espérant que le jour où je serai libre, si ce jour arrive, je me souviendrai de ce que je ressentais. Là, tout de suite, je peine à me remémorer l'effet que ça faisait de ne pas être enfermé, de vivre dans le monde de dehors.

Le quart d'heure sonne. Je m'arrache du sol, prends mon tube de dentifrice et grave une journée supplémentaire dans la peinture. J'éprouve un léger sentiment de triomphe. Neuf encoches = neuf jours. Chaque jour est une petite victoire pour moi et une défaite pour eux. Il faut que je m'arme de patience. Ils ne peuvent pas me boucler pour l'éternité. Dans tous les cas, il est hors de question que je cède. Certes, je suis captif, mais la bataille est loin d'être finie. Je suis sur la ligne de front. Je ne peux pas faire grand-chose pour les causes qui me tiennent à cœur, mais je peux contribuer à ce qu'ils n'arrêtent pas de nouvelles personnes. Nous, les prisonniers de la loi des 90 jours, nous sommes la couche superficielle d'un bloc de métal dur et précieux, qui sert à protéger la masse de métal mou située en dessous. Nous n'obtiendrons aucune percée seuls, même à titre d'essai. En revanche, nous devons les empêcher de pénétrer plus profond dans nos rangs.

Je suis installé sur ma paillasse, les jambes allongées devant moi, le dos appuyé contre mes couvertures. Il faut que je soumette l'idée de chroniquer ma détention à quelqu'un qui comprend ce que je ressens. J'ai rarement des pensées très originales, et je vis des expériences qui n'ont rien d'exceptionnel. Mais l'expérience en soi vaut peut-être la peine d'être rapportée, même si je ne suis pas sûr de savoir y faire. Je dois me débrouiller pour prendre des notes, ne serait-ce que pour ne pas oublier. De quoi est-ce que je dispose ? J'ai un sachet rempli de morceaux de papier et de carton, que je conserve au cas où. Mais avec quoi écrire ? Bon sang ! Je sais, c'est évident : le tube de fromage à tartiner à la tomate qu'on m'a autorisé à conserver. Même les singes des psychologues, qui ont emboîté deux baguettes pour pouvoir atteindre des bananes, ont pigé comment tirer parti des outils qui traînaient dans leur cage plus vite que moi. J'essaierai d'écrire avec du fromage à tartiner à la fin de l'après-midi, plutôt que de jouer aux dames. Je me souviens de mon excitation, le deuxième jour, quand j'ai eu l'idée d'utiliser les carreaux de ma serviette comme un damier. Je ne me rappelais plus le nombre exact de cases réglementaire, j'ai donc fixé un nombre au hasard : huit sur huit. Peu après, j'ai pensé aux pièces des échecs, je les ai comptées et j'ai vu que j'avais deviné juste. Malheureusement j'ai arrêté de jouer très jeune, mais je me souvenais encore des coups ; les deux premiers jours de ma détention, j'ai consacré plusieurs demi-heures amusantes à réunir des bouts de papier toilette assortis et des épluchures d'orange. Pour corser le tout, j'ai mis de côté des gousses de pois afin d'avoir une troisième équipe et de jouer comme s'il s'agissait d'un championnat. Hélas, mon enthousiasme est très vite retombé : ma main gauche savait toujours ce que faisait ma main droite. Une fois la partie terminée, je cachais les pièces au milieu de mes vêtements et je raccrochais la serviette au mur. Les surveillants n'y ont vu que du feu. Je suis content d'avoir autre chose à faire parce que j'étais de plus en plus frustré. Disons que le papier toilette peut se retirer, il a remporté le championnat haut la main.

Assis, toujours assis. Le quart de l'heure sonne : trente minutes avant le déjeuner. Lecture matinale de la Bible. Comme c'est le seul livre auquel j'ai droit, je savoure l'instant. Avec la promenade, la lecture est l'occupation la plus enrichissante de ma journée. Je me limite à un quart d'heure le matin et à un quart d'heure l'après-midi. Le but est de progresser lentement et de maintenir mon intérêt le plus longtemps possible. La Bible est rangée avec mes vêtements. Je me lève et me penche pour la prendre au fond du sac. J'aurais pu rouler sur le côté et tendre le bras pour l'attraper, mais le fait de se lever me semble plus digne et contribue à donner le statut qu'elle mérite à l'activité que je m'apprête à commencer. Me voilà donc sur ma paillasse, appuyé sur le coude droit, prêt à lire *Le Livre des Juges* :

Il lui dit : « Peux-tu me donner à boire un peu d'eau, car j'ai soif. » Elle ouvrit l'outre de lait [ils avaient du lait, à l'époque ?], *le fit boire et le recouvrit. [...] Mais Yaël, femme de Héber, prit un piquet de la tente, saisit un marteau dans sa main, vint près de lui doucement, et lui enfonça dans la tempe le piquet, qui alla se planter dans la terre.*

Sisera qui, épuisé, était profondément endormi, mourut. [...] En ce jour-là, Dieu abaissa Yabine, roi de Canaan, devant les fils d'Israël... » Mon coude droit commence à m'élancer. Je me tourne du côté gauche et je poursuis jusqu'à l'histoire de Samson.

Les Philistins le saisirent et lui crevèrent les yeux ; ils l'emmenèrent à Gaza et le lièrent avec une double chaîne de bronze. Samson tournait une meule dans sa prison. [...] Il s'écria : « Que je meure avec les Philistins ! » Puis il pesa de toutes ses forces, et l'édifice s'effondra sur les princes et sur tout le peuple qui se trouvait là. Ceux qu'il fit mourir dans sa mort furent plus nombreux que ceux qu'il avait fait mourir pendant sa vie. Le seul bon Philistin finit par mourir. Samson, lui, meurt avec une noblesse qui lui était étrangère quand il vivait librement. Je serais curieux de savoir pourquoi tant de gens trouvent dans la Bible une source de réconfort. Est-ce parce qu'ils se consolent en attribuant toutes les abominations et tout le mal de l'histoire des hommes à Dieu, qui aurait pour but de mettre l'humanité à l'épreuve ? Je ne comprendrai jamais comment ils peuvent se consoler en se soumettant à un tel Dieu. Je ferme la Bible et je la range dans le sac. Je n'ai plus qu'à attendre le déjeuner, qui ne devrait pas tarder. La lecture me procure un semblant de paix qui devrait durer jusqu'à l'arrivée des gardiens. L'horloge sonne. J'ai loupé le carillon et le quart d'heure, mais il doit être midi. Bientôt la moitié de la journée. J'ai passé neuf jours et demi derrière les barreaux. Je distingue un bruit de clés. Les frottements de pas et les voix se rapprochent, les portes s'ouvrent et se referment, les verrous de la mienne vibrent. Je me lève, vite, hors de question qu'ils me voient allongé.

« B'jour, monsieur Sachs, comment ça va ? » demande l'agent blagueur.

Il est accompagné par un collègue, qui entre et dépose une de ses trois écuelles. L'agent me tend une tasse de café.

« Je serais plus heureux dehors que dedans, lui lancé-je, comme toujours quand ils me posent la question.

– Tenez, vos fruits et votre lait, dit-il en me remettant un paquet. Vous en avez de la veine d'avoir des fruits aussi beaux. »

Chaque fois que les gars m'apportent un colis de l'extérieur – seuls les vivres et les vêtements sont autorisés –, ils me disent que j'ai de la chance.

« Si vous trouvez que j'ai tellement de chance, je suis prêt à échanger ma place contre la vôtre », leur rétorqué-je alors systématiquement.

Le premier agent sourit, le second s'impatiente.

« Dites-moi, ça vous dérangerait de donner des fruits à d'autres détenus ? »

Le second semble hors de lui. Il marmonne qu'il ne voit pas au nom de quoi il ferait une chose pareille, sans compter qu'il ne me rendrait jamais un quelconque service.

« Ok, l'ami, répond le premier, après tout vous êtes tous dans la même galère. »

Il reprend les fruits, verrouille la porte, et je songe à sa comparaison. Il n'a pas tort : la prison est une galère restée à terre pendant que la roue, dit-on, continue de tourner. Nous, les rameurs, nous sommes confinés dans les cabines de cette galère en béton immobile, à mille lieues du rivage.

Le temps que les clés, les bruits de pas et les voix aient fait leur tournée et disparu de mon champ auditif, j'en suis à la moitié de mon déjeuner. Des boulettes de viande, de la salade fraîche, une tranche de pain beurrée, une pomme, une poignée de fruits secs et une demi-pinte de lait : un repas équilibré et copieux. Je reprends des fruits secs : plus je mange, plus je dors. Si ça se trouve, je vais même prendre un peu de poids. J'ai déposé l'écuelle, avec le trognon de pomme, au pied de la porte. Il doit être midi vingt ; encore six heures avant le dîner. La plus longue plage de temps débute – un enfer qu'aucune de mes astuces n'a le pouvoir de vaincre. Elle commence, et ne s'achève point, par un petit somme. J'ai l'estomac lourd et, tel un animal rassasié, je vais m'étendre et roupiller pendant que mes sucs gastriques et mes muscles intestinaux malaxent le tout. Je déroule deux couvertures et me faufile entre elles. Je suis fatigué et je vais très vite m'endormir...

Je suis réveillé par une légère sensation de chatouillis du côté droit : la vache ! encore une puce. À moitié engourdi, je roule sur mon côté gauche, soulève la couverture, me redresse doucement, remonte ma liquette et l'attrape. Je la sens entre mes ongles et je l'écrase avec un sentiment de satisfaction légèrement brouillé par le sommeil. Je dépose cette satanée crotte noire sur un bout de papier, m'essuie les ongles et me rendors. Je me réveille, me rendors, me réveille et me rendors je ne sais combien de fois. Une heure vient de s'écouler, à moins que ce ne soit deux heures, ou bien une demi-heure... Pas question que je me lève avant au moins quatorze heures trente. J'attends le carillon. Qui finit par retentir – quatre ding-dongs qui annoncent l'heure, suivis par un coup sonore. Treize heures. Je ferme les yeux, j'évacue toute pensée et j'essaie de me détendre pour éviter que mes émotions s'éveillent.

Plus l'après-midi avance, plus j'ai du mal à dormir, et plus les laps de temps où j'y parviens sont courts. J'entends le carillon de treize heures trente. Une heure à peine avant celui de quatorze heures trente. Je suis à mi-parcours avant quatorze heures trente, qui marquera la moitié de l'après-midi. Un peu moins désespéré que d'habitude parce que j'ai quelque chose d'agréable en perspective. C'est quoi, déjà ? Ah, oui : il faut que je nettoie le peigne, ensuite j'essaierai d'écrire avec le fromage à tartiner. L'après-midi sera bien rempli. Je chanterai et je ferai ma gym un peu plus tôt. En attendant, je dois rester allongé jusqu'à quatorze heures trente au moins. Ma sieste contribue à fractionner le temps et à apporter de l'ombre et de la lumière à la journée. Couché, assis, debout – chaque position correspond à un intervalle très précis. C'est l'heure où je suis inerte, un moment redoutable. J'ai une théorie : la position naturelle du corps, la majeure partie de la journée, est la position debout. Nos émotions ordinaires y sont liées, conditionnées par la circulation du sang et le rapport entre les muscles et les os d'un corps à la verticale. Être allongé alors que l'on n'a pas sommeil est débilitant. Mes émotions sont drainées vers le centre de mon corps, où elles stagnent, malheureuses ; ça me rappelle les humeurs que les médecins d'antan situaient dans différentes parties de l'abdomen. Il est presque impossible de rester assis ou debout longtemps sans avoir rien à faire. Tout à l'heure, je serai planté sur mes deux pieds et je tâcherai de fournir une quantité d'activité physique normale pour une journée. Pour l'instant, je suis allongé, et encore allongé. Même la perspective du peigne et du fromage à tartiner ne peut rien contre le désespoir qui m'envahit. Il y a des jours où je suis en proie à l'angoisse toute la journée. Aujourd'hui, j'ai de la veine, elle ne devrait pas dépasser quelques heures.

C'est ce qui s'appelle souffrir.

J'ai eu une chance inouïe, jusqu'ici. La vraie souffrance, celle qui dure, m'a été épargnée. Avant, je croyais que c'était un état d'esprit auquel certaines personnes se laissaient aller. Travailler, lire, savoir s'entourer et adopter la bonne attitude : voilà ce qu'il fallait pour surmonter un épisode douloureux. Aujourd'hui, j'ai pris la mesure de ce que signifie souffrir. Je me livre à des activités parfaitement dérisoires aptes à contenir mon malheur, ou, plus exactement, à me permettre de vivre avec, mais sans l'éliminer de ma vie. Par ailleurs, le bonheur n'est pas qu'un état d'esprit ; il dépend des conditions de vie et exige qu'on y travaille constamment. Je suis stupéfait, voire horrifié en pensant aux moines de jadis qui choisissaient une vie entière de silence et d'isolement. Plus jamais je ne me dirai qu'ils étaient bizarres ou fous. Je tremble en imaginant le martyr qu'ils s'infligeaient, sidéré par la passion et la puissance de la religion qui les menaient à de telles mutilations psychologiques. Il n'y a pas de gloire à trouver dans ce comportement : s'abaisser à ce point peut vous laver de toute vanité et de tout auto-apitoiement, mais aussi de tout amour. L'abnégation est admirable quand elle est associée au don et à l'amour ; si elle n'est liée qu'à la souffrance personnelle,

elle est absurde. La douleur que je ressens en ce moment ne me confère aucune noblesse, elle est destructrice ; elle est spécifique dans la mesure où elle n'a pas de source identifiable. Elle n'est pas liée à une disparition ni à de la frustration face à un obstacle. Elle n'est pas localisée dans mon corps. Où me fait-elle vraiment mal ? Ni à la tête, ni à la poitrine, ni aux jambes, mais partout – elle se diffuse dans tout mon être. Plus je m'échauffe, plus je me bats, plus elle augmente. À l'origine, c'est une douleur animale, un phénomène physique lié à l'inactivité, qui est un état contre-nature. Mon esprit et mes émotions enragent de ne pouvoir s'atteler à quoi que ce soit. L'absence de contacts humains est la pire des privations et la plus cruelle des souffrances. Je me demande comment font les autres prisonniers des 90 jours. Je pense à plusieurs personnes, dont certaines sont des amis proches ; je les visualise, chacun dans leur cellule, aux quatre coins du pays. Je les imagine inertes, sans émotions, figés comme des statues de cire. Quatorze heures, j'entends le carillon. J'étais perdu dans mes pensées et j'ai oublié de compter les heures. Ce qui, pour moi, n'est pas loin de l'extase – ne pas voir le temps passer. Qu'est-ce qui m'occupait l'esprit ? Mince, je ne me rappelle plus. Qu'est-ce que je pourrais faire pour exercer ma mémoire, si affaiblie ? Je suis furieux et démoralisé d'être incapable de reprendre le fil de pensée qui, par bonheur, m'absorbait il y a quelques secondes. Bientôt, ce sera l'heure de chanter. Je vais reprendre mon abécédaire : *Always, Because, Charmaine, Daisy, E...* qu'est-ce qui commence par un *E* ? J'en étais où ? *Because, Charmaine, E...* mince, qu'est-ce qui commence par un *E* ? Je n'arrive pas à me concentrer en étant allongé, je ne réfléchis correctement que si je suis debout et que je m'active. Voyons si je parviens à tirer quelques minutes de sommeil supplémentaires. J'essaie, mais en vain. Il faut que je reste couché jusqu'à la demie. Je me tourne sur le côté droit, sur le côté gauche. Je m'allonge sur le dos, les genoux remontés, recroquevillé, puis je m'étire. Allongé, allongé... Enfin, je l'entends – le carillon de quatorze heures trente, je l'ai tant attendu.

Mais soudain je me sens mou, j'ai la flemme. Je n'ai plus envie de me lever. Je dégage la couverture, je me mets debout, je passe les doigts dans ma tignasse. *E*. Qu'est-ce qui commence par un *E* ? *Embraceable You*[14]. Il faut que je m'en souvienne. J'enfile mes pantoufles, je secoue et plie les couvertures. Je sens une puce qui rampe près de ma cheville. Je me penche pour l'attraper – trop tard, elle a filé avant que ma main ne l'atteigne. Ça me rappelle celles qui sont mortes : je ramasse le bout de papier où elles gisent et je le jette dans la cuvette. Je tire sur le serpent qui sort du mur et j'écoute la mélodie des toilettes. Autant en profiter pour évacuer une partie de mon déjeuner. Fruits, exercice et eau : la recette pour ne pas être constipé. C'est ce que m'a dit un surveillant. Manifestement, il sait ce qu'est la constipation, mais pas l'épreuve de la privation de matériel de lecture et d'écriture. Mon estomac fonctionne bien. Satisfaire mes besoins animaux me fait plaisir. Les toilettes glougloutent allègrement en guise de salut. On dirait une longue note d'orgue ou un coup de trompette annonçant l'entrée d'un artiste en scène.

Souvent, j'ai l'impression d'être une pensée dans le crâne d'un autre. Mais là, en faisant plusieurs pas vers le milieu de ma cellule, je me sens pleinement humain parce que l'artiste qui vient d'entrer en scène, c'est moi. Je vais chanter, pas seulement pour tuer le temps, mais pour que les autres prisonniers m'entendent. Je suis sûr que j'ai un public, deux êtres esseulés qui devraient percevoir le son qui monte de ma cellule et comprendre qu'il leur est destiné. Ils seront peut-être capables de reconnaître les mélodies. Je commence avec *Always*, dont j'ai adapté les paroles pour qu'elles correspondent à ma situation. Quelle que soit la chanson avec laquelle je poursuis – que je suive l'alphabet, que je fasse le tour du monde avec escale dans chaque pays, que je chante un blues africain, un chant afrikaans, une marche de la guerre d'Espagne ou un air de spectacle –, je démarre avec *Always*. Un mot doux, qui sonne bien. Je chaloupe lentement

14. Titre d'une chanson de Gershwin, chantée notamment par Ella Fitzgerald (*N.d.T.*).

d'un mur à l'autre de ma cellule et entonne avec une voix de baryton à la fois triste et tendre :

« *I'll be living here, always*
Year after year, always
In this little cell
That I know so well
I'll be living swell
Always, always.
I'll be staying in, always
Keeping up my chin, always
Not for but an hour
Not for but a week
Not for ninety days
But always. »[15]

Je recommence en sifflant, puis en fredonnant l'air ; ensuite, je reprends les paroles un peu plus fort, toujours en tournoyant dans une valse de plus en plus endiablée. Puis je passe à *Because*, mais je me contente d'enchaîner des « di doo di doo da » car je ne connais pas les paroles. Je parcours l'alphabet en dansant différemment sur chaque air, tantôt en traînant les pieds, tantôt en valsant, en dansant un tango, ou une samba et, autant que faire se peut, un twist. J'ai eu un mal fou à apprendre cette danse, mais il faut vivre avec son temps. J'ai beau chanter de plus en plus fort et de plus en plus passionnément, je garde le rythme et je sais où je vais. Je me défoule : comme les détenus qui hurlent et cognent toute la nuit contre la porte de leur cellule, c'est une façon de m'affirmer et de traverser les murs. Je m'entends, mon corps exulte, j'oublie tout. Tout à coup, je bute sur une lettre. Souvent, quand je cherche un titre avec un mot-clé commençant par telle lettre, je pense à d'autres

---

15. « Je vivrai ici, toujours / Année après année, toujours / Dans cette petite cellule / Que je connais par cœur / Je vivrai comme un roi / Toujours, toujours. / J'y resterai, toujours / Le menton levé, toujours / Non pas une heure / Non pas une semaine / Non pas 90 jours / Mais toujours. » (*N.d.T.*)

titres qui pourraient me servir plus loin dans l'alphabet. Le temps que j'y arrive, je les ai oubliés. J'ai du mal à me concentrer et je suis incapable de retenir quoi que ce soit. Mais je finis toujours par parcourir la totalité de l'alphabet. De temps en temps, je triche – par exemple, pour la lettre *X*, je chante *Deep in the Heart of Texas*, mais les autres lettres ont droit à des paroles qui leur correspondent. Il ne doit pas être loin de trois heures et quart. Je me suis bien amusé. Un dernier morceau pour clore le concert et je vais me préparer pour mon activité suivante. J'ai choisi *Les Bateliers de la Volga*, que je chante – que je marmonne, plus exactement – avec mon sachet d'oranges dans le dos. Je ne sais pas pourquoi, mais j'ai besoin de porter quelque chose. Peut-être que c'est une forme d'exercice ; je sens que je dois renforcer les muscles de mon dos et de mon cou. Ou peut-être que ça m'aide à avoir conscience de la totalité de mon corps, du fait que je suis debout. Ou alors c'est psychologique, comme si je portais ma croix. Quelle que soit la raison, quand j'arrête de tournicoter en ployant et que je dépose les oranges dans un coin, je sais que j'ai répondu à un besoin profond. Ce qui me rappelle un détail important : j'ai oublié de demander à des surveillants de me couper des oranges à l'heure du déjeuner. Je ne suis pas autorisé à avoir un couteau. Après la gym, j'aime bien boire un jus avant de m'allonger : j'ai vraiment l'impression de veiller sur ma santé. Avec un peu de chance, les gardiens s'arrêteront au cours de leur ronde dans l'après-midi. Ils sont censés inspecter les lieux toutes les heures mais respectent rarement le règlement. En tout cas, s'ils passent, il faut que je leur demande de me couper des oranges. Je m'assieds sur ma natte en songeant à ma prochaine activité. Je suis de plus en plus excité à l'idée de nettoyer mon peigne. Rien ne presse. Les activités exceptionnelles se savourent, mais la moitié du plaisir réside dans le fait de les anticiper. Bientôt quinze heures trente, la cassure fatale, celle qui terrasse l'après-midi. On est à mi-chemin du dîner. Je commencerai à nettoyer le peigne à quinze heures quarante-cinq ; à seize heures trente, je ferai mes exercices ;

à dix-sept heures quinze, j'essaierai le fromage à tartiner ; à dix-sept heures quarante-cinq, je me replongerai dans la Bible.

Finalement, j'ai un après-midi très chargé. Si seulement chaque journée était aussi remplie. Je suis assis, encore assis, éternellement assis. Les trois quarts de l'heure sonnent. Je ne bouge pas, histoire de résister encore quelques secondes au plaisir qui m'attend. Puis je me lève, marche jusqu'au coin où repose le peigne et le prends. Une crasse épaisse, poisseuse, s'est glissée entre les dents. Il me faut un outil pour la retirer. Je vide le sac en papier où je garde ce qui pourrait me servir. Mon butin est là, devant moi : plusieurs morceaux de papier, transparent, opaque ou coloré ; une étiquette ; une brique de lait écrasée et pliée ; un petit bout de coton ; une arête de poisson ; un fragment de papier d'argent. Ce tas de déchets dérisoire est la somme des trésors que j'ai accumulés depuis que je suis en prison. J'évite de jeter le moindre bout de papier. Je suis content d'avoir conservé l'arête parce qu'elle va me permettre de retirer la crasse qui s'est immiscée entre les dents. Je me demande à quoi pourrait me servir le papier d'argent. Une fois le tout remisé dans le sachet, à part l'arête, je rassemble ce que va nécessiter mon opération. J'étale une feuille de papier – qui, à l'origine, protégeait une pomme – près de la paillasse à côté de laquelle j'ai déposé l'arête ainsi qu'une feuille de papier toilette que j'utiliserai pour le polissage final. J'empile mes couvertures le plus haut possible, je pose le papier d'emballage sur mes genoux et, avec un ravissement inouï, j'enfonce la pointe de l'arrête dans le premier interstice entre deux dents – un gros morceau de cochonneries en ressort. Je suis aux anges. De minuscules boules de crasse tombent sur le papier à mesure que l'arête se fraye un chemin vers le milieu. Je dépasse le petit bitoniau à partir duquel les dents plus espacées commencent. Je retourne le peigne et continue en faisant le trajet inverse. Plus les boules sont grosses, plus je suis content. Une fois que j'ai fini d'éliminer la crasse, je l'essuie avec la feuille de papier toilette. L'opération est plus longue que prévu et exige de la concentration : il faut glisser la feuille entre les dents dans un sens, puis dans l'autre, et le papier toilette doit être manipulé avec délicatesse, au risque de se déchirer. Enfin, j'arrive au bout. J'admire la propreté de mon peigne puis jette le papier d'emballage et le reste dans les toilettes. Pour couronner le tout, je me coiffe et me recoiffe énergiquement jusqu'à ce que ma tignasse soit lisse et crisse. Tout à coup, j'entends les clés, les frottements de pas et les voix. Vite, je planque le peigne sous une couverture. Idiot ! Il vaut mieux le laisser traîner pour qu'ils s'y habituent et oublient que je ne suis pas censé l'avoir. Je le dépose près de mes vêtements en ajustant l'angle pour qu'ils ne remarquent rien. Les voix sont juste derrière ma porte, je bondis en me rappelant d'éviter de le regarder quand ils entreront. « Comment va, monsieur Sachs ? » me demande une voix de stentor. Il leur a fallu plusieurs jours pour m'appeler « monsieur », mais, aujourd'hui, presque tous les gardiens s'y sont mis. « Pas trop mal, vu les conditions », je lui réponds aussi fort. J'entends : « Bon, ben, salut ! » Les clés, les bruits de pas et les voix traversent la cour. De loin, je les entends crier, « Comment va, Dorothy ? », suivi peu après par un « Comment va, Zollie ? » Puis leur babil revient, passe devant ma cellule, franchit les portes et s'évanouit dans le monde au-delà. Quelque chose me taraude. Ah oui, mince... je sais : j'ai oublié de leur demander de me couper des oranges. La journée ne va pas se dérouler comme prévu, mais ça va : je boirai du lait après ma séance de gym et un jus d'orange après le dîner. Ce que je n'aime pas, c'est l'impression d'être à la fois consterné et frustré. « Raté, une fois de plus ! » disent les scélérats au théâtre. « Nom de Dieu ! » hurlé-je. Là encore, je me reproche d'avoir trop de retenue et d'être incapable de jurer plus violemment. Dépité, je me rassieds sur mes couvertures. Le peigne a perdu sa magie ; ne reste plus qu'un vulgaire démêloir.

Il doit être seize heures et quart passées. Bientôt l'heure de ma gymnastique. Je déteste cette séance d'exercices intenses qui revient tous les après-midi, mais je ne peux pas y couper. Mes vingt minutes de penchés, d'étirements et de pompes sont censées remplacer les mouvements quotidiens de mon corps. Courir à l'heure de la promenade doit équivaloir à ce que je dépenserais en marchant un jour normal. Mais ce serait sans compter le fait d'aller récupérer quelque chose et de le porter, de se pencher et de tendre tel ou tel membre – autant de mouvements que je fais sans m'en rendre compte quand je suis dehors. Désormais, j'entreprends et je planifie le moindre mouvement. Mon corps est un moteur que je dois faire tourner à intervalles très réguliers pour qu'il fonctionne. Je vais bientôt me lever et le mettre en route. Je souris en pensant aux efforts que me demandait le yoga les tout premiers jours : j'avais mal au dos et aux jambes – outre une sensation d'inconfort physique qui s'ajoutait à ma détresse mentale. La paix de l'esprit que j'espérais atteindre m'échappait. Le seul moment de joie était la fin, quand je démêlais mes membres et que j'étais soulagé que tout s'arrête. Le yoga, à mon avis, est fait pour les personnes très occupées qui ont besoin de se détendre, pas pour celles qui sont désœuvrées et ont besoin de bouger.

Le monde est bizarre, vu d'en bas. Régulièrement, je prends conscience d'être au ras du sol. Je n'arrive toujours pas à me faire à l'idée que je vis par terre. L'humanité a lutté plus de mille ans pour arriver à décoller du sol et à s'élever à deux ou trois pieds à l'aide de chaises, de lits et de tables. Or, il a suffi d'un seul et cruel coup pour que les autorités me précipitent à terre et me renvoient mille ans en arrière. Je sais que beaucoup d'Africains de sociétés tribales n'ont pas de meubles, mais ils vivent et travaillent à l'extérieur, et leur hutte leur sert exclusivement d'abri. Les huttes sont faites pour les corps usés, pas pour les personnes actives. Je défends l'idée que la chaise devrait être classée parmi les inventions les plus géniales de l'Homme, au même titre que la roue et le feu. Sans les chaises, la quasi-totalité du monde moderne serait impensable. Vive les chaises ! et vive le jour où mon séant sera de nouveau rehaussé ! Quand je pense que le seul moment où mon corps a l'honneur d'être surélevé est celui où je défèque. Je suis assis, éternellement assis.

Le carillon sonne, seize heures trente, l'heure de ma séance de gym. Voilà, c'est le moment, mais je n'ai plus envie de me lever. L'effort que je dois fournir est une punition que je m'inflige tous les après-midi. C'est mon pensum le plus pénible, celui qui me demande le plus de discipline. J'enfile mes chaussures et je m'éloigne de ma natte et de mes affaires autant que faire se peut. Je m'échauffe en courant sur place – cinquante foulées pour chaque jambe. Je continue avec des écartements de jambes et vingt-cinq ciseaux, des étirements et des balancements de bras. Suivis par des penchés : les deux bras parallèles, rotation à droite en me penchant vers le pouce du pied droit, relevé, puis rotation à gauche vers le pouce du pied gauche – vingt-cinq fois de chaque côté. Je commence à souffler. J'écarte les jambes et je m'étire vingt-cinq fois vers l'avant, puis vingt-cinq fois en me cambrant. Je rapproche mes pieds l'un de l'autre et je touche vingt fois de suite mes doigts de pied. Je fais des progrès, puisque j'arrive à plaquer les paumes de mes mains au sol sans plier les genoux. C'est le moment d'aborder la partie la plus dure. Sur la pointe des pieds, bras écartés, accroupi, bras rapprochés, et debout, soixante-quinze fois de suite. À la cinquantième, mes cuisses se mettent à tirailler et mes idées se brouillent. À la soixantième, j'ai la tête qui tourne. À la soixante-dixième, je suis au bord de l'évanouissement. La machine humaine résiste. Pointe des pieds, bras écartés, accroupi, bras rapprochés, debout... soixante-quinze. Je titube dans ma cellule, conscient des muscles de mes cuisses, à la fois trop exténué pour rester statique et trop tendu pour m'allonger. Mais le pire est à venir : les pompes. Les premiers jours, j'arrivais à dix ; aujourd'hui, j'en suis à vingt-cinq. Je tire ma natte de l'autre côté de la cellule. Je m'allonge sur le ventre, je pose les mains des deux côtés et je soulève mon corps : un, deux, un, deux. Les quinze premières ne sont pas trop dures. J'utilise mon système de fractions qui forment un tout. Cinq, dix, treize (plus de la moitié), quinze, vingt. Au début, pour m'encourager, j'essayais de me rappeler les moments heureux où je faisais l'amour. Hélas, plutôt que d'alléger mes pompes, je dévalorisais mes souvenirs. Vingt, vingt et un, vingt-deux, vingt-trois ; je suis sur le point de m'écrouler ; vingt-quatre, vingt-cinq. Je n'en peux plus, je m'effondre en haletant. J'y suis presque. Le dernier exercice est fastoche : pédaler, étendu sur le dos. Je me retourne et lève les deux jambes. Je pédale à un rythme régulier et agréable. Soixante, soixante-dix, quatre-vingts – j'ai horreur d'être tout le temps en train de compter –, quatre-vingt-dix, cent. Dieu soit loué, la séance est finie. Je remets la paillasse en place, déroule deux couvertures, bois une demi-pinte de lait et glisse mon corps exténué entre les couvertures. Je m'interdis de dormir car cela interférerait avec la nuit qui m'attend. Je me repose, épuisé mais content de la contrainte que je me suis imposée. La gymnastique tonifie : elle est recommandée pour les selles, pour l'appétit, le sommeil, et contre les crampes. Le fait que je déteste ça plaide aussi en sa faveur, sachant que la haine est une émotion spécifique. Or, tous les jours, il faut que je m'astreigne à quelque chose d'aussi pénible que les corvées de la vie ordinaire.

Dix-sept heures approchent. À moins le quart, ce sera le moment d'essayer d'écrire avec le fromage à tartiner. J'ai intérêt à choisir des mots dès maintenant. « Chenille » : si un jour quelqu'un me lit, il ne comprendra pas la référence. « Chanson » – ça m'aidera à ne pas oublier les paroles de celles que je chante. *« Always »*. Et après ? Je ne dois pas oublier les policiers et leur comportement. Je pourrais écrire « Flics ». Il fait un peu plus sombre et plus frais. Je me lève, j'attrape mon pantalon et mon pull et je les enfile. De nouveau étendu entre les couvertures, je tente de me rappeler ce à quoi je pensais à l'instant. Il était question de ma prochaine activité. C'était quoi, déjà ? Ce n'étaient pas les dames... Ah, oui, je m'en souviens : écrire avec du fromage fondu. J'étais en train de sélectionner des mots. Mais quels mots ? Tant pis, ça va me revenir. De toute façon, je ne suis pas sûr d'arriver à former des lettres. Encore quelques minutes et je le saurai. Allongé, encore allongé... Et si j'avais raté le carillon ? Il suffit d'un rien pour louper le coup, plus léger, qui marque le quart. Allongé, éternellement allongé... Premier ding-dong. C'est l'heure d'écrire. Je me redresse, je prends mon sachet de bricoles et je le vide.

Je saisis un bout de carton puis remets le reste dans le sachet. Je dévisse le bouchon du tube de fromage à tartiner, parfum tomate, et j'avise *l'encre*. Beaucoup plus sèche que ce que je pensais, couleur rose pâle. Quand même, si je trouve le moyen de l'appliquer, ça devrait marcher. Qu'est-ce qui pourrait me servir de plume ? L'arête ? Je vais triturer et modeler la pâte de façon à former des lettres. L'épreuve que j'obtiendrai sera la preuve que je peux écrire, me dis-je, content de constater que mon esprit est assez agile pour jouer avec les mots[16]. Je presse le tube pour faire tomber une noix de fromage sur le carton et j'y introduis l'arête. Je mets un certain temps à rouler et à malaxer la pâte avant d'obtenir un croissant qui a plus ou moins la forme d'un *C*. Puis je m'attaque au *H*. L'astuce consiste à créer trois barrettes, dont l'une est plus courte, puis de les disposer à la verticale et à l'horizontale. Former un *E* s'avère plus long. Pourtant, peu à peu, je parviens à écrire le mot « chenille ». Les lettres sont épaisses et peu gracieuses, et le mot s'étale sur toute la largeur du carton, mais je ne suis pas peu fier de mon ouvrage. Écrire risque de devenir une activité importante. Pour un peu, j'aurais l'impression d'avoir inventé la presse à imprimer. Curieusement, isolées, les lettres sont presque impossibles à reconnaître, alors que le mot, lui, est facile à lire. J'espère qu'il va bien se conserver. Quels sont les autres mots que je voulais écrire ? Une fois de plus, j'enrage de les avoir sur le bout de la langue. Tant pis, « chenille » est un mot assez long et chaque jour je pourrai en ajouter un ou deux. En tout cas, je suis sûr de ne pas oublier les seules créatures qui me tiennent compagnie – les puces, les fourmis et la chenille. Les puces, j'aurais bien du mal à les oublier, car elles se

16. En anglais, « *The proof of the prodding will be in the writing.* » Albie Sachs fait ici référence à l'expression « *The proof of the pudding will be in the eating* », qui signifie que les choses se jugent à leur réalisation (*N.d.T.*).

rappellent à moi constamment. Pour les fourmis, il faut que je sois plus vigilant, même si j'ai passé de longs moments à suivre leurs pistes et à les envier de pouvoir grimper le long des murs et passer sous les portes. Jusqu'au jour où les policiers les ont éliminées en les aspergeant avec un spray ; mais j'attends – voire j'anticipe – l'apparition de nouvelles pistes. La chenille est un cas à part. Un jour, j'ai remarqué que les petits pois que l'on m'avait servis avaient mauvais goût, puis j'ai découvert une chenille verte d'un demi-centimètre de long au milieu de mon assiette. J'ai mis de côté les petits pois et la chenille pour voir combien elle était capable d'en manger en une semaine. Le lendemain, j'ai entendu un crissement inattendu – même si le moindre bruit me paraît inattendu puisque je suis seul dans ma cellule. J'ai acquis une oreille tellement fine que je ne serais pas surpris de percevoir une puce sauter ou une fourmi ramper. Cela dit, ce crissement était inhabituel. J'entendais croc – silence –, croc – silence... J'étais perplexe, jusqu'au moment où j'ai jeté un œil sur le sachet en papier. Glissant à sa surface, j'ai vu une longue chenille enflée. J'ai regardé le coin où j'avais déposé les pois – il n'en restait rien à part quelques bouts de cosse. Les petits pois étaient en train de se frayer un chemin sur le sachet, métamorphosés en une chenille de deux centimètres. Je l'ai prise pour la mettre dans le sachet avec les restes de nourriture. En fin de journée, ils y étaient toujours, mais le lendemain, quand j'y ai jeté un œil, le sachet était vide. Où est passée la chenille ? Je ne le saurai jamais, mais j'espère qu'elle a réussi à s'échapper dans le monde de dehors. La prison ne comprend pas un centimètre de verdure ; il lui faudrait négocier des mètres et des mètres de cour, de mur et de toit pour arriver à la liberté. Encore maintenant, je suis fier d'avoir réussi à l'élever et à l'engraisser. Manifestement, je suis plus doué pour l'élevage que pour l'agriculture : j'ai glissé un petit pois dans un morceau de pain que j'arrose tous les jours, mais je n'ai toujours pas vu le moindre signe de germination. Qui aurait pu imaginer que je m'attacherais à une chenille ou que j'envierais la vie d'un ver de terre ? Je range le morceau de carton avec mes vêtements et l'arête dans le sachet. Ma séance d'écriture est terminée, je suis content du résultat. L'heure du dîner approche – la partie la plus pénible de la journée est passée. Bientôt six heures moins le quart, il est temps de reprendre la Bible. Comme j'ai été très occupé, l'idée de lire ne me dit rien qui vaille. En principe, je me réserve deux petites plages de lecture quotidiennes, mais les jours où je suis au trente-sixième dessous, je m'offre des plages un peu plus longues. Comme si la Bible était un remède que je prenais deux fois par jour avant les repas, en une seule dose si mon état empire brusquement. Cet après-midi, je suis tellement content que je pourrais me passer de lecture. Je suis physiquement et moralement détendu – j'ai même oublié le cadre dans lequel je vis. Ça m'arrive tous les trois ou quatre jours : je fais abstraction de mon environnement – plus exactement, j'en suis conscient, mais c'est comme s'il ne comptait plus. Ce sentiment de bien-être peut se prolonger plusieurs heures – une durée équivalente à celle que j'éprouvais dehors, même si elle est largement au-dessus de la norme dans le monde de la prison. Je sais rarement d'où vient ce sentiment, mais il est souvent associé à un événement que j'interprète comme un « bon signe » ou à la découverte d'une nouvelle activité – écrire avec la pâte à tartiner ou nettoyer mon peigne, par exemple. J'ai beau y voir un soulagement, je me demande parfois si je devrais vraiment me réjouir de m'adapter aussi facilement à cette vie animale. Ma souffrance est une réaction saine et normale à un environnement cruel et contre-nature. L'absence de douleur signifie-t-elle que mes émotions sont émoussées au point que je ne réagis plus normalement ? Est-ce parce que je cède à la pression de mon environnement ? Ou, au contraire, parce qu'il m'arrive de le dominer ? Je suis tellement plongé dans mes pensées que je suis surpris d'entendre le carillon – dix-huit heures, déjà. De même que le succès entraîne le succès, l'activité entraîne l'activité. Ce n'est pas seulement le fait d'agir qui est important, mais aussi le fait de penser à son activité, avant et après, pour la vivacité intellectuelle que cela génère. Je sors ma Bible et reprends la lecture du *Livre des Juges.*

Les hommes d'Israël revinrent vers les fils de Benjamin, les passèrent au fil de l'épée : la population des villes, avec le bétail et tout ce qui s'y trouvait. Ils incendièrent aussi toutes les villes qui se trouvaient sur leur chemin.

Je continue jusqu'au *Livre de Ruth,* où il est enfin question de loyauté, de vertu récompensée et de fin heureuse.

Booz mangea et but. Puis, le cœur content, il alla se coucher contre la meule. Alors, Ruth s'approcha discrètement, découvrit les pieds de Booz et se coucha.

Je relis le passage, referme le livre et m'étends sur le dos. Un jour, qui sait, je connaîtrai de nouveau la tendresse. Mais, pour l'instant, il faut que je tienne seul. Les bruits de pas et de clés et les voix sont devant ma porte. Je n'ai rien entendu, j'étais perdu dans ma rêverie. Je me redresse en attendant qu'ils entrent, curieux de savoir qui sont les gardiens de service. Brusquement, la porte s'ouvre sur un sergent et un policier en pleine discussion. Ils m'ignorent. L'agent dépose une assiette par terre, puis une tasse de café que lui remet le sergent.

« Sergent, est-ce que vous pourriez avoir la gentillesse d'allumer ?

– Bien sûr, monsieur Sachs. »

La dernière fois qu'il m'a vu, c'était au cours de sa tournée du matin. Il était indifférent, ni hostile, ni sympathique. Il n'a pas daigné m'adresser la parole, mais il n'a rien dit à l'agent avec qui j'ai évoqué deux ou trois sujets sans risque. Apparemment, ce soir, il n'a pas non plus l'intention de sévir. Il est trop accaparé par sa conversation avec son collègue. L'interrupteur est situé à l'extérieur ; à peine a-t-il appuyé dessus que je lui demande s'il pourrait éteindre à vingt et une heures trente.

« À l'heure que vous voulez, me répond-il.

– Je vous serais reconnaissant d'éteindre autour de vingt et une heures trente. »

J'ai peur que ma requête soit noyée dans la discussion qui l'occupe. L'extinction des feux à heure fixe contribuerait à mettre un peu d'ordre dans le chaos qu'est devenue ma vie. Il y a des soirs où je passe des heures à attendre qu'ils éteignent. Ma dépendance à l'égard des gardiens a quelque chose de cruel. Même quand je suis exténué, je n'ose pas m'endormir de peur de rater leur dernière ronde. Je ne supporterais pas que ce soit allumé toute la nuit. Si bien que je reste allongé en luttant contre le sommeil que j'adore, tandis que je prolonge la journée que je déteste.

Ma porte est verrouillée, les bruits de pas et de clés, comme les voix, traversent la cour, puis reviennent et franchissent les portes qui mènent au bureau du commandement. Je jette un œil sur mon écuelle. J'ai une petite faim. Souvent, je reste assis à fixer l'assiette en étain sans appétit. Je me nourris comme si c'était un exercice, une corvée salutaire. Ce soir, le menu est peu alléchant – bœuf filandreux, riz farineux et purée de haricots –, mais j'ai décidé de manger. Comme d'habitude, les plats sont froids, mais je m'y suis habitué. Je me sers des légumes avec leur cuillère et je picore les morceaux de viande avec les doigts. Naturellement, comme si de rien n'était. Le peu de saveur des plats se perd si je fais trop attention à la taille, à la forme, à la couleur, à la texture et à la valeur nutritive des aliments. Souvent, cela dit, je me surprends à compter les bouchées – dix-neuf, vingt... – jusqu'à ce que mon assiette soit vide, comme si j'étais retombé en enfance. Le cliquetis de la vaisselle fait passer le temps et a quelque chose de rassurant et de familier. J'écoute le grincement de l'écuelle en étain en la repoussant vers la porte. À part la chasse d'eau, le chant et les jurons qu'il m'arrive de lâcher, c'est le seul bruit que je produis pendant la journée. Je l'agite avec le bout du pied pour faire durer le plaisir. Puis je passe au dessert : une banane, une goyave et une poignée de fruits secs, suivie par une tasse de café froid et huileux. J'attrape la brique de lait quand je m'aperçois que j'ai oublié de leur demander de me couper des oranges. « Bordel ! » À vrai dire, je suis plutôt bien loti pour les repas et les vêtements. Le jour où je sortirai, si je sors, je ferai remarquer qu'à cet égard – mais uniquement à cet égard – les autorités ont des normes civilisées. Sinon, je vis dans des conditions barbares. Je m'imagine déjà en train d'argumenter. J'inspecte une prison en Afrique, dans un pays libre, et je discute avec les responsables. Comme vous manquez de fonds pour les écoles, les routes et les infrastructures, leur dis-je, vous ne voyez pas pourquoi investir dans des établissements destinés à des cas sociaux. Très bien. Mais enfermer quelqu'un, ce n'est pas sans conséquences. Je le sais, parce que j'ai passé du temps derrière les barreaux en Afrique du Sud. Certes, vous n'êtes pas en mesure d'offrir de meilleures conditions de vie aux détenus, mais vous pourriez faire en sorte qu'on ne porte pas atteinte à leur dignité, qu'on leur explique quels sont leurs droits et leurs devoirs, qu'on ne les condamne pas à l'isolement et qu'ils aient des activités utiles pour passer le temps. Aucune excuse ne justifiait les conditions primitives auxquelles les prisonniers d'Afrique du Sud étaient soumis. Les autorités vantaient la prospérité de leur pays ; ils auraient pu en profiter pour construire des prisons décentes. Ils ont délibérément conçu des conditions intolérables pour nous broyer encore un peu plus.

Comme toujours quand je gamberge, mes interlocuteurs sont impressionnés par ce que je dis. Puis ma rêverie s'évanouit et ma paillasse se rappelle à moi. Mon dîner était copieux, je sens que je m'assoupis. Il doit être sept heures moins le quart. La torpeur post-prandiale dure une petite demi-heure, ce qui devrait me mener à sept heures et quart. Mon cerveau est content de pouvoir se reposer pendant que mon corps digère. Je m'adosse aux couvertures, je déboutonne le haut de mon pantalon et j'allonge les jambes. Pénard, ni heureux ni malheureux, tel un légume qui se contente de pousser. J'entends vaguement le carillon. Mon cerveau est accaparé par mon estomac. Une demi-heure, ça passe vite. Je reste assis quelques secondes et je me lève. Le concert de la soirée commence dans une petite trentaine de minutes, à huit heures moins le quart exactement. C'est un moment très spécial. J'espère que le jour où je sortirai – mais quand ? –, je serai capable d'expliquer les vertus de cet intermède. Car il a beau faire partie de mon emploi du temps, il existe en soi, à part, comme s'il témoignait d'une relation spéciale. Tous les soirs, il est là pour me rappeler que la détermination et l'amour finissent par triompher. Je me concentre et, pile à l'instant où retentit le dernier coup de huit heures moins le quart, je chante. L'heure qui suit passe très vite parce que c'est le seul moment de veille où je perds la notion du temps. C'est aussi le seul moment heureux et lumineux de ma journée. Adieu, adieu… une heure vient de s'écouler. La journée tire à sa fin. Je vais faire mon lit, un peu d'exercice et j'attendrai l'extinction des feux.

Je retourne la natte, secoue les couvertures et les étale. J'ai déjà campé, je sais faire. Je plie les couvertures en forme de sac kangourou pour garantir un maximum de chaleur et de confort. J'en enroule une autre pour former un polochon. J'enchaîne avec mes exercices du soir, moins difficiles que ceux de l'après-midi, équivalents à ce que je dépenserais en une soirée normale : vingt-cinq flexions des jambes, dix pompes et cinquante pédalages. Je commence à transpirer et à être essoufflé. Puis je me déshabille – mais chaque chose en son temps. Depuis que je vais à l'école, j'ai pris l'habitude de retirer mon pantalon, mon caleçon et mes chaussettes d'un seul coup. C'est devenu tellement naturel que je dois faire un effort pour me maîtriser et ne pas oublier d'enlever chaque vêtement l'un après l'autre. Je les plie délicatement et j'enfile mon pyjama. Les surveillants ne vont pas tarder. Ils vont éteindre et je vais dormir comme un loir jusqu'à demain matin. Les premières nuits, ils passaient presque chaque heure. Ils cognaient jusqu'à ce que je réponde et, souvent, débarquaient en allumant. Ils avaient peut-être peur que je me pende ou que j'essaie de me faire la belle. S'évader est impossible, et ils n'auraient pas pu mieux faire pour me pousser au suicide que d'interrompre mon sommeil toutes les heures. Peut-être que la Security Branch les avait sommés de m'empêcher de dormir. Je ne connaîtrai jamais leurs raisons, mais je m'en suis plaint aussi fermement et poliment que possible et ils ont mis fin à leur cirque. Aujourd'hui, j'entends vaguement les surveillants qui pointent une tête après leur premier passage de relais. Je crois que je me réveille, que je réponds et que je me rendors, mais c'est tellement régulier et intégré à mon cycle de sommeil que je ne sais pas si c'est vraiment ce qui se passe.

Je m'assieds en glissant la moitié de mon corps sous les couvertures. J'attends l'extinction des feux pour m'enfoncer dans ma chrysalide et dormir. J'aime autant être éveillé jusqu'à la dernière ronde des gardiens. Une nouvelle journée s'achève, la neuvième d'une série presque identique. J'ai l'impression d'avoir exploré la moindre parcelle de mon monde et récupéré tous les matériaux susceptibles de m'occuper. Le magistrat passe me voir une fois par semaine et les types qui m'interrogent, une fois de temps en temps. Sinon, chaque jour est la copie conforme de la veille, du lendemain, du surlendemain et du sur-surlendemain. Les jours sont là, devant moi, prêts à se dévider avant de disparaître dans un avenir lointain. Derrière moi gisent neuf jours qui sont comme autant de dominos que j'aurais abattus. Plus j'avance, plus la somme des jours passés augmente mais, devant moi, la colonne des jours à venir s'étire à l'infini. Cela dit, je suis fier d'avoir résisté aussi longtemps. La stupeur et le choc des premiers jours sont passés. Je m'oriente exclusivement en fonction de mon nouvel univers. Le temps ne passe pas plus vite aujourd'hui qu'au début ; je souffre autant, mais je compte davantage sur ma capacité à m'adapter et à survivre. Chaque jour est une petite victoire pour moi et une défaite pour eux, même si, et c'est possible, ils finissent effectivement par me briser. Il faut que je m'accroche. Que je ne perde pas le sens de l'honneur.

Frottements de pas, de clés, de voix. Ils sont à ma porte. C'est la première fois que je me fiche qu'ils me voient par terre. La porte s'ouvre et le sergent, toujours en train de bavarder avec son collègue, constate que je suis bien vivant et ne risque pas de m'enfuir.

« Vous pourriez éteindre les lumières, s'il vous plaît ? »

Il continue de parler avec son camarade, claque la porte, et la lumière s'éteint. Les bruits s'éloignent dans la cour, avant de revenir par les grilles. Silence total. Je me carapate sous mes couvertures, roule sur le côté et ferme les yeux. Ce fut une belle journée, la plus belle jusqu'ici. J'espère que d'autres suivront.

7
Les couvertures

« Agent, s'il vous plaît, est-ce qu'il serait possible de recevoir des couvertures propres de l'extérieur ? Celles que j'ai sont chaudes, mais pleines de puces. »

Le policier dépose mon assiette par terre et se redresse en regardant les couvertures.

« Vous n'êtes pas content de la poudre qu'on utilise ? répond-il, apparemment vexé.

– Écoutez, je doute qu'elle soit efficace sur les puces, et moi, elle est en train de me tuer. Il suffit que je m'allonge pour que je tousse. J'ai les yeux qui pleurent et du mal à respirer. Je suis obligé de m'endormir avec un mouchoir sur le nez.

– Il faut que vous posiez la question au sergent.

– Savez-vous quand je pourrai le voir ?

– Il passera ce soir.

– Je vous remercie. Je lui demanderai. »

Plusieurs fois au cours de l'après-midi, je me répète que je ne dois pas oublier de lui poser la question. Si seulement j'avais de quoi noter. Le sergent finit par passer et me demande si tout va bien, il sort... J'ai oublié de lui en parler. Je n'arrête pas d'oublier ce qu'il y a de plus élémentaire. Demain, il faut, oui... il faut, il faut que je m'en souvienne.

« Sergent, s'il vous plaît, est-ce qu'il serait possible de recevoir des couvertures propres de l'extérieur ? La poudre antipuces est pire que les puces. Je voulais vous poser la question hier, mais j'ai oublié.

– Il faut que vous demandiez au commandant.

– Savez-vous quand il doit passer ?

– Il est prévu qu'il inspecte les lieux dimanche avant d'aller à la messe.

– Je vous remercie. Je lui poserai la question. »

Le costume gris impeccable que porte le commandant le rapetisse, il paraît plus petit qu'en uniforme. La porte de ma cellule est grande ouverte, les cloches de l'église retentissent. Il est venu avec deux jeunes garçons en habit du dimanche : ils accompagnent papa avant d'aller à l'église pour voir la prison où il travaille et les nouveaux détenus. Je sais ce que je dois lui demander, mais je ne suis pas sûr de savoir comment m'adresser à un commandant. J'imagine que « monsieur » est ce qu'il y a de mieux.

« Monsieur Kruger, est-ce qu'il serait possible de recevoir des couvertures propres de l'extérieur ? Celles que j'ai sont pleines de puces, hélas. Vos hommes ont eu la gentillesse d'essayer de les éliminer avec de la poudre, mais je ne suis pas sûr que les puces y soient sensibles. Mes vêtements sont couverts de taches de sang à cause de leurs morsures, et je suis certain que ma mère serait ravie de m'envoyer des couvertures propres. »

Le commandant est le genre de personne qui donne des instructions sans témoigner d'une humanité ni d'une dureté particulières. C'est un homme sec, terne, efficace, mais ce matin, sans doute pour que ses fils sachent qu'il est « ferme mais équitable », j'ai droit à des réponses qui font plus d'une phrase.

« Nous faisons de notre mieux pour vous fournir des couvertures propres, me dit-il. Néanmoins, sachez que c'est une gageure, surtout avec le genre de prisonniers que nous avons ici. Je ne suis pas autorisé à vous laisser recevoir autre chose que des vêtements et des denrées alimentaires, je ne peux donc rien faire pour vous.

– Les couvertures sont assimilables aux vêtements, non ?

– Les instructions que j'ai ne mentionnent que les vêtements, pas les couvertures. Je vous conseille de demander aux hommes de la sécurité quand ils passeront. C'est à eux de décider.

– S'ils m'y autorisent, vous pensez que vous pourriez vous arranger avec ma mère ?

– Oui, mais uniquement avec leur autorisation. »

Peu après, les types de la sécurité passent mais j'oublie de leur poser la question. Une fois de plus, je désespère de voir que mon esprit est incapable de se souvenir d'un truc aussi bête.

Enfin, la porte s'ouvre et je reconnais les deux lieutenants. À peine me demandent-ils comment je vais que je leur parle des couvertures.

« Le commandant m'a dit que, si vous n'étiez pas contre, il pourrait s'en occuper.

– Si vous répondez aux questions, c'est envisageable. Vous pourrez nous demander tout ce que vous voulez.

– Ça n'a rien à voir avec le fait que je réponde ou non à vos questions. Peu importe la raison pour laquelle il est détenu, tout prisonnier a droit à des conditions dignes.

– Nous ne pouvons rien faire pour vous. L'autorisation doit venir de Pretoria.

– Pretoria ? Vous voulez dire que ma requête doit remonter jusqu'au quartier général de la police de Pretoria ? Ils doivent pouvoir vous laisser régler ce genre de détail pratique. Mais s'il le faut, vous pourriez leur transmettre ma requête ?

– Nous sommes là pour vous interroger, pas pour veiller à votre confort.

– Bon. Alors à qui puis-je m'adresser ?

– Demandez au magistrat quand il passera. Il a l'oreille du ministère. S'il y a quelqu'un qui peut s'en charger, c'est lui. »

Jusqu'ici, le magistrat ne m'a pas été d'un grand secours. Comme il a été transféré au Cap il y a peu de temps, je n'ai jamais comparu devant lui au tribunal. Je suis sûr que les autres magistrats seraient plus conciliants. Le jour de mon arrestation, quand je lui ai dit que l'adjudant avait aiguisé son canif sous mes yeux en me balançant : « Vous savez à quoi ça sert, j'imagine ? », il s'est contenté de me rétorquer que c'était sûrement pour rire. Ses tournées hebdomadaires l'ennuient, c'est évident. Soudain, la porte s'ouvre et il est là, le crayon à la main, prêt à cocher mon nom.

« Vous avez des réclamations ?

– Oui, je suis dévoré par les puces. Je dors très mal et mes vêtements sont couverts de sang. J'aimerais recevoir des couvertures propres de l'extérieur. Je ne pense pas que ce soit un problème de sécurité, mais les hommes de la Security Branch m'ont dit que c'est à vous que je dois m'adresser.

– Les couvertures ne dépendent pas de mon service. Je suis chargé de veiller à ce qu'on ne vous agresse pas, point barre – qu'on vous épargne les méthodes de la Gestapo.

– C'est pire que la Gestapo. »

Il esquisse un sourire. Je ne dois pas être le premier à le lui dire. Non pas que nous soyons torturés physiquement – même si certains sont sans doute violentés –, mais l'isolement prolongé est un moyen plus raffiné de briser quelqu'un que bien des méthodes utilisées par la Gestapo. Le magistrat n'a pas idée de ce que nous subissons parce qu'il ne constate jamais d'hématome. Il ne comprend pas non plus que le simple fait de voir un être humain – en l'occurrence, lui – nous ravit, que nous sommes cent fois plus joyeux et proches de la normale que toutes ces heures et ces jours de solitude.

« Je ne peux rien faire pour vous, lâche-t-il, manifestement impatient de s'en aller. Parlez-en aux gars de la Security Branch, ils pourront peut-être vous aider.

– C'est eux qui m'ont conseillé de m'adresser à vous. Ils m'ont dit que vous aviez l'oreille de Pretoria.

– Si vous avez des réclamations que j'estime raisonnables, j'en prendrai note et je veillerai à ce qu'elles soient examinées. Ce type de requête n'est pas de mon ressort. Demander des couvertures, ce n'est pas une réclamation. Si c'est tout ce que vous avez à me dire, je vous laisse. »

Le crayon pique et coche mon nom. Le magistrat tourne les talons.

À qui pourrais-je m'adresser ? Le major Botha va peut-être repasser pour une inspection. Il avait l'air un peu moins mesquin et moins rigide. Je lui poserai la question.

Plusieurs jours s'écoulent, jusqu'au moment où il se tient effectivement là, à l'entrée de ma cellule.

« Comment allez-vous ?

– Compte tenu du contexte, pas trop mal. J'avais quelque chose à vous demander, mais je ne sais plus quoi. Ça va me revenir. » Je me tourne vers le sergent : « Sergent, vous vous en souvenez peut-être, je vous ai demandé quelque chose dans la semaine, mais, chaque fois, mon interlocuteur me renvoyait vers quelqu'un d'autre... De quoi s'agissait-il ? »

Le sergent se rappelle que j'avais une requête, mais à quel sujet ?

« Je suis désolé de vous faire perdre votre temps, dis-je au major. Ça me reviendra sûrement quand vous repasserez. »

Je parcours ma cellule du regard en me concentrant. Les couvertures ! Oh, après tout, il y a pire que d'être mordu par des puces. Ces petites bêtes ont le mérite de me tenir compagnie, et je m'occupe en essayant de les attraper. En revanche, l'idée que la question des couvertures fasse son chemin jusqu'au ministère n'est pas pour me déplaire. Le ministre et le général responsable des forces de police vont peut-être devoir y réfléchir ensemble. Il faut que j'insiste.

8
Réflexions

Sachant que je viens d'un monde très politisé et très engagé, je devrais être en mesure d'analyser les questions éthiques liées à ma détention. La violence de la situation en Afrique du Sud et la sévérité de la punition que m'inflige l'ennemi devraient m'y aider. Curieusement, les choses ne sont pas si simples. Plus mon traitement est cruel, plus je m'interroge. Le doute est comme la barbe que vous rasez tous les matins : il repousse de plus belle le lendemain.

Un de mes principales préoccupations est l'égoïsme que je découvre en moi. Les jours se suivent et je ne pense qu'à moi. Tout ce qui arrive, où que ce soit – dans la vraie vie ou dans mon imagination –, ne dépend que d'une question : en quoi suis-je affecté ? Je suis constamment à l'affût d'indices sur ce qui se passe dehors. Je m'accroche à ce que j'appelle des « signes annonciateurs », échafaudant toute une série de faits à partir d'un geste ou d'une inflexion de voix, comme un savant qui reconstruirait un mammouth à partir d'un fragment d'os. Plus le temps file, plus je cesse de considérer le monde comme une entité indépendante de moi. Je suis devenu le centre de l'univers. Mon sort est ce qui donne du sens à la destinée. Les événements n'ont de valeur qu'au regard de mon emprisonnement. Le cœur rationnel de mon cerveau fonctionne, mais son influence effective diminue, si bien qu'il joue davantage le rôle d'observateur que de régulateur de mon comportement. J'ai conscience de mon égoïsme, dont la grossièreté me désole. D'un côté, je sais qu'il est largement dû à mon isolement et qu'il reflète la lutte de mon moi, qui n'a pas d'autre choix s'il veut survivre aux agressions qu'il subit. Je suis en manque de stimulations, il est donc naturel que tout ce qui se présente à moi soit dévoré et incorporé à ma personne – comme les enfants affamés qui mangent du sable, dit-on, pour assouvir la faim minérale de leur corps. D'un autre côté, il doit y avoir un lien entre cet élan vital, subjectif, et le monde objectif de l'action, de la responsabilité et des idées auquel j'appartiens et que, même s'il ne cesse de s'éloigner, je n'ai jamais complètement abandonné. Si cette volonté de résister n'est pas nourrie par les idées que je défends depuis toujours, elle finira par mourir.

La question est loin d'être rhétorique. Elle influe sur les rapports que j'ai avec mes bourreaux et elle est essentielle à la force qui me permet de résister à la pression qu'ils exercent sur moi pour que je coopère. Mon cerveau rationnel a élaboré un comportement idéal qui me sert de modèle. Lequel m'a été inspiré par la vie de deux héros, Julius Fučík et Henri Alleg – le premier fut tué par les nazis en Tchécoslovaquie, le second, torturé par les Français en Algérie. Tous deux ont réussi à faire passer le récit bouleversant de leur résistance. J'ai souvent pensé à eux, surtout au début de ma captivité. Un prisonnier politique digne de ce nom doit non seulement résister aux tentatives de ses geôliers visant à le faire parler, mais aussi attaquer l'ennemi. Il doit le défier afin de le démoraliser. Il doit lui faire comprendre que seule la mort peut le détruire, que ses idées et sa personne sont invincibles, que s'il meurt, un autre lui succédera, puis un autre et encore un autre, et que la résistance ne prendra jamais fin.

Je sais que je n'atteindrai jamais cet idéal, en partie à cause de mon tempérament : je suis naturellement plus conciliant que provocateur, j'ai une forme de douceur et je suis plutôt calme. Mais c'est aussi parce que mon élan vital m'empêche de mettre la barre aussi haut que je le voudrais. Je dois mobiliser toutes mes forces en vue de l'action purement défensive qui consiste à tenir. Si je défiais mes geôliers en leur opposant davantage que mon refus de répondre et ma bonne humeur de façade, je chargerais tellement la barque que je précipiterais ma chute et serais incapable de me défendre. Je suis courtois avec les gardiens, chaleureux avec ceux qui me répondent et prêt à tendre l'autre joue à ceux qui me toisent. Je ne me montre jamais hostile à l'égard de mes interrogateurs. J'ai écarté l'idée d'une grève de la faim car je serais tellement affaibli que je plongerais sous le seuil où il est encore possible de résister. Je suis, j'imagine, charmant et disert – les rares fois où j'ai l'occasion de bavarder avec un policier, il me rappelle mes blagues. J'observe attentivement mes geôliers en les considérant comme des individus à part entière, et je discute avec mes bourreaux parce que ce sont des employés qui accomplissent leur devoir – déplaisant, certes, mais c'est leur job. Vus de l'extérieur, les efforts que je déploie pour séduire et impressionner les responsables de mon malheur doivent paraître incroyables. Il arrive pourtant que des relations humaines inattendues naissent de circonstances épouvantables. Je suis tellement dépendant des hommes qui m'apportent mes repas, me permettent de faire ma toilette et ma gymnastique, allument et éteignent les lumières, que je tâche d'entretenir les meilleures relations possibles avec eux. C'est une question de dignité. Et une façon, du moins un certain temps, de contenir l'hostilité de mes geôliers et d'être sûr de pouvoir profiter des rares distractions qui me sont offertes.

9
Divagations

Mon esprit doit composer avec mon existence extraordinaire. Je n'ai aucun pouvoir sur les conditions dans lesquelles je vis, mais je peux les décrire et les interpréter. Ce qui correspond à une forme de maîtrise de mon destin. Toutes sortes de pensées se télescopent dans mon esprit. Les jours se suivent, les semaines passent et des idées me traversent : des bribes de rêves et de fantasmes qui dérivent, tourbillonnent et disparaissent dans mon cerveau. Un jour, c'est une vraie question qui se présente à moi ; le lendemain, j'ai la vision d'un groupe de gens ; le surlendemain, un mot me revient sans cesse à l'esprit, comme une publicité à la radio. L'échafaudage de ma pensée est fragile, mais peu à peu elle se dessine et prend sens. Il arrive que je saisisse un bout des émotions précipitées que produit mon emprisonnement : une idée neuve, une expérience inédite, l'interprétation inattendue d'un vieux thème – un matériau dont le volume augmente, qui exige une forme.

Je vais écrire un livre. Tout ce que je vis sera divisé en chapitres. Ce sera une façon de contre-attaquer. Plus ils seront durs avec moi, plus le livre sera intéressant. Plus je souffrirai, plus mon expérience sera profonde et plus dense sera le récit.

Cela dit, un livre, c'est trop plat, trop maîtrisé, trop verbeux et abstrait. En outre, il faut avoir un crayon, du papier et un environnement calme. Dans un livre, la matière première de la vie est aplatie au rouleau et découpée en pages à deux dimensions. Je veux quelque chose de plus fort, de plus immédiat : des personnes vivantes, debout, des voix qui portent. Il faut que je sois actif. Le public ne doit pas être un lectorat éparpillé et lointain, mais une foule qui m'écoute en vibrant. J'ai besoin de sentir une présence vivante pour arriver à m'exprimer clairement. J'ai soif de réactions, de communication avec des personnes en chair et en os. Le monde dans lequel nous vivons a trop de formes, trop de volume pour être comprimé dans un livre ; il lui faut de l'air et de la hauteur. Les cellules sont trop fermes, trop réelles pour être broyées et réduites à un aplat de mots. Nos cubes doivent tenir parfaitement droits, chacun abritant un être humain. Nous sommes trois détenus, séparés les uns des autres mais debout et unis par ce drôle de lien.

La trame de mon histoire, si elle mérite d'être racontée, doit entremêler les fils de ces trois vies. Le point de départ est le suivant : trois êtres doués de sensations dont chacun est isolé dans une capsule en béton. Dans le premier est enfermé un Africain ; dans un des cubes voisins, une jeune femme *coloured* ; dans le troisième, un homme blanc – ma pomme. Mais je ne suis pas réduit à ce cube, je sors et je vais et viens d'un cube à l'autre en expliquant au public ce que ces trois personnes traversent.

Je ne contrôle pas la destinée de ces trois êtres puisque chacun a son propre destin. Je ne contrôle pas davantage la personne que je suis, elle aussi soumise à son destin. En revanche, je suis capable de traverser les murs de béton et de raconter au public ce qu'il arrive à chacun de nous. Je peux donner vie à cette prison pour les spectateurs du monde entier. Si je m'applique suffisamment, je peux faire en sorte que ces trois êtres enfermés s'adressent aux hommes et aux femmes de tous les continents. Notre épreuve ne sera plus isolée des regards, enfouie dans du béton. Nous serons plus forts que ceux qui nous interdisent d'avoir accès aux autres. Nous raconterons nous-mêmes notre histoire et il m'appartient d'en trouver la structure.

Hélas, la pensée est terriblement ralentie quand on est aussi isolé. Mon esprit a mis deux semaines, soit quatorze jours, pour parvenir là où il serait arrivé en dix minutes s'il avait été libre. J'ai décidé d'écrire une pièce de théâtre. Une scène a l'avantage d'avoir du volume, des gens qui se lèvent et qui discutent, un public vivant et dense. Je me redresse, j'enfile un pantalon et une chemise, et je fais les cent pas dans ma cellule, grisé par le projet que je suis en train d'élaborer.

La scène comprendra trois cubes opaques. À mesure que la pièce se déroulera, ils seront tour à tour éclairés pour révéler la personne qui y vit. Je visualise déjà les cubes. Ils ne seront pas au même niveau, de façon à ce que l'on sente la désorientation spatiale dont nous souffrons. Ma cellule pourra voyager n'importe où, n'importe quand, comme une capsule spatiale flottant au-dessus de la Terre ou un sous-marin tapi sous la calotte glaciaire. Non... en y repensant, il vaut mieux que les trois cellules soient sur le même plan, puisque nous sommes dans la même prison, soumis à la même discipline, au même sort – bien que chacun ait une personnalité différente. Je sens qu'une forme de gravité nous attire vers le même sol. Malheureusement, la vision des trois cubes s'estompe et mes pensées s'éloignent de la scène. J'essaie, en vain, de les rediriger vers la pièce que je voudrais écrire. Quel fléau d'avoir autant de mal à se concentrer ! J'ai tout le temps que je veux pour réfléchir, et un sujet exceptionnel à exploiter, mais j'en suis réduit à me répéter :

Il faut que je pense à la pièce, à la pièce, à la pièce.

J'ai intérêt à la laisser reposer. Plus tard dans l'après-midi ou demain, je réussirai peut-être à reprendre sa construction. Quelque chose me dit qu'une pièce est plus prometteuse qu'un récit.

Je regrette de mal connaître le théâtre. Mais j'ai l'intuition que les circonstances suffiraient à donner une forme scénique au matériau que sont nos vies. Je pourrais sélectionner des morceaux de ce matériau et confier les coupes et les transitions à un expert qui serait chargé d'obtenir une mise en scène fluide, apte à susciter l'intérêt.

Tous les jours, je prélève ce qui flotte à la surface de mes pensées et je l'intègre à la pièce. Il y a des jours où je n'ajoute presque rien, d'autres où j'imagine des scènes entières. Il m'arrive même de visualiser l'espace, le mouvement et les lumières. Ou d'entendre les personnages qui parlent. De longs fragments de dialogues résonnent dans ma tête. Souvent, c'est moi qui ai la parole. On distingue un chant, une voix de basse africaine, très grave, qui rythme l'ensemble.

La pièce se déroule sur le continent africain. Au fond, au centre, on reconnaît Zollie, qui chantera pendant toute la durée de la pièce. Il commence avant le lever de rideau et continue pendant que le public quitte la salle. Il ne s'arrête jamais. Sa voix est assourdie, lointaine, mais prend de l'ampleur et se fait plus forte quand il le faut. Çà et là, son cube s'illumine et le public le voit. Grand, barbu, il s'adresse aux spectateurs tandis que face à lui se joue l'histoire entre la jeune femme à la peau sombre et moi.

Au début, la scène est sombre. On distingue trois énormes cubes. J'entre, je me dirige à gauche de la scène et je m'assieds sur un escabeau. J'interpelle directement le public. Ceci est une pièce, leur dis-je, qui a été écrite par les personnes que vous voyez sur le plateau. Ma voix est maîtrisée mais chaleureuse, pressante. (La situation doit être aussi immédiate que possible pour le public. Il ne s'agit pas seulement d'un certain Monsieur X dont la vie serait mise en scène, mais de l'homme que vous avez sous vos yeux. Tout ce que vous allez voir est vrai. Nous allons recréer notre histoire, telle qu'elle a eu lieu.)

Je leur explique que le 1er octobre 1963, au moment même où j'entrais dans mon bureau, j'ai été arrêté par un officier en civil. Quand je lui ai demandé au nom de quoi, il m'a répondu : « La loi des 90 jours. » Sept officiers ont débarqué et perquisitionné les lieux, et je me suis retrouvé dans une cellule de la police. Le faisceau du projecteur pointé sur moi diminue, tandis que la droite de la scène s'illumine. On découvre un cube et, quelques instants plus tard, un personnage à l'intérieur. C'est moi (le rôle sera interprété par moi-même ou par un acteur grimé pour me ressembler). Le personnage parcourt sa cellule en examinant les lieux. Il ne parle pas mais on entend ses pensées. « C'est donc à ça que ça ressemble », commence-t-il. Il tâte les murs et jauge le sol en décrivant ce qu'il voit et ce qu'il ressent. Il tire la chasse d'eau en précisant que la tirette jaillit d'un trou dans la paroi comme une langue de serpent.

Il imagine qu'il s'évade. Réfléchit à la notion du temps. S'assied sur sa natte, se relève. Ne cesse de se demander s'il supportera l'isolement. Les pensées dont il fait part au public ont quelque chose d'impressionniste, d'immédiat. Il insiste sur la douleur de l'isolement, sur la stupeur et le choc des premières heures et des premiers jours, ce dont je me souviens. La voix que l'on entend pourrait être préenregistrée, mais l'acteur pourrait porter un petit micro dans lequel il murmurerait. Le cauchemar de l'inactivité prolongée et de l'absence de stimulations est particulièrement difficile à rendre sensible. Plutôt que d'épiloguer sur la désintégration mentale provoquée par des heures et des heures à fixer un mur, il vaudrait mieux que les spectateurs aient un vrai mur à fixer.

Je réapparais sur le côté et j'explique le problème au public : nous allons faire descendre un écran devant la scène pour que vous ayez une idée de ce que cela représente. Vous êtes priés de garder les yeux rivés sur l'écran pendant qu'il est en place. Ne dites pas un mot, ne regardez pas le programme ni la personne assise à côté de vous. Scrutez l'écran, c'est tout. Je vous rappelle que nous sommes condamnés à fixer les murs pendant des jours et des jours, alors que votre mur ne sera là que quelques minutes. Soudain, je disparais et l'écran descend. Trois minutes s'écoulent, le théâtre est plongé dans un silence de mort. Les spectateurs sont frappés de voir à quel point trois minutes peuvent sembler longues. Ils constatent qu'ils peinent à se concentrer et à suivre le fil de leurs pensées. Ils ont un avant-goût de ce que nous endurons.

L'écran remonte (on peut imaginer un pan de gaze éclairé de façon à avoir l'air opaque), et l'on voit mon personnage dans sa cellule. Je suis allongé sur ma paillasse, les yeux rivés sur le mur. On perçoit un très léger sifflement, un son flûté : le thème *Going Home* de la *Symphonie du Nouveau Monde*, qui semble venir de très loin. Tout à coup, je bondis sur mes pieds et réponds en sifflant. C'est la première fois depuis plusieurs minutes que le silence est rompu. J'espère que les spectateurs comprendront que le jour où j'ai entendu ce sifflement et communiqué avec la personne qui sifflait, ce fut presque un miracle. Le rideau tombe mais il se relève petit à petit. Le côté gauche du plateau est éclairé. On y découvre une nouvelle cellule, ainsi que la jeune femme qui y vit. Elle est en prison depuis un certain temps et l'on entend les pensées qui lui traversent l'esprit.

Sa cellule a quelque chose de féminin. Elle est très dépouillée, mais les quelques objets que l'on y aperçoit sont de toute évidence ceux d'une femme. Elle remonte ses cheveux, les épingle, essaie plusieurs coiffures en se demandant laquelle lui va le mieux. On continue à entendre ses pensées.

J'ai plus de mal à élaborer cette partie. J'imagine quels thèmes se bousculent dans son esprit, mais pas la langue ni l'idiome qu'elle utilise. Le jour où elle sortira, je lui demanderai d'écrire son rôle pour que les détails soient authentiques et les émotions crédibles. Elle commente sa propre façon de réagir à l'emprisonnement et d'occuper ses journées. Sa découverte de ma présence est mise en valeur : que pense-t-elle de ce jeune homme blanc qui vient de débarquer dans son monde ? Elle est ambivalente – la solidarité entre détenus est fondamentale, mais pourquoi ce Blanc se croit-il obligé d'interférer dans la lutte pour la libération ? Finalement, elle décide de siffler à mon attention et reprend plusieurs fois le thème *Going Home* en attendant ma réponse. Qui finit par arriver, tandis que le rideau retombe.

À partir de là, la pièce devient de plus en plus floue dans mon esprit. Jusqu'ici, je visualise très bien les choses. Je vois les cubes, les personnages, j'entends les paroles – dont les miennes –, prononcées tout haut ; le drame est inhérent à la situation. Je ne vois pas les spectateurs mais je suis sensible à leur présence. Ils sont très réactifs, impatients de connaître la suite. Malheureusement, une fois les personnages et la scène présentés, la suite m'échappe et je sèche. Les idées perdent leur côté charnel et sont de plus en plus livresques. Je sais quels sont les thèmes que je voudrais développer, mais je n'ai que quelques aperçus des personnes qui pourraient les incarner.

Mon personnage serait une forme de philosophe, qui aurait pour principal sujet de préoccupation la solitude humaine. Il serait assez proche des existentialistes les plus radicaux – pour lesquels chaque individu est séparé, seul, encapsulé en lui-même. Le fait est que ces penseurs traversent la vie sans jamais se départir de cette conscience, même quand ils sont à table, marchent dans la rue, croisent des gens ou font l'amour. Ce genre d'homme, lové dans les bras et les jambes de son amante, se sent donc plus seul que moi dans ma cellule ; l'intimité qu'il partage avec sa maîtresse est moins forte que la mienne quand je communique en sifflant. Les existentialistes ont tort de généraliser autant. Naturellement, l'Homme n'est ni isolé ni solitaire ; il ne considère pas autrui comme un ennemi. Si c'était le cas, la réclusion cellulaire ne l'affecterait pas autant. L'isolement serait un soulagement, un bonheur. Au contraire, l'Homme est essentiellement interdépendant. Isolé, il se désintègre ; en lien avec autrui, il s'épanouit. Le désir d'amour et de communication est le plus puissant de tous les désirs. Le filet de musique qui me relie au siffleur inconnu m'est plus précieux que la nourriture.

Comment se fait-il que moi, qui suis physiquement exclu et séparé de l'humanité, je me sente moins seul que tous ces êtres libres d'errer dans les rues, d'aller et venir d'une maison à l'autre et de parler à qui ils le souhaitent ? La solidarité donne à la fois du sens et de la chaleur à la vie. Vivre ne se réduit pas à lutter pour être à la hauteur d'un destin impitoyable.

Le courage n'est pas une vertu abstraite ; c'est une des expressions concrètes de l'amour. La communication n'est pas impossible, c'est même l'activité la plus aisée et la plus naturelle qui se présente à l'Homme. Je suis étonné de voir qu'avec des moyens aussi rudimentaires – un regard, un sifflement – nous arrivons à créer un lien beaucoup plus fort que tant de personnes libres d'écrire des pages et des pages et de discuter durant des nuits entières.

Çà et là, je ferai référence aux détails concrets de la vie en cellule. J'imagine une scène où je commencerai par me demander où est passée ma chenille. Puis je parlerai de mes parties de dames, du peigne que je nettoie et des lettres que j'ai réussi à former avec du fromage à tartiner. Je reviendrai sur les pensées que m'inspire le fait de vivre par terre : l'idée que la chaise devrait figurer aux côtés de la roue et du feu dans l'histoire de l'humanité, que l'ascension loin du sol est plus importante que celle qui mène dans l'espace.

Le cœur de la pièce sera un long dialogue entre la jeune femme et moi. Nos deux cubes seront éclairés. Nous exprimerons chacun nos pensées. Pendant que je parlerai, elle mimera ce qu'elle a l'habitude de faire dans sa cellule. Inversement, pendant qu'elle parlera, je secouerai mes couvertures, je dormirai, je ferai ma gym, je jouerai aux dames, je lirai, je danserai... Nos vies ont beau se ressembler, elles ne correspondent pas exactement. Ce que chacun pense est strictement personnel et lui appartient en propre. Pour autant, nos pensées se croiseront souvent, il arrivera même que l'un s'adresse à l'autre. J'évoquerai mes sentiments à l'égard de cette jeune femme à la peau sombre, tandis qu'elle aura parlé de moi dans la deuxième scène. Certaines réflexions porteront sur les relations hommes-femmes et les relations Blancs-Noirs, d'autres seront d'ordre politique. Chacun suivra le fil de sa propre pensée en toute indépendance. Au début, notre dialogue aura l'air un peu étrange, disjoint : pendant qu'elle discutera de sujets politiques, je mentionnerai ma chenille, et, lorsque j'aborderai des questions philosophiques, elle pensera au problème des puces. Il y aura des moments où nos propos se croiseront, notamment lors d'un épisode où je m'interrogerai sur les conditions de sa détention. Plus tard, j'ajouterai que je souhaiterais lui parler de la procédure judiciaire et j'insisterai en lui conseillant de ne rien dire à ses interrogateurs. Elle, de son côté, déplorera de ne pouvoir partager avec moi ce qu'elle aura appris sur la prison ; elle s'interrogera sur la loi des 90 jours et se demandera si ça vaut le coup de résister à ses interrogateurs. À la fin de cette partie, on comprendra que nos préoccupations ne sont pas si éloignées. Le public saura pourquoi nous avons été arrêtés, quelles sont nos différences, mais aussi quelles sont les idées qui nous rapprochent. Nous serons unis par une relation très forte, sans avoir échangé un mot. La simple présence d'un autre détenu est une source d'amour et de courage. Les rares moments où nous nous croiserons et communiquerons en sifflant donneront de l'épaisseur et de la profondeur à notre relation.

Il est trop tôt pour spéculer sur ce que pourrait être le dénouement. La fin appartient à l'avenir, puisque notre histoire est loin d'être achevée. À un moment donné, il deviendra clair que j'ai décidé de mettre en scène cette pièce. Le public saura que j'avais envisagé d'écrire un livre avant d'opter pour une pièce de théâtre (mais pas une pièce dans la pièce, un auteur dans la pièce).

La conclusion pourrait mettre en scène mon personnage commençant à écrire le texte. Il expliquerait la façon dont cette idée se développe dans son esprit. Il partirait du concept des trois cubes, dont chacun abrite un prisonnier : lui-même, Zollie et la jeune femme. On entendrait une mélopée en fond sonore. J'ai écrit cette pièce, dirait-il aux spectateurs, pour lutter contre mon isolement et avoir raison de la détermination de mes geôliers à me briser.

Je ne peux pas imaginer de dénouement si j'ignore quelle sera la fin de mon histoire. Je ne sais même pas quelle note adopter. C'est la conclusion qui devrait donner le « la » à l'ensemble de l'action.

Tout ce que je peux faire, c'est visualiser les scènes et les personnages. Je compléterai la pièce au fur et à mesure que je découvrirai le sort qui nous est réservé. Pour l'instant, les jours se suivent et se ressemblent. Chaque jour est aussi triste que le précédent et aussi pénible que le prochain.

Trois semaines se sont écoulées, ma pièce n'a pas beaucoup avancé. Ils peuvent nous garder aussi longtemps qu'ils le veulent, mais, un jour, il faudra bien qu'ils fassent quelque chose de chacun de nous. Peut-être que la jeune femme craquera et livrera des éléments de preuve contre ses camarades. Peut-être sera-t-elle elle-même accusée. Peut-être faut-il que je m'attende à des chefs d'inculpation graves, même s'il ne sert à rien de spéculer. La pièce ne peut être bouclée que si, de fait, notre histoire s'achève. Pour le moment, le but est de ne pas oublier ce qu'il s'est passé et de rédiger les premières scènes dans ma tête.

Le reste appartient à l'avenir.

10
Réflexions

Même si je constate avec regret que je suis moins fort que mes héros, je reconnais volontiers que mes liens avec mes bourreaux s'accompagnent de compromis de ma part. Quoi qu'il arrive, je garde la tête haute et j'affiche un air enjoué quand je suis face à la police. Comporte-toi comme un cloporte et l'on te traitera comme un cloporte. Jamais je ne m'incline ni ne m'abaisse devant eux. Ce qui m'inquiète, c'est le regard des autres détenus. Ma loyauté va en priorité à mes camarades prisonniers et, même si je ne peux pas communiquer avec eux, je sais que mon attitude revient à leurs oreilles – de même que la leur me parvient. Je redoute de donner l'impression de bénéficier d'un traitement de faveur parce que je suis blanc.

Si je le pouvais, voilà ce que je leur dirais : il est vrai que la police bavarde avec moi comme jamais elle ne le ferait avec un non-Blanc, il est vrai que j'ai fini par recevoir des couvertures propres, il est également vrai que les gardiens m'accordent sans problème la grande cour à l'heure de la promenade. Cela dit, quand je discute et plaisante avec eux, ce n'est pas seulement pour moi, c'est pour nous tous. L'idée est de détendre l'atmosphère et de leur montrer que nous sommes plus forts et plus tolérants qu'eux, mais aussi dignes, alors qu'eux débinent tout. Notez que je dépose mes couvertures à l'extérieur le matin afin que vous les voyiez et que vous demandiez à avoir le même traitement – je serais ravi d'être un levier pour obtenir des améliorations destinées à tous. Quant à l'heure de la promenade, vous avez sans doute remarqué que je choisis la petite cour pour que vous ayez la grande. Cette possibilité de choisir ne vaut que parce que je peux vous offrir ce geste de solidarité. Bien sûr que je suis favorisé par la couleur de ma peau et le prestige du métier d'avocat, mais je fais tout pour que ces faveurs vous profitent. Vous avez des rations supplémentaires, quelques minutes de plus à l'heure de la promenade et, le soir, comme ils éteignent ma cellule à heure fixe – et non quand ça les arrange –, ils éteignent aussi les vôtres à heure fixe. Aucun de ces privilèges ne m'a été automatiquement accordé, il a fallu que je me batte.

Un Blanc qui participe au mouvement de libération des non-Blancs se heurte à de nombreuses questions. Car, d'un côté, il lutte contre le privilège blanc ; de l'autre, dans la vie quotidienne, il profite de nombreux agréments dont les non-Blancs sont exclus. Il vit un conflit qui le poursuit jusqu'au fond de la prison. S'il est soumis à un isolement total, ce conflit peut être la source d'une souffrance d'autant plus profonde qu'il ne peut rien faire pour remédier à la situation.

Une autre question se pose, qui n'est pas sans rapport, et qui m'angoisse : celle de la violence. Il y a longtemps que la majorité des non-Blancs pensent qu'user de méthodes violentes pour obtenir la libération est légitime. Au début, leurs dirigeants avaient réussi à les persuader qu'il valait mieux commencer par examiner et essayer chaque option non violente. Or, à partir de 1962, le gouvernement a clairement fait savoir, en paroles et en actes, qu'il était déterminé à défendre l'apartheid par les armes. Les peines encourues, y compris les coups de fouet, étaient telles que la résistance passive, les grèves et les boycotts ne servaient plus à rien pour faire bouger les choses

– même si ces mêmes peines justifiaient que l'on mette la barre encore plus haut. Là où les Africains du reste de l'Afrique étaient en train de devenir maîtres de leur destin, en Afrique du Sud ils furent soumis à une législation encore plus lourde. Les organisations et les dirigeants qui se battaient furent bannis, et leurs journaux et leurs réunions interdits. Aucune agitation n'était tolérée. Pendant ce temps-là, la lutte armée n'était pas loin de triompher en Algérie et la guerre ouverte venait d'être déclarée en Angola. En Afrique du Sud, les Africains de plusieurs régions rurales s'opposèrent résolument aux mesures du gouvernement, n'hésitant pas à tuer ses délégués et à détruire des biens publics, tandis que les ouvriers africains des immenses zones périphériques des villes, lassés d'être harcelés et tabassés chaque fois qu'ils avaient recours à des méthodes non violentes, étaient déterminés à contre-attaquer. Non seulement il n'était plus question de s'en tenir à la non-violence, mais le pays connut une série d'attentats annonçant une nouvelle phase de la vie politique sud-africaine.

La violence m'a toujours répugné. Quand j'étais petit, c'était déjà moi qui mettais fin aux bagarres et jouais le rôle de médiateur entre les adversaires. Elle permet de renverser les obstacles, mais elle ne résout pas les problèmes. Pour autant, je n'ai jamais été pacifiste ; intellectuellement parlant, je reconnais le droit à la violence quand il s'agit de se défendre – d'écraser l'envahisseur nazi, par exemple, ou d'obliger les colonialistes à lâcher la bride. L'incarcération est aussi une forme de violence et, même dans les pays plus avancés d'un point de vue social, elle peut être nécessaire à court terme pour réagir à des comportements qui menacent résolument l'ordre social. Est-ce par lâcheté que je recule à l'idée de devoir tuer et détruire ? Je sais que ce n'est pas le cas. Ce n'est pas non plus – contrairement à ce que pensent beaucoup d'Africains – parce qu'on ne s'attend pas à ce qu'un Blanc élimine un autre Blanc. J'ai du mal à haïr – encore plus à tuer – un homme, quel qu'il soit. Ma sympathie va plutôt vers les Africains parce qu'ils ont la justice pour eux – historiquement parlant, du moins. Si je devais me lancer dans la bataille, j'ai peu de doutes sur les tranchées que je choisirais. Cependant je ne suis pas loin d'envier les Africains pour leur rage pure et dure, et leur détermination à balayer les obstacles humains qui leur barrent la route vers la liberté.

Allongé sur ma paillasse, je réfléchis à ces idées tout en songeant aux personnes qui peuplent le microcosme de la prison : la police, les détenus, moi. Plus j'apprends à connaître les policiers, plus je me dis que je serais incapable de les tuer. Ils tomberaient à la renverse s'ils savaient qu'au moment où ils posent mon assiette par terre, je m'interroge sur ce que je ressentirais en leur enfonçant un couteau dans le dos – et qu'à l'instant où ils tournent les talons, je me demande si je serais capable de les arroser de balles, de leur broyer le crâne avec une matraque ou de leur déchiqueter la poitrine avec des explosifs. J'imagine la douleur de leurs proches. Ensuite, je me demande ce qu'en penserait le prisonnier africain de l'autre côté de la cour. Sa haine doit remonter à l'enfance, à la première fois où les flics ont déboulé chez lui, en pleine nuit, à la recherche d'un permis de résidence permanente ou d'alcool, humiliant ses parents et le terrifiant avant de passer à la maison d'à côté, comme des envahisseurs. Sa première impression a dû être confortée par je ne sais combien d'incidents impliquant des membres de sa famille, des voisins, voire lui-même. Gardiens auto-déclarés de la suprématie blanche, les policiers devaient être éliminés ou dispersés pour que l'idée de suprématie blanche puisse être détruite. C'est bien la police qui tabassait et abattait des manifestants. Si, au cours de cette lutte pour la liberté des Africains, ce prisonnier avait tué un policier, il serait devenu un héros aux yeux de sa famille, de ses amis, de ses voisins et de ses compagnons de route. Personne n'est obligé de rejoindre les forces de l'ordre : si quelqu'un s'y engage, il faut qu'il en accepte les conséquences. La famille du policier, qui profite sans scrupules des avantages du privilège blanc, ne mérite aucune compassion ; il est plus important de penser aux familles africaines dont les parents sont séparés ou dont les pères sont sciemment sous-payés à cause de l'intervention de ce même policier. Enfin, c'est lui ou ses collègues qui sont chargés de torturer des Africains, de leur enfermer la tête dans un sac, de leur envoyer des décharges électriques ou de les forcer à boire des litres d'eau avant de leur donner des coups dans le ventre. Le monde entier sait qui a raison et qui a tort.

Ma sensibilité n'est-elle qu'un camouflage pour m'éviter d'avouer que j'ai peur d'être tué ? Mon absence de haine et de colère s'explique-t-elle uniquement par le fait que je n'ai pas souffert dans ma chair des outrages de l'apartheid et que les privations que j'ai connues étaient volontaires ? Au fond, j'ai peut-être de la chance, vu les questions morales que je me pose, qu'on ne m'ait jamais demandé de rejoindre un groupe de résistance active. Il n'empêche, j'ai plaidé en faveur de présumés saboteurs et j'ai tenté d'expliquer au plus large public possible pourquoi une partie aussi conséquente de la population a basculé d'une politique de non-violence à une politique de violence. J'ai affirmé publiquement que je préférerais finir en prison plutôt que de défendre l'apartheid par les armes, ajoutant que j'espérais que d'autres Blancs suivraient mon exemple. J'ai averti de nombreux Blancs en leur affirmant que leur refus de rencontrer et de négocier avec des dirigeants non-blancs conduirait le pays au désastre. Et, à lire la presse afrikaans, j'ai dû en scandaliser plus d'un en répétant ce qui, à mes yeux, ne fait pas l'ombre d'un doute : s'il y a une épreuve de force, il faut que les Africains en sortent vainqueurs.

Même si je passe un temps fou à ruminer ces questions, je ne parviens jamais à en tirer de conclusions définitives. Je suis sûr que l'hostilité va augmenter dans les années qui viennent et finir par des affrontements extrêmement durs et étendus. Le seul rôle que je me verrais tenir est celui de défenseur des Africains en appelant aux Blancs pour qu'ils abandonnent les armes et négocient. J'y mettrais d'autant plus d'entrain que cela contribuerait à diminuer non seulement les pertes du côté africain, mais aussi l'ampleur des dégâts matériels et humains que le nouveau gouvernement devrait prendre en charge. Si l'on pouvait persuader les Blancs qu'ils ont plus à gagner à accepter la règle de la majorité multiraciale qu'à s'acharner, cela profiterait à tout le monde. Certes, il est inévitable que cette entreprise de persuasion vienne surtout de l'engagement d'une génération de patriotes africains prônant la lutte armée, mais je pense qu'une campagne réaliste, d'ordre psychologique, serait un atout supplémentaire précieux. Il m'arrive de penser à un avenir plus lointain, et je tremble à l'idée que l'on pourrait me confier la responsabilité d'emprisonner des hommes alors que moi et tant d'autres sommes emprisonnés en ce moment même. Pourvu que je n'aie jamais à juger des hommes ni à dispenser des peines. S'il y a une chose dont je suis certain, c'est que jamais je ne pourrai cautionner l'isolement prolongé, qu'il s'agisse de sévir ou d'obtenir des renseignements, peu importe la gravité de la situation.

11
Rondo

« Au revoir, tout le monde. »

Je suis dans le bureau du commandement, debout devant mes affaires empilées sur le comptoir. De l'autre côté se tiennent deux sergents et quatre policiers réunis pour assister à mon départ.

« Je ne sais pas où ils m'emmènent, mais j'espère que c'est dans un lieu où les gens seront aussi corrects que vous l'avez été avec moi. »

Curieusement, chaque fois que je suis en présence de ces policiers, je fais tout pour obtenir leur approbation. Même si les conditions de vie dans cette prison sont bien plus rudes que ce que j'imaginais, je reconnais que la gestion de ce commissariat est d'une efficacité remarquable. Non seulement des officiers supérieurs y mènent très souvent des inspections, mais le commandant arrive à discipliner ses hommes. Il serait dangereux de sous-estimer la police d'Afrique du Sud. En revanche, du point de vue humain, il n'y a pas pire que ces types qui semblent mettre un point d'honneur à maltraiter les détenus. À en juger par les bruits que j'ai entendus, certains sont violents avec les prisonniers et la plupart s'adressent à eux en hurlant. Seule une infime minorité témoigne d'un minimum de respect pour la dignité des personnes dont ils ont la charge. Avec moi, certains se sont montrés plus durs que d'autres, mais de manière générale je n'ai pas trop eu à me plaindre. Ils n'étaient sans doute pas mécontents d'avoir un avocat sous leur coupe.

« Ça n'a pas été une sinécure, continué-je. Je dirais même plus : ç'a été la période la plus épouvantable de ma vie. Cela dit, je sais que vous ne faites que suivre les instructions et que vous n'êtes pas les auteurs de la loi des 90 jours. »

J'ai perdu l'habitude de prendre la parole en public. Les types m'écoutent d'une oreille amicale. Quelle drôle de situation. Je suis là, le teint blême, flottant dans mon costume, avec ma chemise blanche de sortie, le col ouvert (je n'ai toujours pas le droit de mettre une cravate), les deux poignets entravés par des menottes en acier et posés devant moi. Mes mains sont livides ; mes cheveux, foncés, longs et ondulés. L'archétype du prisonnier politique. Le commandant se tient debout face à moi. Ses hommes et lui ont pris le temps de venir, mais c'est moi qui m'adresse à eux. Je prononce un discours d'adieu et ils m'écoutent comme si j'étais un officier sur le point d'être muté ou de partir à la retraite.

« J'espère que vous ne serez pas trop accaparés par mes camarades de la loi des 90 jours. Au revoir, donc. J'espère que le jour où je reviendrai, ce sera dans le cadre de mon activité professionnelle et non pas comme détenu. Au revoir. »

Personne n'applaudit, mais leurs adieux sont chaleureux.

« Au revoir, monsieur Sachs.

– Au revoir, monsieur Sachs.

– Au revoir, monsieur Sachs. »

Le chœur de voix diminue, puis le commandant recule en levant la main droite, esquissant un vague salut.

« Au revoir, monsieur Kruger », lui dis-je, soulagé car je n'avais aucune envie de serrer la main de mon bourreau en chef. (Quel est le protocole pour les prisonniers menottés qui s'en vont ?)

Je reprends mon sac posé sur le comptoir et je me dirige vers le sergent de la Security Branch, un homme blanc qui m'attend à l'extérieur. C'est lui qui a débarqué dans ma cellule dix minutes plus tôt en me sommant de rassembler mes affaires.

« Pour aller où ?

– Vous verrez. »

Quand je lui ai demandé s'il était indispensable de me menotter, il m'a répondu qu'il obéissait aux ordres. À présent, il a hâte que je le suive et ordonne à l'Africain de la Security Branch qui l'accompagne d'embarquer le reste de mes affaires. Obéissant, celui-ci les rassemble. Je sors du bureau du commandement sous étroite surveillance avant de prendre une petite allée qui mène à la cour de réception. L'Africain m'emboîte le pas, les bras chargés de ce qui m'est le plus cher : une pile de couvertures bleues et moelleuses, des draps et un matelas gonflable que j'ai eu le bonheur de recevoir quelques jours plus tôt. Un juge plus bienveillant que les autres m'avait promis de relayer ma demande de literie auprès du colonel : l'après-midi même, mon vœu était exaucé. Comme quoi, il n'était pas nécessaire de remonter jusqu'au ministère !

Les menottes ont beau être à la fois gênantes et humiliantes, je suis ravi de ma petite promenade jusqu'à la cour. La carte que j'ai gravée sur le mur était inexacte – peu importe, je m'en vais, et le cercle de mon monde s'élargit à chaque nouveau pas. Où qu'ils m'emmènent, ça ne peut pas être pire. Le soleil brille et je sens qu'au-delà des murs de béton le ciel est entièrement bleu. Nous arrivons dans la cour, mes affaires valsent dans le coffre d'un fourgon pénitentiaire et je suis prié de grimper à côté. Les portes claquent, me voici de nouveau enfermé.

Il fait sombre, j'ai l'impression d'être dans le ventre d'une baleine. Si je me concentre, je peux apercevoir un panneau de verre couvert de mailles métalliques épaisses qui me sépare de la cabine de conduite. Le sergent et son factotum africain montent, le moteur démarre. Vrrr... vrr... le vrombissement fait vibrer le fourgon et noie le bruit de leurs échanges. Soudain, le véhicule recule et démarre en trombe. J'ai failli être éjecté de mon siège, mais je me reprends et plaque mon visage contre la vitre.

Toutes ces couleurs et toutes ces formes, ces sons et ces mouvements, ces perspectives et ces étendues nouvelles : il est hors de question que je rate quoi que ce soit. Bientôt, le commissariat de police sera loin derrière nous.

Au revoir, Maitland. Au revoir, Zollie. Au revoir, Dorothy. Je suis désolé, je n'ai pas pu siffler pour vous dire adieu, ils m'ont prévenu au dernier moment. Tenez bon. Où que je sois, je penserai à vous. Un jour, peut-être, nous nous reverrons, nous serons libres et nous nous serrons dans nos bras. D'ici là, adieu, mes amis. Adieu, Dorothy ; adieu, Zollie.

Ça y est, nous sommes dans la rue. J'arrive à voir à plus de cent mètres devant moi. Pour la première fois depuis vingt-trois jours, la vue que j'ai face à moi n'est pas bouchée. Mes yeux se réjouissent de pouvoir contempler les trottoirs et les lampadaires qui s'étendent à perte de vue. Nous remontons une ruelle entre la grand-route et la ligne de chemin de fer, vrrr... vrrr... Le fourgon rétrograde avant de monter sur la passerelle qui enjambe la ligne ferroviaire ; il fait un raffut que j'adore, synonyme de mouvement qui gronde et de vie qui claironne. Nous sommes sur la nouvelle autoroute : les voitures nous dépassent à toute allure, d'immenses champs verdoyants se déploient des deux côtés. Les hautes silhouettes arrondies des arbres fusent dans le ciel bleu clair. Au loin se profile la montagne de la Table, tel un colosse couvert des pics et des lignes brisées dont la nature l'a gratifié. De superbes marguerites aux reflets dorés brillent au milieu des parterres de fleurs qui séparent les voies. À gauche, je découvre un étang où se ressourcent des oiseaux blancs. Grises, noires, rose saumon, de toutes les couleurs et de toutes les formes, des voitures filent. Nous entrons dans une zone construite. Avec leurs murs couleur crème et leurs toits rouges, les maisons se suivent, calmes, accueillantes. Elles ont toutes des fenêtres, des jardins, des haies vertes à mi-hauteur. Souvent, le portail est ouvert. J'aperçois un chien brun, des enfants aux habits soignés et bariolés. Devant nous, une voiture prend tout son temps : c'est une femme qui conduit ! Sur le siège à côté d'elle s'étale un tas de produits d'épicerie ; derrière, un enfant dans un porte-bébé agite ses petits poings. Prenant un formidable élan de vitesse, le fourgon la dépasse et accélère en épousant les courbes de la voie rapide. Pour aller où ? À l'aéroport pour qu'ils m'envoient à Pretoria où l'on a retrouvé le premier prisonnier de la loi des 90 jours pendu dans sa cellule ? Lui aussi, il arrivait du Cap. On vient de s'arrêter à un feu. J'admire la discipline et la civilité des conducteurs qui s'arrêtent au rouge et repartent au vert. Une nurse *coloured* traverse avec un berceau bleu-gris. Au coin, à gauche, j'aperçois une épicerie couverte de publicités criardes affreuses. Le feu est orange, puis vert. Le fourgon s'élance brusquement ; secoué, je plaque les mains sur le panneau pour ne pas m'écrouler. Et s'ils m'emmenaient au tribunal ? Tout, plutôt que me retrouver isolé. Ils peuvent m'accuser de trahison, de sabotage, de tout ce qui leur chante. Je ne demande qu'une chose : être au grand jour, voir mes accusateurs, pouvoir m'adresser au monde entier et être encadré par un minimum de droits et de règles. Des voitures foncent. Des deux côtés, des avenues arborées mènent à une vaste banlieue de pavillons et de petites rues. Ils vont peut-être me transférer dans une nouvelle cellule ou me demander de participer à une procédure d'identification, mais dans ce cas pourquoi emporter mes affaires... ou peut-être – j'ose à peine y croire – me libérer, mais alors pourquoi ces menottes ? Dehors, les passants ne nous accordent pas le moindre regard. Leurs vêtements sont tellement gais, surtout les robes des femmes, que je suis bouche bée, au sens propre. Les gens sont détendus, flânant sans se presser ; chacun marche librement, sans donner ni recevoir d'ordre sur la direction à prendre. Personne n'aurait l'idée de jeter un œil pour voir qui se trouve dans le fourgon filant sous ses yeux.

Ils ne savent pas que c'est une cage mobile qui transporte un prisonnier victime de la loi des 90 jours. À voir l'insouciance avec laquelle ils déambulent, il est évident qu'ils ne pensent pas aux détenus. Ce n'est pas grave, je ne vous en veux pas, ni à vous ni à personne. Comment pourriez-vous imaginer que celui qui est convoyé, c'est moi, un prisonnier de la loi des 90 jours qui a déjà passé plus de trois semaines à l'isolement ? Si vous le saviez, vous m'accorderiez à peine une pause : vous n'avez pas idée du cauchemar que nous vivons parce que n'avez jamais mis un pied dans le monde impitoyable où nous sommes relégués. Peut-être écrirai-je un témoignage. Et peut-être le lirez-vous en vous demandant si vous étiez sur cette grand-route, ce jour-là, en 1963, quand un fourgon qui transportait un détenu passa.

Partie II

Wynberg
Le commandant du poste

12
Le barreau central

Autour de moi, des murs marron horribles. Dehors, le boucan est terrifiant. Je suis allongé sur un lit, misérable et profondément secoué. C'est donc ça, ma nouvelle cellule : une pièce oblongue comme une miche de pain, avec une peinture brunâtre et sale qui s'étale sur près de deux mètres de haut. Le reste du mur est blanc. Du moins il devait l'être avant qu'une kyrielle de détenus le couvrent d'ordures.

Mon lit est calé d'un côté. À ma droite, une banquette qui fait la longueur d'un des murs ; à ma gauche, un lavabo avec de l'eau courante – froide ; les toilettes sont dans le coin. En face de moi se dresse une porte en acier massive qui donne sur une cour minuscule ; au-dessus, très haut, trois lucarnes sont protégées par des barreaux et une grille métallique épaisse. À certains égards, mes conditions de vie se sont plutôt améliorées : j'ai un lit, une banquette et l'eau courante. Mais la pièce est d'une laideur inimaginable, et la cour grande comme un mouchoir de poche. Ma vieille paillasse et ma vieille cellule me manquent.

J'ai mis un temps fou à apprivoiser le monde de la prison de Maitland : sa géographie, son rythme, le personnel et, surtout, les détenus. Il va falloir recommencer à zéro. Tout le monde s'adresse à moi en criant ; même une fois la porte fermée, les hurlements continuent. Le vacarme est insupportable. Des fournées de prisonniers marmonnant et traînant les pieds sont ballottées d'un couloir à l'autre, les portes claquent, les moteurs vrombissent. Les policiers braillent contre les détenus en les injuriant sous prétexte qu'ils avancent trop lentement ou trop vite.

La procédure judiciaire doit être terminée. Le poste de police où j'ai été transféré se trouve derrière le tribunal du quartier de Wynberg. Les prisonniers déclarés coupables le jour même, ceux dont le procès a été reporté, mais aussi ceux à qui l'on a refusé la libération sous caution ou qui n'ont pas les moyens de la demander, sont triés et envoyés dans différentes prisons. Une porte qui doit se trouver à proximité s'ouvre et se referme en claquant tellement fort que toute ma cellule vibre. Une série de déflagrations métalliques retentit, je reconnais le cliquetis de porte-clés en acier. Un enfant pleure ; une voix hystérique résonne avant de se muer en gémissement et de remonter en s'apitoyant avec des accents rageurs et angoissés. Les bruits se mêlent et forment une telle cacophonie que je frémis, comme si j'étais physiquement attaqué par ce boucan. Je promène mon regard sur les murs. Mes prédécesseurs se sont défoulés en projetant leur agressivité sur le moindre centimètre à leur portée. La violence de leurs gribouillis n'a d'égal que le tohu-bohu affreux qui se poursuit.

Mes cinq sens sont anéantis par tant de brutalité. Je suis horrifié par mon manque de résilience. Submergé par des bouffées et des bouffées de détresse.

Patience, c'est long de s'adapter à un nouvel environnement. Les surveillants finiront peut-être par arrêter de me hurler dessus. J'explorerai cet étrange univers, je trouverai mes repères dans ce chaos en l'observant et en l'écoutant, et je mettrai un peu d'ordre dans ma vie à partir des bribes d'information que les gardiens lâcheront çà et là.

Un cognement bruyant retentit contre le mur le plus éloigné. Je me redresse, sous le choc. Ça recommence, une série de coups secs et vigoureux. Je me lève pour aller taper contre le mur. Personne ne réagit. Je frappe de plus en plus fort. Rien. Une vieille tasse en étain traîne dans le lavabo. Je la prends et tape doucement. Pas de réaction. J'essaie différents rythmes, j'attends un peu, et tout à coup je cogne de toutes mes forces. Le vacarme extérieur continue, mais de l'autre côté du mur, silence radio.

Je retourne m'allonger. J'ai les nerfs à vif, pires que des fils électriques arrachés d'une prise. Mes émotions sont en miettes. Soudain, je distingue un sifflement. Quelqu'un siffle tout près de ma cellule. Je bondis sur mes pieds et siffle en crescendo. D'abord le thème de *Going Home*, la *Cinquième* de Beethoven, un chant africain, puis un, deux, trois airs pop. La personne qui siffle poursuit sa longue mélopée. Brusquement, tout s'arrête. Une voix aboie un ordre. Le sifflement recommence. C'était un flic ! Le cognement venait sans doute d'un policier qui frappait sa pipe contre le mur. Je n'ai pas d'amis, je n'ai que des ennemis.

Des vagues de prisonniers déferlent dans un sens et dans l'autre. Mon isolement est total. La marée humaine qui flue et reflue autour de moi, loin de pallier ma solitude, l'accentue. S'ils ont pris la peine de me transférer ici, c'est qu'ils comptent me garder longtemps. Jamais, au cours de ma vie, je ne me suis senti aussi mal.

On ouvre la porte de la cour et l'on déverrouille les serrures de celle de ma cellule. Je me précipite devant l'embrasure. La porte s'ouvre, un policier immense entre, pas très jeune, le visage rond et les cheveux clairsemés. Son corps penche en arrière comme pour compenser le poids d'un gros ventre qu'il aurait mis à la diète. Il a quelque chose d'étrange que je ne saurais m'expliquer.

« Vous avez toutes vos affaires ? »

Sa voix est métallique, cassante, on dirait qu'elle sort d'un haut-parleur de foire. Il a un accent très prononcé. Je suis étonné par sa question. De quelles affaires parle-t-il ?

« Les trucs que vous avez apportés de Maitland, vous avez tout avec vous ?

– J'espère, oui. »

Mes affaires sont posées en désordre sur la banquette. J'ai du mal à fixer mon attention et à m'orienter. Je ne sais plus exactement ce que j'avais dans ma cellule précédente. Je ne crois pas que la pile de mes affaires ait bougé, mais je suis trop confus et bouleversé pour être sûr de n'avoir rien oublié.

« Vous et les autres, vous revenez toujours en pleurnichant parce qu'il vous manque des choses et c'est de notre faute. Répondez-moi, vous avez toutes vos affaires ?

– J'ai l'impression que oui, mais je vais vérifier, dis-je sur un ton poli, même si j'ai du mal à me maîtriser. Je ne suis pas un détenu particulièrement difficile.

– J'espère bien.

– Pourrais-je savoir à qui je m'adresse, s'il vous plaît ?

– Au major de police Snyman. Vous êtes dans le commissariat que je dirige – c'est moi, le commandant du poste. Vous êtes sous ma surveillance et vous avez intérêt à vous tenir à carreau.

– Vous pouvez demander à vos collègues de Maitland, je suis quelqu'un de discret.

– Je me fiche de Maitland. Ici, c'est Wynberg. Pour la dernière fois, vous avez toutes vos affaires ? »

Je me retourne pour aller vérifier. Incapable de me concentrer, j'agite les mains en faisant semblant de passer en revue ce que j'ai. Il suffit que je donne l'impression de coopérer pour plaire au commandant qui attend un geste de soumission de ma part.

« Je ne pense pas qu'il me manque quoi que ce soit.

– Très bien. Mais ne revenez pas après en racontant n'importe quoi. »

Je marque un temps avant de répondre, pour contenir ma colère.

« J'imagine que j'aurai trois repas par jour, dis-je.

– Et puis quoi encore ? Vous voulez peut-être qu'on vous prépare des petits plats rien que pour vous ?

– Je pourrais vous demander à quelle heure aura lieu ma promenade ?

– Quand on aura le temps. On a du pain sur la planche, on ne peut pas se permettre de penser à vous toute la journée.

– À Maitland…

– Je vous ai déjà dit que ça ne m'intéresse pas, Maitland. Ce qui m'intéresse, c'est ici. Si c'est tout ce que vous avez à me dire, je vous laisse.

– Une dernière chose, s'il vous plaît. Est-ce que ma mère sait que j'ai été transféré ici ? Elle risque de se faire un sang d'encre si elle va récupérer mon linge à Maitland et qu'ils n'ont rien.

– C'est pas de mon ressort. »

Il tourne les talons et claque la porte. Ça y est, je sais ce que je trouvais étrange. Il était en uniforme mais tête nue. C'est la première fois que je vois un policier en uniforme et sans casquette. C'est aussi la première fois que je vois un policier aussi grossier. Pas étonnant que ses hommes soient aussi désagréables. Quand je pense que c'est à lui que je dois transmettre mes requêtes.

Je m'assieds sur le lit. Le raffut continue. Les obscénités griffonnées aux murs sont aussi grasses et menaçantes qu'une invasion de mouches. J'ai la tête qui tourne. Envie de m'allonger et de tout oublier. Mais dès que je m'étends et que je repose ma tête, c'est pire. Je me relève et marche en cherchant un point sur lequel fixer mon regard. La fatigue me submerge. Je me rallonge. Combien de temps va-t-il falloir que je vive ainsi ? Vingt-trois jours viennent de s'écouler. Je n'en suis pas au tiers de mon premier cycle de quatre-vingt-dix jours. Je pensais qu'avec le temps je m'y habituerais. Hélas, la maîtrise que je croyais avoir acquise à Maitland se révèle bien fragile. Je suis défait, hébété. Je m'enfonce, je m'enfonce. Et si je n'avais pas encore touché le fond, s'il fallait que je m'attende à pire ?

Encore quatre-vingt-dix jours, puis quatre-vingt-dix autres. Ils vont resserrer leur étau autour de moi, continuer à me transbahuter et, qui sait, m'infliger des violences physiques. Est-ce pour cela que je suis né ? Il n'est pas question que je cède, mais combien de temps pourrais-je endurer ce traitement ? Et s'il empire encore et encore, s'ils me condamnent à quatre-vingt-dix jours supplémentaires ?

J'observe la lucarne au-dessus de la porte. Le barreau central est solidement encastré dans le mur. Je pourrais y nouer une ceinture ou un long pan de drap ; l'idée me soulage. S'il le fallait, il supporterait largement mon poids.

13
Interrogatoire

« Vous savez que vous êtes accusé d'une infraction passible de la peine de mort ? »

Le capitaine Rossouw affiche un visage sévère et me menace avec brutalité. Nous sommes assis autour d'une table, dans le bureau du commandant. Il est face à moi ; à ma droite se trouve le lieutenant Wagenaar.

« Sachez que vous êtes dans une position extrêmement délicate. Vous risquez la peine de mort. »

J'ai beau rester impassible, je sens que ma pomme d'Adam tremble. J'espère qu'ils ne l'ont pas remarqué.

« On ne peut rien vous promettre, mais si vous nous faites une déposition en bonne et due forme, si vous nous dites tout ce que vous savez, on pourra la transmettre au Procureur général avec une lettre de recommandation. Alors, vous allez parler ? répète le capitaine avec un regard noir.

– Ma position n'a pas changé.

– C'est-à-dire ?

– Je refuse de répondre aux questions. Vous n'avez qu'à m'emmener au tribunal et je répondrai à toutes les questions que vous voulez.

– Vous vous rendez compte que c'est votre vie qui est en jeu ?

– Si vous estimez avoir un dossier à charge contre moi, emmenez-moi au tribunal.

– Écoutez : pour nous, ça ne fait aucune différence, mais pour vous, ça peut tout changer. C'est au Procureur général de décider mais on peut vous recommander et ça vous aiderait.

– Ma position n'a pas bougé.

– Qu'est-ce que ça vous apporte de rester assis ici à répéter tout le temps la même chose ?

– Je refuse de dire quoi que ce soit qui pourrait me valoir de nouveaux ennuis, à moi ou à quiconque.

– Donc vous reconnaissez que vous avez des informations ?

– Je ne reconnais rien du tout. Il est possible que je sache quelque chose qui, de mon point de vue, n'a aucune importance, mais qui, du vôtre, pourrait être la pièce manquante de votre puzzle. Vous en profiterez pour condamner une nouvelle personne à cet enfer. Je préfère souffrir jusqu'à la fin de mes jours plutôt que d'avoir ça sur la conscience.

– Je ne comprends pas. Les autres parlent et vous, vous ne dites rien. On a plein de dépositions, on peut vous les montrer si vous voulez.

– Vraiment, capitaine, vous me prenez pour qui ? Vous pensez que je vais me laisser impressionner par ce genre d'argument ? Je ne suis pas un... *skollie* que vous auriez coincé au coin de la rue. Ce que les autres peuvent bien dire ne m'intéresse pas. Je sais ce que je fais. »

Le capitaine a l'air un peu perplexe. Le lieutenant rit en m'expliquant qu'il vient de Pretoria et ne doit pas savoir ce qu'est un *skollie,* un mot qui n'existe qu'au Cap.

« Je ne suis pas une petite frappe effrayée par les éventuelles dépositions des autres », expliqué-je.

Je suis indigné. Comment peut-il essayer un truc aussi grossier avec moi !

« Quelle est votre position ? me demande le lieutenant.

– Je refuse de répondre à vos questions, et ce pour un certain nombre de raisons.

– Quelles sont ces raisons ?

– « D'abord, comment pourrais-je affronter le regard de qui que ce soit si j'achetais ma liberté au prix de celle d'un autre ?

– Si vous nous dites ce que vous savez, personne hors de la police ne sera mis au courant. Nous vous garantissons la plus stricte confidentialité. »

Je suis encore plus indigné.

« Si j'avais quelque chose à vous révéler, je préférerais le dire ouvertement plutôt que sous le sceau du secret. Ce serait pire. Pour qui me prenez-vous ?

– Puisque vous refusez d'être témoin, on vous promet de ne pas vous demander de preuves. »

Je ne bronche pas. Ces hommes sont des rats, ils sont prêts à me dépouiller de tout, y compris de mon honneur.

« Vous ne nous faites pas confiance ? À partir du moment où l'on vous donne notre parole en tant qu'officiers supérieurs de police, soyez sûr qu'on la tiendra.

– Ce n'est pas la question. Je vous fais confiance pour tenir votre parole, mais pas pour ce que vous êtes prêt à faire de la moindre de mes dépositions.

– Écoutez, reprend le capitaine sur le ton de la confidence. Si vous voulez, demain, vous sortez. Demain ! répète-t-il en frappant du poing sur la table.

– Si je fais quoi ?

– Si vous nous dites tout ce que vous savez.

– Je ne suis pas prêt à faire une déposition.

– Vous auriez intérêt à dire ce que vous avez à dire.

– Qu'est-ce que j'y gagnerais ?

– Tout dépend de ce que vous nous diriez.

– Je ne suis pas en train de négocier. J'estime que faire une déposition irait contre mon sens de l'honneur, c'est tout. Il faudrait n'avoir aucune décence pour accepter.

– Au contraire, toute personne un tant soit peu préoccupée par son honneur comprendrait qu'il est de son devoir de prêter main-forte à la police au cours d'une enquête criminelle. Elle tâcherait de protéger l'État plutôt que d'aider ceux qui cherchent à l'affaiblir. »

La discussion tourne en rond. Le capitaine a tendance à mobiliser la parole mais le lieutenant intervient régulièrement en abondant dans son sens. Ils sont sarcastiques, complices, impérieux, outrés. Mais, surtout, impitoyables. Ils mènent l'interrogatoire d'une main de fer. N'arrêtent pas de m'interrompre et de se moquer de moi. M'annoncent qu'ils s'en vont avant de me lancer une nouvelle salve de questions. Se montrent durs, pressants, implacables. J'ai beau me sentir exalté, une immense fatigue m'emporte peu à peu. J'ai remarqué qu'ils se répétaient et qu'ils étaient moins inventifs. Ils ont en difficulté mais refusent de me lâcher. Je voudrais qu'ils arrêtent de me mitrailler. En même temps, je n'ai pas envie qu'ils partent. Si seulement on pouvait parler d'un sujet non polémique, sur un ton amical, d'égal à égal. Pour la énième fois, je leur répète que je refuse de répondre aux questions et de faire la moindre déposition. Que j'apprécie qu'ils me consacrent autant de temps, même si ça ne sert à rien. Ma position n'a pas changé d'un pouce. Je refuse de répondre aux questions. D'une certaine façon, c'est plus facile pour moi – je leur oppose toujours le même argument, alors qu'eux doivent trouver de nouveaux angles d'attaque à chaque fois.

« Il est bientôt treize heures quinze », intervient une voix cassante. Tous les regards se tournent vers le commandant, debout dans l'embrasure de la porte. « Je vous rappelle qu'il faut qu'on déjeune, hurle-t-il au capitaine. Vous en avez encore pour longtemps ? »

Son irruption a fait baisser la tension.

« Non, on était sur le point d'y aller », répond le capitaine, manifestement soulagé.

L'interrogatoire est terminé. Il a duré plusieurs heures. Ils m'ont assuré qu'ils avaient assez de preuves pour m'accuser d'un crime passible de la peine de mort. Mais chaque chose en son temps. En attendant, pourquoi tiennent-ils autant à conclure un accord avec moi ? Je parie qu'ils veulent m'utiliser pour autre chose. S'ils ont des preuves qu'ils pensent pouvoir exploiter pour me condamner, ils seront obligés, tôt ou tard, de me traduire en justice. Il faut donc que je résiste jusqu'au tribunal.

Les jambes en coton, je remonte le couloir et rentre dans ma cellule où je fais les cent pas un long moment avant de parvenir à m'asseoir pour déjeuner. Les plats sont froids mais je le remarque à peine. Je me vois déjà dans le box des témoins, face à mes accusateurs. Je réponds sans hésiter en m'adressant au juge. Le tribunal est bondé ; l'assistance est impressionnée.

14
Réflexions

Je m'inquiète à l'idée de savoir que, même s'il y a des personnes qui m'aiment dehors, rien de ce qui m'est propre ne peut subsister sans moi. J'ai très envie d'avoir des enfants qui seraient une part de moi et grandiraient indépendamment de ce qui m'arrive. Ce serait ma réponse aux bourreaux, à ceux qui veulent m'anéantir. Parfois, je m'effondre en pensant à mon frère cadet et moi, qui n'avons jamais été mariés, fauchés dans la fleur de l'âge – mon frère allongé sur une table d'opération, et moi, victime de la politique actuelle des dirigeants d'Afrique du Sud. Je sais que la solitude, comme la douleur, est difficile à comparer. Cela dit, je sens que la mienne est plus profonde que celle des prisonniers qui ont une femme et des enfants. Je tique en entendant dire que les gens qui ne sont pas mariés supportent plus facilement la détention que ceux qui ont une famille. Penser à ses enfants est une source de réconfort autant que d'inquiétude. Les tempéraments anxieux trouveront toujours un point de fixation pour leur angoisse, qu'il s'agisse d'avoir des enfants ou de ne pas en avoir ; en revanche, ceux qui cherchent une source de réconfort ne peuvent pas se contenter de n'importe quoi : il leur faut quelque chose de vrai, de vivant, qui existe hors d'eux et perdurera, quoi qu'il leur arrive. Ce désir puise peut-être dans une forme de résistance inconsciente. J'ai la conviction que, si j'avais une femme et des enfants, je serais plus à même de supporter l'isolement. Plus le temps passe, plus je peine à former la moindre pensée cohérente sur un sujet précis. Je trouve plus facile d'imaginer des situations qui pourraient se produire que de me remémorer des événements passés. Je ronge mon frein en me demandant ce que je ferai s'ils me relâchent. Quitter l'Afrique du Sud ou ne pas la quitter, telle est la question. L'idée me taraude depuis longtemps. Déterminé à se débarrasser des « agitateurs blancs », le gouvernement ne ferait rien pour m'empêcher de partir, à condition que je ne revienne jamais. J'ai subi toutes sortes de pression, mais j'ai toujours pensé que ce serait une trahison vis-à-vis de mes associés et de moi-même si je fuyais parce que la situation devenait difficile et dangereuse. Aucun événement ne justifie que je m'exile ; l'Afrique du Sud est ma guerre d'Espagne, et plus la tension est forte, plus le défi est grand. C'est une question de loyauté envers les autres et envers mes principes. À chaque crise, une nouvelle vague de Blancs anti-apartheid quitte le pays. Certains ont été envoyés à l'étranger par la direction de certains mouvements ; d'autres, plus nombreux, ont déserté et fui. Leur décision est compréhensible, mais elle ne saurait être justifiée ni excusée.

Au début de ma détention, j'ai tranché : si je suis libéré, je quitterai l'Afrique du Sud. Ce fut une résolution terrible du point de vue personnel – pas seulement en vertu de son poids, mais aussi de la façon dont je l'avais prise, seul, sans discussion ni décision collective. Quel qu'il soit, un mouvement politique exige un minimum de discipline. Mais il y a plus : ses membres ne doivent jamais oublier leur responsabilité envers les autres et envers les causes qu'ils entendent faire avancer. Si le mouvement a face à lui un gouvernement aussi puissant et déterminé que celui de l'Afrique du Sud aujourd'hui, cette responsabilité est encore plus importante. Dans ces conditions, les problèmes de chacun se font plus aigus, et on est davantage tenté de céder à des considérations d'intérêt personnel. Les rationalisations ingénieuses et les appels à des principes irréprochables permettent d'excuser une décision égoïste et lâche. La discussion équilibrée cède la place aux rumeurs et aux récriminations, l'honnêteté cède la place à l'opportunisme.

Rester et se battre jusqu'au bout, voilà ce qui est juste. En prison, j'ai compris que je n'étais pas assez fort pour être à la hauteur. La perspective d'un châtiment sans fin m'est insupportable. Mais je tiendrai et j'affronterai la détention cellulaire jusqu'au bout, je ne trahirai personne, je serai fidèle au principe qui consiste à ne pas répondre aux questions, peu importe que ce refus se traduise par une souffrance sans fin. Plutôt mourir que capituler. Je suis prêt à tout endurer, y compris la mort, peut-être la torture, pour protéger les personnes et les idées qui sont au cœur de mes pensées. Je préfère le cauchemar de l'isolement et la terreur d'une mort prématurée à la honte de vivre au prix de la trahison. En même temps, je sens que si je survis à l'emprisonnement, je déserterai le terrain.

Il me semble que c'est dans le refus – dont celui de la honte et de la défaite – que je trouve la force de résister, plus que dans n'importe quelle affirmation idéologique. Je ne pense pas que tenir bon soit noble ou glorieux ; je pense que céder est déshonorant. Cela dit, pour me donner des forces, j'ai besoin d'une récompense. La conviction de faire ce qu'il faut ne me suffit pas, pas plus que l'approbation de ceux dont l'opinion compte pour moi. Ma faiblesse est telle que j'exige la perspective d'une fin heureuse à titre personnel. Je rêve de paix et je rêve d'enfants. Or je n'obtiendrai ni l'un ni l'autre en Afrique du Sud. Les liens entre discipline et responsabilité se sont rompus, j'ai pris ma décision en mon âme et conscience : si je suis libéré, je partirai. J'ai honte, mais cette décision est une source de soulagement quand je vis les moments de profonde détresse parce que je sens que plus je souffre, plus mon départ est justifié. L'isolement prolongé, avec ses conséquences sur ma santé et sur ma vie professionnelle, est une bonne excuse pour partir. Je n'en vois pas d'autres.

Une fin heureuse, la paix, des enfants. Tels sont les motifs autour desquels je gamberge. Souvent, j'imagine que je courtise et épouse une Sud-Africaine vivant à Londres, avec laquelle j'ai eu une correspondance suivie. Elle est riche, belle, très sensible et peu engagée. La richesse, je la lui pardonne dans la mesure où c'est la garantie de son indépendance. Elle est suffisamment amoureuse de moi pour respecter mon engagement, de même que je respecte l'esthétique qui est au cœur de son existence. Vivre avec elle devient un contrepoint à la vie que je mène. Plus ma désolation me pèse, plus je m'imagine à Londres. Je voyage avec elle en Algérie, où j'écris un livre sur la révolution algérienne, en Rhodésie du Nord (Zambie), où je dirige un journal, puis je retourne en Europe et je lance une revue proche d'*Encounter*, mais marquée à gauche et publiant les textes de jeunes radicaux révolutionnaires de l'Est et de l'Ouest. Je fantasme et brode autour d'elle en supprimant les souvenirs qui me gênent et en gommant ce qui est incompatible. Au début, quand ce dérivatif était trop fragile, je m'en remettais à une personne dont la proximité physique me rassurait : une jeune fille à la bonté et à la générosité de sainte. L'exemple de son courage et de sa force m'a aidé à traverser mes premiers moments critiques, de même que la perspective d'un bonheur tranquille et apaisé avec la jeune fille de Londres m'a permis de supporter les jours pénibles qui ont suivi.

15
Le commandant du poste

Il ne pourrait pas me laisser tranquille ? Tous les jours, il débarque pour me provoquer. Je suis sûr que le commandant d'un commissariat a mieux à faire que de chercher des noises à un détenu. Il est là, debout, avec sa veste ouverte et sa ceinture mal ajustée. Il m'apporte mon dîner dans une écuelle en étain – boulettes de viande, potiron, riz farineux. Peut-être que sa brutalité cache plus d'humanité que le commandant droit dans ses bottes de Maitland. Dans un livre, ce serait le chef raide comme la justice qui finit par vous faire chaud au cœur. Cela dit, si je m'en tiens à ce que j'ai vu, ni son cœur ni ses plats ne sont chauds.

Il dépose l'assiette sur la banquette.

« Il est où, votre mug ? » me lance-t-il de sa voix râpeuse.

Je le lui tends ; il est cabossé et couvert de taches.

« Je sais qu'un Blanc n'est pas censé avoir un mug dans cet état, dit-il. Quand je suis arrivé il y a cinq ans, j'ai été choqué de voir que les prisonniers blancs avaient aussi des écuelles et des mugs en étain. Du coup, j'ai acheté cinq vraies tasses que j'ai payées de ma poche. [Il marque une pause.] Vous savez ce qui est arrivé ? »

Oui, je sais ce qui est arrivé, du moins je peux le deviner. Les prisonniers, ces ingrats, les ont toutes cassées. Mais je n'en dis rien et secoue la tête en lui répondant :

« Non, qu'est-ce qu'il s'est passé ?

– Ils les ont bousillées en moins d'une semaine. Quel manque de gratitude... Vous avez vu cette tache, là-haut ? »

J'observe une longue traînée brune qui me rappelle la puissance de l'*action painting*, mais qui me déprime parce qu'on dirait un nuage noir qui me menace.

« C'est une gamine qui a balancé son café contre le mur. Ils cassent les lampes et les fenêtres. On a dû réparer les toilettes je ne sais combien de fois. Tout ce qui leur tombe sous la main, ils le saccagent. C'est tout ce qu'ils sont capables de faire, détruire. Après, ils arrivent ici et ils se plaignent qu'on ne les traite pas correctement. »

Il me sert du café en me jetant un regard accusateur. Soudain, je remarque un policier *coloured* derrière lui, avec une assiette pleine et un morceau de papier comprenant une douzaine de tranches de pain. Ce qui signifie sans doute qu'il y a un autre prisonnier de la loi des 90 jours. Le pain doit être pour les détenus ordinaires.

« Il y a une femme dehors qui dit qu'elle est prête à vous envoyer des colis alimentaires. Vous n'êtes pas content de ce qu'on vous donne ?

– Monsieur Snyman, je ne doute pas que vous préfériez que je sois honnête avec vous.

– Pour sûr, dites-moi ce que vous avez sur le cœur.

– La cuisine que vous me servez est plutôt bonne, les portions sont généreuses et tout et tout, mais elle est très riche en féculents, plus que les plats dont j'ai l'habitude. »

J'ai beau essayer de faire l'éloge de la cuisine de sa femme, je n'y arrive pas.

« Qu'est-ce que vous avez contre les féculents ? Une assiette de porridge le matin, ça vous maintient en forme pour toute la journée. Le vieux Bantou, là-bas, il ne se plaint pas, ça lui va très bien.

– Je suis sûr que c'est meilleur que ce qu'il avait chez lui. »

Le commandant rougit. Je me souviens que les Afrikaners et les Africains ont des cuisines assez proches, même si les premiers consomment beaucoup de viande alors que les seconds peuvent rarement se le permettre. Il serait horrifié si je lui faisais remarquer que l'Africain est mieux placé que moi pour apprécier la cuisine de son épouse.

« Mmm... trop de féculents, c'est ça ? De toute façon, vous avez le droit de recevoir des colis de l'extérieur, je vais m'arranger pour que ça se fasse. Je vois que vous avez une Bible. Vous la lisez ?

– Oui, tous les jours.

– C'est bien, il faut lire la Bible. Tout y est. Si vous avez l'impression d'être dans la mouise, lisez la Bible, vous comprendrez pourquoi. Vous croyez que je suis incapable de me mettre à votre place ? Vous avez tort. Moi aussi, j'ai été rebelle, je sais ce que c'est. C'est votre inconscient, votre cœur qui domine. »

Comme il a tendance à chercher ses mots quand il s'exprime en anglais, je suis surpris de l'entendre parler d'« inconscient » ; après tout, il est peut-être moins pataud et maladroit qu'il en a l'air.

« Ouais, poursuit-il avec sa voix perçante, j'ai failli tomber dans le piège. Mais j'ai lu la Bible et ça m'a sauvé. Tout y est, je vous le dis : tout est dans la Bible. »

Il pivote vers son factotum, le houspille, disparaît. Pour une fois, il n'a pas été trop pénible. Mais quel manque de finesse – comment peut-il ne pas comprendre que je ne réclame aucun traitement de faveur sous prétexte que je suis « Blanc ». Et quelle bêtise, l'autre jour, quand il m'a donné mon kit de rasage pour que je le conserve dans ma cellule.

« C'est pas très propre d'avoir ça dans le bureau. Si vous devez vous trancher la gorge, ça fait pas de différence que ce soit devant quelqu'un ou non. »

J'étais au bord de lui répondre : « Pas du tout, crétin. » J'ai pensé au suicide, mais je ne me trancherai pas la gorge ; je me pendrai au barreau qui est en face de toi et tu regretteras ce que tu m'as dit.

Quelques jours plus tard, un mercredi après le déjeuner, il arrive vêtu d'un pantalon de flanelle blanche. Le col de sa chemise est ouvert, ainsi que la veste bleue de son uniforme.

« Je vous verrai pas ce soir, grasseye-t-il, je vais jouer aux boules et je ne serai pas rentré de sitôt. Le sergent qui me remplace veillera à ce que vous ayez assez à manger. C'est un type bien. La plupart sont des merdes, mais lui, c'est un bon policier. Y a un sacré paquet d'ordures qu'il faut que je surveille, ici. Si vous les avez pas à l'œil à chaque instant, ils vous causent des ennuis.

« Eh, toi, petit saligaud ! lance-t-il à l'agent *coloured* qui attend derrière lui. Va me chercher le balai dans le bureau. Dépêche, mon vieux, bouge-toi, va chercher le balai ! »

L'agent file et le commandant se retourne vers moi.

« Y a des types vraiment bien dans la police *coloured*, vraiment. Lui, ça fait vingt ans qu'il est là, et l'autre, encore plus longtemps. Je leur fais totalement confiance. C'est d'excellents policiers. Je dirais même que ces deux-là sont presque aussi bons que la police blanche. Ce sergent, ç'a beau être un *Coloured*, on se comprend. Je peux lui crier dessus et l'injurier autant que je veux ; il est là, il sourit, et c'est tout. Ah ! voilà le balai. Allez, monsieur Sachs, prenez le balai. Faut pas être bête pour travailler dans la police. Allez, balayez-moi votre cellule. Allez, allez ! Je reviens dans pas longtemps. Je laisse la porte ouverte sur la cour pour que vous balanciez tout dehors. Compris ? Non, faut pas être bête pour travailler dans la police. »

À peine a-t-il fini de me parler qu'il se met à invectiver l'agent qui l'accompagne avant de disparaître à l'intérieur du bâtiment en jurant de plus belle.

Balayer ma cellule me prend cinq minutes, si bien que je passe le balai une deuxième fois, puis une troisième. Le commandant n'est toujours pas revenu. Je me réfugie dans l'embrasure de la porte pour profiter du soleil, une main sur le manche. Plusieurs minutes s'écoulent. J'entends sa voix qui se rapproche. Il continue de crier jusqu'à ce qu'il arrive à la porte de la cour. Vite, je recommence à balayer.

« C'est bien, dit-il. Demain, je vous permettrai peut-être de balayer encore un moment. Faut avoir un peu de jugeote pour travailler dans la police. Au fait, ça va, la lecture de la Bible ?

– Oui, j'apprends beaucoup de choses, mais il y a des points qui m'échappent et dont je parlerais volontiers avec quelqu'un de plus calé.

– Dès que le Bal des veuves et des orphelins sera passé, j'aurai un peu plus de temps à vous consacrer. Je suis plus ou moins expert en la matière, vous savez. Ça fait trente-cinq ans que je potasse la Bible. Ce bal est une vraie corvée. Je suis secrétaire du comité. On me nomme secrétaire de tout et n'importe quoi, je n'ai plus assez de temps pour mon vrai job. [Il jette un œil à sa montre.] Oh ! là, il est tard. Vite, rendez-moi le balai. »

Il reprend le balai et je me retrouve de nouveau dans mon trou. Mais quel bonheur, ces quelques minutes de soleil. J'imagine que c'est à lui que je les dois.

Ma cellule débouche sur une cour minuscule, encore plus que ma cellule. Elle est reliée au passage principal, sur lequel donnent les autres cours – toutes plus petites les unes que les autres – par une porte épaisse. Cet après-midi, pour l'heure de la promenade, ils m'emmènent dans la cour contiguë aux cellules des prisonniers de droit commun blancs. Tandis que je cours en rond, je remarque que les portes des cellules sont ouvertes. Aucune n'a de porte-cadenas, ce qui signifie qu'elles n'ont pas abrité de prisonniers de la loi des 90 jours.

« Vous avez vu ce qui est marqué au mur, là ? je demande à l'un de mes gardiens. Quelqu'un a écrit :

SI VOUS AVEZ BESOIN DE B...R RENDEZ-VOUS 279 SMITH STREET QUARTIER LANSDOWNE, DEMANDEZ ANNIE JUSTIN »

Les graffiti sont tout ce que j'ai à lire à part la Bible. Et je dois dire que certains sont assez drôles. Le surveillant s'approche pour voir.

« Hé, regarde un peu ce qu'un pauvre con a écrit ! s'écrie-t-il en afrikaans à son collègue, qui se précipite.

– Ah, oui, Annie Justin, dit-il, manifestement déçu. C'est la pute du quartier, elle est obèse. Je te la laisse. Elle bosse dans la maison avec un portail marron sur Smith Street. »

Il se retourne vers moi en me demandant ce que je pense de Wynberg. Je lui avoue qu'il va me falloir du temps pour m'y habituer.

« On est très stricts, ici. La moindre règle, faut que vous la respectiez. »

Il me regarde faire quelques tours de piste.

« Vous avez dû voir passer toutes sortes de prisonniers.

– Oui, oui, des médecins, des avocats, même des ministres. Moi aussi, j'ai failli finir au trou, pas plus tard que la semaine dernière. »

Je le trouvais lunatique et agressif ; là il serait presque aimable.

« Pour quelle raison ?

– Pour immoralité, parce qu'une *Coloured* a déposé plainte. L'affaire devait être jugée l'autre jour, mais le procureur a tout annulé. »

Je commence à être essoufflé, mais j'espère qu'il va continuer à parler.

« De toute façon, ici, on fait toujours tout de travers. Le commandant n'est jamais content. Si vous essayez d'organiser un roulement de nuit parce que vous sortez, il vous dit d'aller au diable. Comme ça, direct, “allez au diable”. Vous savez ce qui s'est passé l'année dernière ?

– Non, qu'est-ce qui s'est passé ?

– Ben, avec un gars, on était en mission de patrouille, et y a un médecin juif ici, à Wynberg, qui était parti en vacances. Il nous a demandé de surveiller sa maison pendant qu'il était pas là, et on s'est fait un point d'honneur d'y passer tous les jours. Quand il est rentré, il est venu au commissariat, il nous a fait appeler et il nous a offert une bouteille de whisky à chacun pour nous remercier. C'était pas longtemps avant Noël. Il était en train de poser les bouteilles sur le comptoir quand le vieux Snyman a déboulé. Vous savez ce qu'il a fait ?

– Non, quoi ?

– Il a foncé vers le comptoir et chopé les deux bouteilles en disant que c'était pour lui. Il ne nous en a même pas laissé une. Comme ça, il les a pris, hop ! C'est pas lui qui avait été surveiller la maison, c'est nous. Je veux dire, on s'était organisés pour y aller tous les jours. Le whisky était pour nous, pas pour lui, mais il a pris les deux bouteilles sans se gêner. »

Heureusement que je cours parce que ça m'évite d'éclater de rire. Je sens qu'il faut que je compatisse avec le pauvre agent.

« J'ai vu, oui, c'est pas quelqu'un de commode. J'imagine… prendre les deux bouteilles comme ça, alors que c'est vous qui aviez surveillé la maison… Avec moi aussi il s'est montré dur au début, quand je suis arrivé, mais, depuis, il s'est bonifié. Il vaut peut-être mieux être un de ses détenus qu'un de ses hommes. »

16
Converti

Je suis un public captif, au sens littéral. Tous les jours après le dîner, le commandant passe me faire profiter de son érudition et de sa profonde expérience du monde. Au début, il ne restait que quelques secondes, puis cinq minutes... Aujourd'hui, il nous arrive de discuter – plus exactement, il parle et je l'écoute – pendant au moins un quart d'heure. Il sait tout sur tout. Si je lui dis que j'aime le bridge, par exemple, il m'explique qu'il y a joué des années mais qu'il n'en a plus le temps – sinon il me proposerait une partie. Apparemment, il s'est aussi intéressé au communisme. Fut un temps où il lisait tout ce qui était publié sur le sujet, que ce soit pour ou contre. À mettre à son crédit, je suis sûr qu'il sait qui était Staline ; il est même possible qu'il ait déjà entendu le nom de Lénine.

Un jour, je lui avoue que j'en ai assez de la politique et que je serais curieux de l'entendre me parler de la Bible – il doit sûrement avoir plein de choses à m'apprendre. Quand il était jeune, il dévorait des livres de toute sorte. Hélas, aujourd'hui, il manque de temps et doit se contenter de lire la Bible et des romans-westerns. Quand il s'agit de se détendre, il préfère de loin un bon roman-western à ce pensum... Mais tout de même, s'il y a un sujet dont il est expert, c'est la Bible. Un texte inépuisable, précise-t-il. Il l'étudie depuis, disons... eh bien, ça dépend des jours. Tantôt, c'est depuis trente-cinq ans, tantôt depuis vingt ans. En tout cas, ça fait un bail. Dans la mesure où c'est le seul sujet qu'il admet ne pas entièrement dominer, j'en conclus qu'il doit être fort.

« Tout y est », me répète-t-il avant d'épiloguer avec sa voix râpeuse, s'arrêtant çà et là pour chercher ses mots.

En général, quand il parle de tout et de rien, il s'exprime dans un anglais assez correct. Mais quand il s'agit de la Bible, il réfléchit en afrikaans et traduit chaque mot.

« Un chrétien est un chrétien, et un juif est un juif. Le roi Solomo... comment est-ce qu'il s'appelle, déjà ? Si, c'est ça : Salomon a péché avec des païennes et ç'a été le début de la chute de la maison d'Israël. Même avant Salomon, Abraham s'était attribué Agar, qui n'était pas de la même race que lui. Leur fils, c'est Ismaël, qui est allé au sud, au pays de Koush, où il s'est mêlé aux descendants de Cham. Mais le père de Cham, Noé... comment il... oui, c'est ça : Noé était ivre et Cham l'a vu avec sa jupe relevée et a ri. À l'époque, les hommes portaient une espèce de jupe, pas des pantalons. En tout cas, Dieu n'a pas puni Cham, mais ses fils et les fils de ses fils. Et il y a eu des mariages mixtes entre les Ismaélites et les fils de Cham sur la terre de Koush. Aujourd'hui, c'est ce qu'on appelle l'Abyssinie. D'ailleurs, il suffit de voir les problèmes qu'ils nous créent. »

Il fait une pause pour s'assurer que je suis, puis reprend son cours. Je l'écoute, les bras croisés, ravi que quelqu'un me fasse la conversation, fasciné par l'interprétation qu'il fait de l'histoire de l'Afrique et curieux de voir comment il va poursuivre.

« Regardez les problèmes qu'ils nous valent aujourd'hui, avec leur congrès contre l'Afrique du Sud et tout ce bazar. Pendant la guerre, ils voulaient qu'on se batte pour eux. J'ai dit que je voulais bien me battre pour l'Afrique du Sud, mais pas pour l'Abyssinie. Le roi... comment il s'appelle, le roi d'Abyssinie ? Il dit qu'il est le fils de David, mais vous avez vu à quoi il ressemble ? On peut pas leur faire confiance. Ces gens sont des vipères. Prêts à vous poignarder dans le dos. J'ai grandi avec eux. On en avait même à la maison. Je veux dire, chez mon grand-père, il y avait une ferme, mais un jour les Britanniques l'ont confisquée et ont permis à des Hotnots[17] d'y dormir. Je les connais, ils vous poignardent dans le dos, ces vipères.

« Tout y est, je vous dis. Tout est dans la Bible. J'ai une ensiklopédie – comment ça s'appelle ? – ah oui, une encyclopédie qui explique tout ça très clairement. S'il y a quelque chose qui vous intrigue, c'est sûr que la réponse est dans l'encyclopédie. »

Le commandant manque peut-être de compagnie, lui aussi. Il a quatre-vingts hommes sous ses ordres, mais personne ne l'apprécie, c'est évident. De son côté, il ne cesse de me rappeler qu'il ne peut pas les lâcher deux secondes. Chaque fois qu'on vient me chercher pour m'interroger, il insiste pour que ma porte soit verrouillée, de peur qu'on ne vole mes affaires. Or, il sait bien que seule la police a le droit d'entrer ! Il lui arrive aussi de me parler de sa femme qui lui est loyale depuis des années, de ses filles et de ses fils. Deux d'entre eux ont plus ou moins mon âge. Il est très déçu par le plus jeune : bien qu'il ait grandi dans une famille chrétienne irréprochable, il passe son temps à « batifoler » à la fac. Cette année, il n'a même pas été autorisé à passer tous ses examens, faute d'avoir assez travaillé.

Un jour, le commandant me présente le chirurgien du district pour qu'il m'ausculte. Je suis en train de retirer ma chemise quand il lui demande d'examiner un furoncle sur ma poitrine.

« Vous pensez que ça lui ferait du bien de prendre un peu l'air ? » l'interroge-t-il.

Le médecin répond par l'affirmative avant de l'encourager à me laisser profiter du soleil pour que ma peau sèche. Les deux hommes s'en vont et j'entends la voix métallique du commandant dire au médecin qu'il n'est pas question de maltraiter les prisonniers dans son commissariat – si c'est ça, qu'on les envoie ailleurs.

17. Terme afrikaans méprisant, dérivé de « Hottentot », qui désigne les Noirs (*N.d.T.*).

Désormais, on m'autorise à aller dans la cour presque une heure le matin et une heure l'après-midi. C'est en fait une courette exiguë, qui doit faire à peu près les trois quarts de ma cellule. Elle est cernée de hauts murs qui m'empêchent de voir plus qu'un petit bout de ciel. Je suis toujours aussi seul, et, le week-end, je n'y ai pas droit. Mais quel bonheur de pouvoir sortir de ma cellule et profiter du soleil tous les jours. Ces deux heures apportent un peu d'ombre et de lumière dans ma vie, au sens propre et figuré.

J'ai remarqué que l'on continue à me donner le balai tous les jours. Je le pose contre le montant de la porte pour pouvoir l'attraper rapidement au cas où un officier supérieur passerait. Chaque fois que quelqu'un entre dans la cour quand je profite des heures de soleil, il me trouve en train de balayer avec application. Mieux vaut avoir une justification supplémentaire, même si les « ordres du médecin » suffisent à ce que la porte de ma cellule soit déverrouillée.

Le commandant semble flatté par l'attention que je lui accorde quand il devise sur le monde et sur la Bible, deux thèmes presque interchangeables chez lui. Un jour, par exemple, il se lance dans l'histoire des Samaritains.

« C'était un peuple de race mixte, ils avaient du sang juif, me dit-il. Ils étaient comme les *Coloured* en Afrique du Sud, ils posaient tout le temps des problèmes. Quand les Juifs sont arrivés à Canaan après avoir erré dans le désert, ils étaient épuisés, ils mouraient de faim et de soif. Le peuple sur lequel ils sont tombés avait de drôles de mœurs sexuelles. Les filles n'avaient pas le droit d'épouser quelqu'un de leur village ; il fallait qu'elles épousent un étranger. Quand les Israélites sont venus demander de la nourriture, les plus vieux ont ourdi un plan. Ils leur ont dit qu'ils leur donneraient de quoi manger à condition qu'ils leur envoient de jeunes hommes pour leurs filles. Les Israélites ont accepté. Ils mouraient de faim, les jeunes hommes avaient vécu une traversée du désert interminable, sans jamais se reposer. Les femmes israélites avaient été aguerries et endurcies par cette épreuve, alors que les jeunes filles de la région avaient la chair tendre. Les jeunes hommes d'Israël sont allés les voir dans leur village et ils ont fauté avec elles. C'est comme ça que les Samaritains sont nés. Après quoi, les Samaritains et les Israélites ont vécu côte à côte. Ils étaient sur la même terre mais ne se mélangeaient pas. Les Samaritains ont toujours donné du fil à retordre aux Israélites, mais c'était une punition de Dieu parce que les jeunes Israélites avaient cédé à la tentation en revenant du désert. »

Je pensais qu'il poursuivrait avec la parabole du bon Samaritain, mais son histoire s'arrête là.

J'ai aussi remarqué qu'un nouveau sujet a surgi dans nos échanges : l'histoire d'un livre passionnant, écrit par un Juif qui a été athée pendant quarante-cinq ans avant de découvrir l'histoire de la chrétienté. Il a été tellement impressionné, m'explique le commandant, qu'il a décidé de se convertir et d'écrire ce livre. Un parcours fascinant.

Un jour, le commandant me regarde droit dans les yeux et me lance :

« Vous savez, moi, je peux convertir personne. Seul Dieu peut convertir quelqu'un. En revanche, si Dieu le veut, il peut faire de moi son instrument pour convertir quelqu'un. »

Je l'observe en évitant de trahir la moindre émotion.

« D'ailleurs, poursuit-il, ça me rappelle une histoire que raconte notre pasteur. C'est vraiment quelqu'un de bien, notre pasteur. C'est un chrétien très pieux, mais aussi un homme très chaleureux, qui aime les blagues. Un jour, il marchait dans la rue quand il a croisé un type ivre, très sale, pas rasé, qui lui est rentré dedans en lui demandant : "Pasteur, est-ce que le pasteur se souvient de moi ?" Du coup, le pasteur le regarde et lui répond que non, il ne se souvient pas. "Le pasteur ne se souvient pas de moi ? insiste le type. Mais c'est le pasteur qui m'a converti il y a cinq ans." »

Le commandant éclate de son gros rire gras ; je comprends que son histoire est finie et je le remercie en souriant.

« Vous voyez, il n'y a que Dieu qui peut convertir quelqu'un. Nous, les êtres humains, on peut essayer, mais c'est Dieu qui décide ce qu'il advient de nous. On ne peut pas décider de notre sort. J'ai souvent été sauvé par Dieu. Quand j'ai failli être envoyé au trou à l'époque où je ruais dans les brancards, par exemple, c'est Lui qui m'a sauvé, ici même, au pied de la porte. J'ai vécu beaucoup de moments difficiles, mais j'ai toujours réussi à m'en sortir grâce à Dieu. »

Il tient aussi à me montrer que sa lecture de la Bible n'est pas datée. La preuve : il a lu beaucoup d'ouvrages de scientifiques modernes sur la Bible, surtout de... comment vous appelez ça, déjà ? Ah oui, d'archéologues, c'est ça... qui prouvent que la Bible avait raison.

« Évidemment, on ne peut pas dire qu'elle a raison sur tout. Quand ils l'ont écrite, à l'époque de Moïse, il y a des choses qu'ils ne savaient pas. Par exemple, d'après les gens qui ont écrit la Bible, le monde a été créé il y a pile 5 724 ans. Mais faut pas croire que cette date est exacte. Les gens ne savaient pas ce qu'on sait aujourd'hui. Les savants se sont penchés sur la question et sont arrivés à des conclusions vraiment intéressantes. Ils ont fini par découvrir que la Création, par exemple, a eu lieu au moins trois cents ans plus tôt que ce que dit la Bible.

« Les gens qui ont écrit la Genèse ont fait la liste des premières familles de l'humanité, mais ils ont oublié deux familles importantes. Ils ont confondu leurs noms et les ont cités plus tard en les mélangeant. En plus, faut pas oublier qu'à l'époque les gens vivaient beaucoup plus longtemps qu'aujourd'hui. Mathusalem, par exemple, a vécu presque mille ans. Vous voyez, faut faire attention à ne pas prendre la Bible au pied de la lettre. »

Désormais, j'ai avec moi sa fameuse encyclopédie – donc deux fois plus de matériel de lecture –, qui n'est autre que la traduction en afrikaans d'une encyclopédie biblique publiée par deux théologiens hollandais fondamentalistes. Je m'installe au soleil et la lis dans l'ordre alphabétique, paragraphe par paragraphe. Au rythme où je progresse, je devrais arriver à la lettre *L* dans un mois, et à la lettre *Z* à la fin de mon premier cycle de 90 jours. Je suis particulièrement attentif aux commentaires de la vie et des enseignements du Christ dont le commandant ne parle jamais. Quelle ironie ! Moi qui suis juif, je m'intéresse aux prophètes tardifs, notamment à Isaïe, et à la doctrine chrétienne de l'amour, alors que lui, qui est chrétien, est obnubilé par le nationalisme tribal et les rivalités féroces des Juifs de l'Ancien Testament. Il considère que les Israélites sont les précurseurs des Afrikaners, qui, après une longue traversée du désert, ont découvert une terre regorgeant de lait et de miel. Le risque, à ses yeux, c'est donc qu'à l'image des Juifs ayant fauté avec leurs voisines, les Afrikaners cèdent aux pressions extérieures et aux encouragements des plus faibles d'entre eux, et en viennent à adorer de faux dieux. Il prononce très rarement le mot « aimer », sauf quand il m'avoue : « Pourquoi faudrait-il que je vous haïsse sous prétexte que vous êtes un agitateur juif et communiste ? La Bible nous recommande d'aimer notre ennemi, non ? »

Si d'aventure ses supérieurs lui demandaient pourquoi il cherche à me protéger, il pourrait se justifier en s'appuyant sur l'autorité de la Bible. Il doit avoir un petit faible pour moi. Je suis sa mascotte, le détenu qu'il met en avant quand ses supérieurs passent pour une inspection. S'il le fallait, il pourrait rappeler qu'il est un bon chrétien et qu'il aime ses ennemis.

Un vendredi soir, il se montre encore plus enthousiaste que d'habitude. Le col de sa chemise est ouvert, ses longues jambes blanches dépassent de son short. Je remarque qu'il est pieds nus. Il se rapproche de moi quand je sens l'odeur de l'alcool.

« Tiens, donne-moi les clés, dit-il à l'agent qui l'accompagne. Tu peux retourner au bureau. J'y serai dans deux minutes. »

L'agent s'en va. Le commandant semble d'humeur diserte. Il voit que je regarde ses pieds.

« C'est bon pour mon pied d'athlète, dit-il. Le docteur m'a recommandé de marcher pieds nus le plus souvent possible. Vous saviez qu'on marchait pieds nus quand on était gosses ? Bon sang, on ne savait même pas ce que c'était que des chaussures. On aimait ça, on avait la plante des pieds dure comme du bois. Et vous, comment ça va ? Comme d'hab, je parie. On a fait un peu la fête cet après-midi, c'était le Bal des veuves et des orphelins. C'est fini, mais on a eu un monde fou. Je vais enfin avoir du temps pour travailler. Ils me nomment secrétaire de tout et n'importe quoi. Les officiers des quartiers généraux divisionnaires sont venus, il y avait largement de quoi boire. Vous voulez savoir si j'ai participé au bal ? Non, ça m'amuse pas beaucoup, ces sauteries. Les gens y vont pour picoler. C'est pas mon genre. »

Je me souviens des deux bouteilles qu'il a piquées et je ne peux réprimer un sourire.

« Non, je vous jure, je picole pas. Évidemment, à la maison, ça m'arrive de boire un verre ou deux, mais je vais jamais dans les bars. »

Il promène son regard sur ma cellule, s'arrête sur une bricole, puis me fixe. Je lui propose de s'asseoir et il se précipite sur mon lit, ses deux grandes cannes nues pendouillant au-dessus du sol en béton.

« Ouais, reprend-il avec sa voix métallique. J'ai failli finir au trou. C'était au début de la guerre. Ils ont essayé de nous enrôler, nous, les policiers, mais je leur ai dit que je voulais bien me battre pour l'Afrique du Sud, en Afrique du Sud, mais pas au-delà. Du coup, ils ont voulu me piéger. Ils ont envoyé un aveugle qui est venu me voir et m'a invité au pub. On a descendu deux ou trois verres quand, tout à coup, le type s'est redressé en criant : “Heil Hitler !” Et le lendemain, ils ont envoyé des policiers pour m'arrêter. Je leur ai demandé de s'adresser au barman. Je vous promets, j'ai été sauvé par un Anglais. Le barman était un Anglais, il avait été dans la police. C'était un ancien sergent, je l'avais connu à Kuruman. Ça remontait à quinze ans. Au bar, je lui ai dit : on se connaît, je crois ? Je suis très physionomiste. Je lui ai demandé s'il avait été sergent à Kuruman, et il m'a répondu que oui, mais comment est-ce que je pouvais le savoir ? Je lui ai expliqué que j'étais moi-même dans la police et qu'à un moment on m'avait envoyé là-bas – et que je suis très physionomiste. Quand la police est venue m'arrêter, je leur ai dit d'appeler le barman, un Anglais, un ancien de la police, qui leur a expliqué que ce qu'avait sorti l'aveugle n'avait aucun sens. Du coup, ils m'ont lâché. À partir de là, j'ai compris que la politique était une perte de temps et je me suis mis à lire la Bible. Je la lisais déjà, mais j'ai commencé à la lire comme il faut. Dieu m'avait envoyé un signe, j'en ai tenu compte et j'ai décidé de méditer sa parole. Depuis, je vis beaucoup mieux. À quoi ça sert, la politique ? Ils vous mènent jamais nulle part et ils vous entourloupent.

– Ça doit faire longtemps que vous êtes dans la police.

– Parfaitement, plus de quarante ans. La vie était dure quand j'étais gamin. Mon grand-père avait sept fermes. C'était un rebelle, et les Britanniques lui ont confisqué les sept. On n'avait plus rien. Je me souviens qu'il fallait qu'on trime le long des routes avec une pioche et une pelle. Avant la guerre, le Cap était une colonie séparée et mon grand-père était juge de paix. Le Cap avait même une police montée. Vous savez où mon grand-père leur disait d'aller ? À l'arrière. Parfaitement, et s'ils avaient quelque chose à lui dire, il fallait qu'ils fassent le tour. À l'époque, ils dormaient derrière avec les Hotnots. Mais après la guerre, les Britanniques ont confisqué toutes les fermes de mon grand-père parce que c'était un hors-la-loi. La vie était vraiment dure, on était pauvres comme Job. La police d'Afrique du Sud a été créée après la guerre, c'est là que j'y suis entré.

« J'étais payé dix livres par mois et je bossais dur, beaucoup plus que les gars aujourd'hui. N'oubliez pas que la vie était beaucoup moins chère. On avait un brochet de mer entier pour trois pence, alors que maintenant ça vaut six shillings.

« À l'époque, la police était dirigée par les Anglais, les Irlandais et les Écossais. Les Anglais détestaient les Irlandais, les Irlandais détestaient les Écossais, les Écossais détestaient les Anglais, et ainsi de suite. Mais il y a une engeance que tous détestaient, c'était les Afrikaners. Chaque fois que je demandais quelque chose au sergent anglais, il n'avait qu'un mot. Il me disait d'aller me "faire f...". Comme ça, direct. S'il y a une expression que vous n'entendrez jamais dans ce commissariat, c'est "va te faire f...". Je me souviens d'un autre sergent. Il ne savait pas lire. Il fallait qu'on lui rédige ses rapports. Je vous promets : il était sergent et, nous, on était juste agents, mais il n'était pas capable de rédiger un rapport. Tout ce qu'il faisait, c'était nous injurier. Un jour, il y avait un mariage chez des *Coloured* dans le district six. Je veux dire : c'était un couple très respectable, des gens bien, pas comme d'autres. On a envoyé deux agents sur place pour jeter un œil, s'assurer qu'il n'y avait pas de problèmes et donner un coup de main pour la circulation. Les gens leur ont dit : "Prenez un verre", puis ils leur ont mis un chapeau en papier sur la tête et leur ont proposé des petits sandwiches. Pendant qu'ils mangeaient avec leur chapeau sur la tête – c'était la fin de la fête, il n'y avait plus qu'eux et les derniers invités –, le sergent s'est pointé. Il n'était pas fichu d'écrire un rapport, mais il les a renvoyés tous les deux illico, comme ça, parce qu'ils avaient été gentils. »

Je hoche la tête en signe de compassion.

« C'était franchement dur à l'époque pour nous, les Afrikaners. Par exemple, j'ai passé mes examens de sergent et j'ai été recalé. J'ai repassé l'examen, et j'ai encore été recalé. Du coup, j'ai rouspété ; si vous voulez quelque chose, il faut pas avoir peur. Moi, j'avais pas peur d'eux. J'ai envoyé un télégramme à la Commission des examens. Ils m'ont répondu qu'il fallait que j'envoie un nouveau télégramme en disant que j'étais satisfait. J'ai dit non : j'ai déjà envoyé un télégramme, je veux avoir ce que je mérite. Je me souviens d'un autre gars qui a passé le même examen ; son point fort, c'était l'anglais. Ils l'ont aussi recalé en anglais. J'aurais compris si ç'avait été dans une autre matière, mais là où il excellait... Alors ils m'ont nommé sergent des services spéciaux, comme ils disaient à l'époque. Après la guerre, en 1947, j'ai repassé l'examen, j'ai encore été sacqué. L'année suivante, le Parti national est arrivé au pouvoir ; je pensais que les choses allaient s'améliorer. Mais j'ai vite déchanté. Ils m'ont de nouveau recalé. Les gens qui étaient promus étaient des

OB[18], les mecs qui ont perdu la tête pendant la guerre, qui coupaient des fils et faisaient sauter des engins. C'est là que j'ai arrêté de m'intéresser à la politique et que je me suis tourné vers la Bible.

« Les choses ont commencé à évoluer. Ils m'ont confié un nouveau commissariat de police, modeste, dans la banlieue de Milnerton. J'avais quatre hommes sous mes ordres. Quand je suis parti, j'en avais seize. Ici, aujourd'hui, il y a quatre-vingts Européens. Quand je suis arrivé en 1953, il n'y en avait que trente-cinq et aujourd'hui, j'en ai quatre-vingts sous mes ordres. Il faut les avoir à l'œil. Il faut être strict et leur donner des instructions. C'est de la mauvaise graine. J'ai dépassé l'âge de la retraite ; j'aurais pu la prendre l'année dernière, le jour où j'ai eu cinquante-cinq ans. Mon frère, c'était le brigadier Snyman, il supervisait onze districts. Il m'a conseillé de ne pas bouger. Si tu déménages, il faut chaque fois que tu paies pour ta maison. Non, vaut mieux que je reste commandant de poste. En plus, ç'a beaucoup d'avantages d'être commandant.

« Je connais très bien la région. Je suis responsable ici depuis dix ans. Je suis intègre. Mes copains sont à quatre-vingts pour cent United Party, figurez-vous[19]. Anglais, Juifs, Indiens, Natifs, *Coloured*... ils viennent pour moi de toute la région. Si je voulais réunir mille livres, je les aurais demain. Je vous jure, je pourrais les avoir en claquant des doigts, comme ça. »

Il s'étire en bâillant. Même son bâillement est dur et râpeux. « Ya-ya-ya-ya », laisse-t-il échapper.

« La journée a été longue. Il est temps que j'aille me coucher. C'est l'heure. Vous avez tout ce qu'il vous faut ? »

Il plante ses deux pieds dans le sol, écarte ses orteils blancs et mous. Mais à peine est-il debout qu'il perd l'équilibre. Je tends la main pour l'aider, mais, au dernier moment, il s'accroche aux

18. De l'afrikaans, *ossewa brandwag* (« sentinelle des chariots à bœufs »). L'OB était une organisation néonazie anti-britannique, qui fut responsable de sabotage pendant la guerre de 1939-1945.

19. L'United South African National Party, ou United Party, a été créé en 1934 et dissout en 1977. À partir de 1948, ce fut le principal parti d'opposition au Parlement (*N.d.T.*).

couvertures et arrive à se redresser. Je me souviens qu'un jour, il m'a dit qu'il souffrait d'hypotension quand il se relevait en jouant aux boules. Et si je le renversais et que je lui arrachais les clés ? Mais qu'est-ce que je ferais s'il s'évanouissait ? L'idée me traverse brusquement l'esprit : il est peut-être gravement malade. Je foncerais dehors, j'appellerais sa femme et je filerais par une petite ruelle. Non, je ne filerais pas. J'attendrais que l'ambulance arrive. Je leur dirais que j'aurais pu m'évader, mais que cet homme est malade et que j'ai préféré lui sauver la vie. Après tout, à sa façon – certes maladroite – et en dépit de sa rudesse initiale et de sa volonté de me convertir à ses croyances insensées, il a fait preuve de plus d'humanité que les autres. Pas seulement à mon égard, mais aussi envers Esme, qui m'a précédé dans cette cellule avant d'être libérée, et envers les détenus non-blancs. Je l'ai compris grâce aux bribes d'information qu'il lâche ici et là. Non, je ne pourrais pas le renverser et l'enfermer ici. Tout à coup, je tends un bras pour le soutenir. Il marmonne je ne sais quoi sur sa putain d'hypotension – je vois qu'il a peur – et je le rassure : il faut qu'il se repose, sa journée a été dure.

« Bonsoir », grogne-t-il en verrouillant ma porte avant de fermer le cadenas.

Il traverse la courette et arrive jusqu'au couloir, puis boucle la porte de la cour. Ses pieds nus glissent sans bruit, mais j'entends ses clés qui tintinnabulent au rythme de ses mouvements. Le tintement diminue, jusqu'à ce qu'il disparaisse du côté de son bureau. Je distingue encore le timbre de sa voix de haut-parleur. Il doit être en train de donner des instructions à la sale engeance qu'il a sous ses ordres.

Deux heures plus tard, je suis assis sur mon lit, attendant qu'on éteigne, quand j'entends la porte du couloir s'ouvrir, puis le cadenas de ma cellule. J'aperçois alors un homme au visage rougeaud, grand, avec un pull bleu aux mailles épaisses, un short et des jambes musclées, qui s'approche.

« Bonsoir, je suis l'adjudant Van der Merwe, dit-il en me tendant la main, tout sourire. Comment allez-vous ? Je suis l'un des responsables chargés de surveiller le commissariat. »

Je lui serre la main en me demandant quel bon vent l'amène. Lui aussi sent l'alcool. Il a beau être affable, je sens qu'il y a anguille sous roche.

« Au fait, je crois que l'adjudant Snyman est passé vous voir dans la soirée. Il paraît qu'il est resté seul avec vous un certain temps. C'est vrai ? »

Je n'y peux rien si quelqu'un a envie de bavarder avec moi. Mais maintenant je comprends, ce n'est pas à moi qu'il en veut, c'est à M. Snyman.

« Il est resté un petit moment, oui.

– Très bien. Mais il était seul avec vous, si je ne m'abuse ?

– Vous devriez lui poser directement la question.

– C'est tout ce que je voulais savoir. Vous ne niez pas qu'il était avec vous. Au revoir.

– Vous pourriez avoir la gentillesse d'éteindre après avoir fermé ?

– Les hommes qui sont de garde s'en chargeront. Bonne nuit. »

La porte est verrouillée. Il s'est volatilisé.

Le lendemain, comme chaque samedi, le colonel quitte son quartier général divisionnaire pour venir inspecter le poste. Une heure avant, le commandant passe pour voir si tout est en ordre. Chaque fois qu'une visite s'annonce, je range ma cellule pour qu'elle soit le plus austère possible. Si c'est le magistrat qui vient, le commandant est ennuyé parce qu'il tient à montrer qu'il s'occupe bien de moi. En revanche, quand c'est le colonel, plus ma cellule est dépouillée, mieux c'est, parce qu'il s'agit de montrer qu'il ne me chouchoute pas. Mon petit doigt me dit que le colonel se fiche de savoir si je suis plus ou moins bien traité. Il ne veut surtout pas que les types de la Security Branch pensent que j'ai droit à un traitement de faveur.

Ce matin, dès que le commandant entre, je sens que son attitude est différente. Il est particulièrement poli, presque formel. Et en uniforme, casquette comprise.

« Il y a eu un peu de grabuge, grommelle-t-il. [Il évite de croiser mon regard et arpente nerveusement la cellule en fixant son attention sur des babioles qu'il déplace ici et là.] Il y a un gars qui a porté plainte derrière mon dos. Il affirme que j'étais seul avec vous ici. »

Je lui fais part de la séquence de la veille, en précisant que je lui ai dit d'interroger directement M. Snyman.

« Je suis content que vous lui ayez répondu que j'étais resté peu de temps. J'ai dit au colonel que, vu mes quarante ans de bons et loyaux services, j'étais au-dessus de tout soupçon. Il y a des gars qui sont censés être des collègues et qui n'en loupent pas une pour me poignarder dans le dos. Ils sont jaloux, ils pensent qu'ils ont intérêt à rapporter. Je n'ai pas peur d'eux. Si vous avez la trouille alors que vous êtes dans la police, vous ne risquez pas d'aller bien loin. Depuis le temps, j'en ai connu des coups bas, mais j'en suis toujours sorti la tête haute. Je ne suis pas inquiet. Heureusement, j'ai aussi des gars qui sont loyaux. Hier soir, un des sergents m'a dit qu'ils avaient cafté, j'étais au courant.

– Comment a réagi le colonel ?

– Il a dit qu'il me connaissait depuis des lustres. C'est quelqu'un de bien, le colonel, ça ne lui viendrait pas à l'idée de me soupçonner.

– Ce qui signifie que vos visites ici n'ont aucune importance ?

– Le colonel me fait confiance, il l'a confirmé lui-même. Ces jeunes n'ont pas à me dire ce que je dois faire ni quels sont mes droits. Le commandant, ici, c'est moi, je suis chargé de passer vous voir tous les jours. »

Ses propos ont beau être sévères, le ton sur lequel il les prononce est parfaitement plat. J'imagine que le colonel lui a affirmé que sa fiabilité n'était pas en cause, mais qu'il était tenu de donner l'exemple et d'être accompagné. Soudain, je me rends compte qu'il est venu avec un policier *coloured*. Il parle toujours plus librement quand il est accompagné par un non-Blanc, comme s'il savait qu'il ne serait pas dénoncé. Quelles que soient ses théories raciales exécrables, il est évident qu'il a des relations plus chaleureuses avec la police non-blanche qu'avec la police blanche. Est-ce parce que les non-Blancs sont habitués à ce qu'on les invective et pardonnent plus facilement ?

Nos échanges quotidiens doivent prendre fin. Il y a une semaine, j'aurais eu autant de chagrin que si j'avais perdu un de mes membres. Aujourd'hui, je sens qu'il m'a dit tout ce qu'il avait à me dire. Il m'a fait part de ses opinions politiques et m'a parlé de la Bible, de sa famille, de la police – je suis sûr qu'il a épuisé son savoir. L'entendre une fois a quelque chose de fascinant, mais le réentendre je ne sais combien de fois ? Ce serait pire que l'isolement carcéral.

Le commandant s'en va et revient une heure plus tard avec le colonel. D'habitude, il se montre enjoué et chaleureux avec son supérieur, n'hésitant pas à faire le tour des cellules comme on fait le tour du propriétaire. Aujourd'hui, les deux hommes sont muets et abrupts, et la visite est très vite pliée.

17
La loi

Tous les après-midi, du lundi au vendredi, ça recommence. Le samedi, je ne l'entends qu'à midi, mais le dimanche, il n'y a plus un bruit, le commissariat est plongé dans un silence de mort. Le soleil glisse le long d'un pan de mur en pente, traverse le petit carré de bitume puis remonte la paroi de l'autre côté. La cour est brûlante, on dirait un immense conduit de cheminée rougeoyant après un feu. J'ai rentré mon matelas pneumatique et mes couvertures dans ma cellule et je fais les cent pas en attendant que le supplice débute. J'ai moins de mal à le supporter si je suis debout et que je bouge.

Le dernier fourgon pénitentiaire a quitté la cour d'expédition avant de se fondre dans le silence du monde du dehors ; la prison retient son souffle. Des portes claquent dans différentes parties du bâtiment, des bruits de pas et des voix convergent dans le passage situé derrière le mur de ma courette. Un raclement strident résonne, sans doute un banc qu'on déplace. J'entends une série de noms convoqués sèchement, dont chacun est ponctué d'un *« Ja, baas*[20] *»* à peine audible. Puis un dernier nom et un silence de mort.

20. « Oui, patron » en afrikaans. (*N.d.T.*)

Quand, soudain, une cacophonie de cris et de rires retentit. C'est parti : un claquement, suivi d'un hurlement. La voix d'un gamin tétanisé s'élève et se mue en un cri strident qui retombe avant de se fondre en une série de glapissements suppliants, presque hystériques. Non seulement je l'entends à travers le mur, mais le hurlement est redoublé et déformé par un drain, comme s'il provenait des entrailles de la Terre. Le drain est relié au passage par un large conduit qui concentre les bruits les plus forts et les répercute dans la cour. Si bien que le hurlement du gamin m'arrive de deux côtés, créant un son stéréophonique insupportable. Son cri de bête aigu est partiellement noyé par des vociférations et des éclats de rire gras masculins. Mes doigts se crispent et je suis pratiquement en train de courir pour essayer de contenir ce concert de douleur, de supplications, de moquerie et de cruauté qui m'assaille. Vlan ! Le cri se mue en un hurlement déchirant. Vlan ! Les coups commencent à pleuvoir. Vlan ! Vlan ! Le rugissement se fige en un long spasme de supplicié, souligné par des saccades de rires tapageurs. Vlan ! Je suis incapable de faire la sourde oreille, c'est plus fort que moi. Tous les jours, le monde accouche de nouvelles formes de cruauté, et je suis enchaîné ici comme si je devais en témoigner. Vlan ! Vlan ! Les coups cessent et le hurlement se réduit à un long hoquet pitoyable. J'imagine le dos déchiqueté et en sang du pauvre garçon qui vient d'être battu, ses mains tremblantes et saisies de convulsions au moment où il essaie de remonter son pantalon. Une fois de plus, la société cherche à inculquer à un adolescent l'idée qu'il est tenu de respecter la personne et les droits d'autrui.

Le magistrat, qui passe une fois par semaine pour me demander si j'ai des doléances, se moquerait de moi si je lui disais que j'ai une plainte très sérieuse à déposer : tous les après-midi, trois ou quatre mastodontes débarquent avec des adolescents de 8 à 18 ans et les rouent de coups. Ils sont tellement violents que, lorsque je sors pour la promenade, je découvre des bouts de gourdin éparpillés par terre. Vous êtes avocat, me répondrait le magistrat, vous devez savoir que la police exécute les peines imposées par les juges, lesquels sont eux-mêmes les porte-parole de l'ensemble de la société civilisée et ordonnée. Comment osez-vous parler de cruauté, ajouterait-il, alors que c'est la loi qui veut que ces jeunes garçons soient fustigés ? Ils ont transgressé la loi sans laquelle il ne saurait y avoir de civilisation. En outre, il vaut mieux qu'ils soient battus qu'envoyés en prison ou en maison de correction.

Je serais obligé de reconnaître que, la plupart des prisons et des maisons de correction étant ce qu'elles sont, ce n'est pas tout à fait faux. Le jour où il passe, je lui dis simplement ce qui suit :

« Être enfermé ici a au moins un avantage : j'ai une vision complète de ce que signifie le droit. Vous savez, nous, les avocats, nous ignorons souvent ce qui arrive à nos clients avant et après le tribunal. Désormais, j'en sais un peu plus sur la machine juridique, même si je le paie très cher. »

Le magistrat m'écoute en souriant. J'ai intérêt à ne pas être trop direct, mais voilà ce que j'aimerais lui avouer : je ne suis pas mécontent d'avoir découvert l'envers du droit. J'estime que les avocats et les officiers de justice devraient passer au moins un week-end dans une cellule avant de pratiquer et d'appliquer la loi. Le tribunal ne montre que le visage avenant du droit. Même au tribunal, ce visage peut être affreux, mais il n'est jamais aussi hideux qu'ici, au fond du trou. Quatre-vingt-dix-neuf pour cent des avocats seraient choqués s'ils avaient du droit l'expérience qu'en ont la plupart des prisonniers sud-africains. En outre, les magistrats et les juges feraient preuve de plus de clémence s'ils savaient ce qu'impliquent concrètement les peines qu'ils infligent. Pour la plupart des prisonniers, le temps passé au tribunal n'est rien par rapport à celui qu'ils passent derrière les barreaux. Les représentants de la loi telle qu'ils la subissent ne sont ni les juges, ni les magistrats, ni les avocats, ni les procureurs, ce sont les policiers et les gardiens de prison. Le tribunal représente une partie importante du droit, c'est même un de ses organes vitaux, mais le cœur du système, c'est le commissariat et la prison. Quoi qu'en disent les théoriciens, pour l'immense majorité des gens qui sont directement affectés par la loi, celle-ci est un instrument de coercition et de punition. Ses représentants sont perçus comme des vecteurs de vengeance inhumains. Bien sûr, les policiers ont chacun leur tempérament, mais, de manière générale, leur comportement est consternant. Ceux qui sont chargés des détenus en attente de jugement semblent partir du principe qu'en vertu de leur position, ils sont en droit d'exiger d'eux une soumission absolue. Ils supposent en outre que l'on n'arrête que des personnes coupables. Si un prisonnier « s'en sort », c'est qu'on n'a pas réussi à réunir suffisamment de preuves contre lui ou que son avocat est fourbe. À leurs yeux, tous les prisonniers méritent d'être punis ; ils partagent la responsabilité de ceux qui agressent et tuent des policiers ou de ceux qui s'évadent. Les policiers sont bons parce que ce sont des policiers ; les prisonniers, eux, sont mauvais parce que ce sont des prisonniers.

Je ne peux évidemment rien avouer au magistrat, mais si un jour je suis libéré, j'expliquerai à mes confrères comment les détenus voient le droit. Et encore, ma description sera en deçà de la réalité. Comment leur transmettre l'effet que produisent le toucher granitique des murs et du sol, l'indignité de dépendre entièrement de la police, le murmure stoïque des fournées de prisonniers que l'on ballotte, les ordres cinglants des surveillants, et, pire que tout, les cris de terreur et d'angoisse des gamins que l'on cravache ou les hurlements des nouveaux détenus débarqués *manu militari* ?

Ce qui me permet de sonder la prison et de rester en contact avec la vie extérieure est mon ouïe. Dans le monde normal, notre champ de vision est plus large que notre champ auditif, mais, ici, c'est différent. Mon champ de vision dépasse rarement deux ou trois mètres, alors que je distingue des sons qui viennent de l'autre côté des murs. Le matin, par exemple, arrivent les fourgons des commissariats de deuxième ordre. Les prisonniers sont déchargés et livrés comme des miches de pain, puis triés en fonction de la salle d'audience où ils comparaîtront. L'appel se fait à partir d'une liste sur laquelle chaque nom doit être coché. Hommes blancs, femmes blanches, hommes non-blancs, femmes non-blanches : un par un, chaque nom retentit. Les portes s'ouvrent et se ferment en claquant. Les prisonniers se déplacent suivant tel ordre, se figent suivant tel autre. On dirait que la police leur insuffle la vie en hurlant. Tous les matins, sauf le dimanche, le rituel reprend. Je ne vois personne, mais j'entends les mêmes bruits. Chaque jour apporte de nouveaux contingents de détenus. Pourtant, si je m'en tenais à ce que j'entends, ce serait éternellement les mêmes, comme une mascarade sinistre. Je ne vois personne, je ne perçois que des sons qui se répètent, telle une longue parade militaire qui reprendrait tous les matins.

L'après-midi, le processus recommence, mais dans le sens inverse. Les ordres sont hurlés un peu plus fort et le flot des prisonniers est plus tumultueux : les officiers ont hâte d'en finir et de rentrer chez eux. Les détenus qui émergent des tunnels situés sous les salles d'audience, triés en fonction de leur sexe, de leur race et du verdict, qu'ils soient coupables ou en attente de jugement, sont répartis dans des fourgons prêts à partir pour la prison centrale de la ville.

Ensuite, il y a le passage à tabac des adolescents. Peut-être faut-il que je me réjouisse de ne pas entendre celui des adultes, qui sont flagellés ailleurs. En moyenne, quatre ou cinq gamins reçoivent six à huit coups chaque jour. Toutes les semaines, trente-cinq garçons ont droit à cent cinquante coups. Cela fait des centaines de coups par mois, plusieurs milliers par an. Certains jours, les adolescents serrent les dents et encaissent, stoïques. Mais la plupart du temps, les coups donnent lieu à des hurlements et à des gémissements qui font froid dans le dos. Tout dépend de la première victime : s'il endure la douleur en silence, les suivants font de même ; s'il hurle, tous ses camarades hurlent. Souvent, pendant les raclées, les policiers s'esclaffent. Sont-il plus amusés par les convulsions des adolescents terrorisés ou par les triques qui cassent ? Je ne le saurai jamais. Tantôt, les victimes comptent chaque coup en braillant.

Tantôt, ils implorent d'une voix désespérée qu'on les épargne. Parfois, ils poussent le même cri de douleur à chaque raclée – *Eina ! Eina ! Eina ! Eina ! Eina !*[21] Mais, le plus souvent, c'est un long cri de bête, comme si la violence de la punition les dépossédait de toute retenue et faisait ressurgir en eux une terreur brute, infantile, presque animale. L'expression de la douleur contribue sans doute à la soulager. Mais les hurlements continuent à vibrer dans mon esprit longtemps après la fin de chaque séance.

Plus tard dans l'après-midi, une fois que tous les prisonniers ont été répartis et avant que les nouveaux arrivent, on m'escorte le long du passage pour l'heure de la promenade. C'est le moment le plus calme de la journée. Les cellules sont vides, les gardiens sont assis en train de manger des sandwiches et de boire un café dans leur Thermos. Je n'entends que le léger frottement de mes pieds quand je cours. Un long banc borde un mur du couloir. Des morceaux de trique sont éparpillés par terre. J'aperçois une liasse de papiers comprenant des listes de noms. Chaque mouvement de chaque prisonnier est consigné dans un tableau reproduit en deux ou trois exemplaires – ou, plus exactement, chaque prisonnier est déplacé suivant les entrées figurant dans ces tableaux. J'admire l'efficacité de la bureaucratie. Il y a je ne sais combien d'années que les officiers de service au tribunal comptabilisent, déplacent, trient et houspillent les détenus. Ils ont atteint un niveau de rationalisation que leur envieraient nombre d'usines de voitures, de meubles ou de produits alimentaires. Comme tous les travailleurs, ces officiers ont des jours avec, où ils répartissent les prisonniers en un tour de main, et des jours sans, où tout est ralenti. Désormais, ils sont habitués à ma présence et certains, surtout ceux qui m'ont vu plaider, se montrent plutôt aimables avec moi. L'un, plus âgé, se plaint de son arthrose, un autre me salue par un « Belle journée, non ? », qu'il pleuve ou qu'il vente. Qui sont ceux qui hurlent sans cesse ? Je ne le saurai jamais – pas plus que ceux qui supervisent et donnent les coups.

21. « Aïe » en afrikaans (*N.d.T.*).

Les visages que je croise sont ceux de gens ordinaires, aux prises avec les petits tracas de la vie. La plupart doivent être respectés et parfaitement corrects quand ils sont en famille ou avec des voisins. Chacun est sûrement persuadé d'être quelqu'un de bien, et chacun a sûrement en mémoire un incident de carrière qui prouve à quel point il est bon.

Après le dîner, les cellules commencent à se remplir. La police partie patrouiller revient avec des filets de captifs, comme des pêcheurs d'hommes. La plupart des prisonniers se résignent à leur sort sans broncher, mais certains résistent à l'enfermement bec et ongles. Des corps hurlant et s'égosillant sont traînés le long des passages et transbahutés d'une porte à l'autre. Des bruits sourds retentissent, qui doivent être des coups de poing ou des coups de pied. Certains prisonniers poussent des rugissements hystériques du bureau du commandement jusqu'à leur cellule, et continuent une fois enfermés. Ils cognent contre leur porte jusqu'à ce qu'ils soient épuisés, désespérés, prêts à l'impossible, en vain, pour qu'on les relâche. Le vacarme suit le même mouvement : un déchaînement staccato au début, de longs coups sonores, une coda faite de battements saccadés, puis plus rien. Le silence dure une demi-heure, le temps que la victime reprenne assez de force pour qu'une nouvelle vague de désespoir le précipite contre la porte. Les séries de battements se poursuivent tard dans la soirée, jusqu'à ce que le détenu soit trop épuisé et s'écroule de sommeil. Le droit, lui, ne s'écroule jamais. De même que les femmes donnent naissance à des nourrissons à toute heure du jour et de la nuit, la police ramène des prisonniers vingt-quatre heures sur vingt-quatre. La roue de la justice n'arrête jamais de tourner.

La proximité des salles d'audience et le fracas du va-et-vient des prisonniers me font prendre la mesure de la violence du sort que l'on m'inflige. Les détenus ont beau être constamment injuriés et violentés, chacun sait que, dans les quarante-huit heures qui suivent son arrestation, il devra comparaître devant un tribunal, qu'il pourra faire appel à un avocat s'il peut se le permettre, qu'il ne pourra être condamné qu'en vertu d'un chef d'inculpation spécifique, étayé par des preuves, et ainsi de suite.

Prisonnier de la loi des 90 jours, je suis exclu de la procédure judiciaire. Les salles d'audience ont beau être à vingt ou trente mètres de ma cellule, j'y ai encore moins facilement accès qu'un assassin, un violeur ou un cambrioleur arrêté vingt kilomètres plus loin. Je vis dans une zone de non-droit très étroite. Et dire qu'elle doit son existence au droit ! De fait, la loi stipule que la police peut me soustraire au champ d'application de la loi et me garder sous son contrôle personnel aussi longtemps qu'elle le souhaite. En m'internant sans en appeler au droit, la police se contente donc d'appliquer la loi. On ne saurait mieux définir la tyrannie. Le fait que je sois avocat ne compte guère, mais cela ajoute du piquant à la situation. Quelle ironie ! J'en arrive à me dire que le droit n'est qu'une façade qui cache la tyrannie. Laquelle est un fait, le droit étant une illusion. Je suis condamné à l'isolement par une puissance supérieure. Si je suis relâché, ce sera donc parce que cette puissance aura compris qu'elle a plus à perdre à me garder sous les verrous qu'à me libérer. Seule la pression, du monde extérieur et de l'intérieur de l'Afrique du Sud, peut l'obliger à me relâcher. À certains égards, pourtant, je suis mieux loti que la plupart des détenus, parce que je suis en droit d'attendre que l'on fasse pression en mon nom. Je peux faire confiance à mon père pour qu'il intervienne depuis Londres, et, au Cap, on me connaît dans des cercles libéraux et progressistes relativement larges, ainsi que parmi les journalistes et les juristes. Les juristes, justement : se mobiliseront-ils ? Le Conseil de l'ordre a adopté une excellente résolution condamnant la clause des 90 jours, mais trop tard, elle avait déjà force de loi. Un de ses membres a été enlevé à son cabinet en vertu de cette loi. Se mobiliseront-ils pour moi ? Ou trouveront-ils un prétexte pour éviter d'avoir à affronter le ministère ? J'ai bien peur qu'ils choisissent la seconde option.

Au tout début de ma détention, j'ai pu recevoir quelques visites de l'extérieur. Le deuxième jour, un jeune avocat a été autorisé à venir pour que je l'aide à répartir et à transférer plusieurs dossiers dont j'étais chargé. C'était une visite professionnelle, mais il a pu relever les éléments les plus marquants des conditions de vie qui me sont imposées. Deux jours plus tard, un collègue et ami a eu la permission de passer pour que je prenne des dispositions au sujet des honoraires qui m'étaient dus, à moi, à mon cabinet et à d'autres. Son passage m'a légèrement réconforté. À propos du Conseil de l'ordre et de la position qu'il allait adopter, il m'a assuré qu'un de nos confrères plus âgés, qui avait récemment « pris la soie », irait à Pretoria où il se ferait un honneur d'en parler au ministre[22]. De son côté, mon collègue qui a l'oreille du ministère s'est entretenu en tête-à-tête avec le ministre avant de rentrer au Cap en affirmant qu'il lui avait promis de suivre mon dossier à titre personnel. Je connais suffisamment bien le ministre, m'a certifié mon ami, c'est un homme qui tient parole. Que je suis bête d'avoir cru que je pouvais compter sur mes confrères. Pour eux, le droit signifie avant tout une carrière bien rémunérée, éventuellement couronnée par un poste de juge. Je connais évidemment d'excellents techniciens que leur travail passionne. Mais combien sont-ils à avoir une vraie vocation pour la justice, sans laquelle le droit n'est qu'un ensemble de règles, un jeu, voire une parodie ? Combien sont prêts à se battre pour préserver la profession, à la soutenir en tant que corps indépendant, un corps dédié à la défense de ceux qui ont besoin d'être défendus et qui ne se laisse pas impressionner ? Ce n'est pas pour moi que cela me désole, même si j'ai hâte de sortir, c'est pour ma profession. Il suffirait qu'ils demandent que je comparaisse devant un tribunal ou que je sois libéré. Ils n'ont pas besoin d'adopter la même ligne politique que moi ni de me déclarer innocent.

22. L'expression vient, à l'origine, du droit britannique, pour lequel un avocat nommé « conseiller de Sa Majesté » portait une robe en soie (*silk*) (*N.d.T.*).

Inculpez-le ou libérez-le : c'est tout ce qu'ils ont besoin de dire. S'ils l'exigeaient publiquement, le ministère serait affreusement embarrassé et aurait du mal à me garder pour une durée indéterminée. Au lieu de quoi, ils ont choisi la lâcheté.

Autant le manque de réactivité de mes confrères me déçoit, autant les magistrats qui passent régulièrement me voir se révèlent étonnamment compréhensifs. Le premier, à Maitland, était tellement distant et peu concerné qu'il en devenait cruel. Depuis, j'ai droit à la visite d'un haut magistrat une fois par semaine. Ceux qui sont venus jusqu'ici m'ont déjà vu intervenir au tribunal, et je devine chez eux une forme de bienveillance. Nos entretiens sont extrêmement brefs, d'une ou deux minutes, et le ton est très formel et très correct. Mais je sens qu'en leur for intérieur ils se disent : « heureusement que je ne suis pas à sa place », « c'est pas un mauvais bougre », « il s'est toujours bien comporté quand j'étais président de cour », « ça ne va pas être génial pour sa pratique », « ça doit être dur pour sa famille ». Il est même probable qu'un ou deux parmi eux aient de l'empathie pour les détenus non-blancs. Peut-être qu'inconsciemment ils ont du mal à admettre l'usurpation de leur autorité que sous-entend la détention sans procès. Cela dit, l'isolement est tellement inhumain et contre-nature qu'il faut vraiment être particulièrement aguerri pour ne pas éprouver de la sympathie pour nous. Même les policiers ordinaires, qui apprennent à taire leurs émotions, font parfois des remarques qui montrent qu'ils réprouvent la loi des 90 jours.

Il y a deux semaines, un magistrat m'a fait un commentaire intéressant. C'est un type petit, avec un crâne chauve et jaune, et un visage en longueur souvent figé par deux yeux qui louchent. Au tribunal, il est connu pour être impitoyable avec les avocats de la défense, et j'ai souvent eu des altercations violentes avec lui. De tous les magistrats qui sont venus me voir, ce fut le plus chaleureux. Il avait une voix douce, ses mots étaient réconfortants ; peut-être que sa férocité ne se manifeste qu'au tribunal. Ce jour-là, il m'a annoncé que ma requête avait été repoussée de quelques jours.

Quelle requête ? j'ai failli hurler. Je me suis contenté de hocher la tête, conscient que si je posais la question, il comprendrait que je ne suis pas censé être au courant. La semaine dernière et cette semaine, je lui ai demandé l'air de rien où en était la requête (si seulement je savais de quoi il s'agissait !), mais chaque fois il a esquivé la question. Hier, quand je l'ai interrogé, j'ai remarqué un échange de regard entre le commandant et lui. Je sens que quelque chose se trame, mais si c'est une requête, elle ne me vaut ni lait ni miel.

Un peu plus tard dans l'après-midi, la porte s'ouvre et vois entrer le commandant avec une feuille à la main. Il se racle la gorge avant de s'adresser à moi sur le ton sec et agressif qu'il avait au début :

« Quelqu'un est venu du tribunal et m'a donné cette ordonnance. Il a exigé que je vous la remette.

– Bonne ou mauvaise nouvelle ?

– Lisez-la et signez ici pour accuser réception. »

Il me remet le papier et je découvre un document officiel portant un sceau. J'y jette un coup d'œil nerveux. Mon nom figure en tête – quelle joie... –, *bénéficier... quantité raisonnable de matériel de lecture et d'écriture... frais*. Je viens d'obtenir gain de cause sans savoir que j'avais déposé une requête ! Je lis la suite, lentement. J'ai du mal à me concentrer. Je suis trop excité et j'ai perdu l'habitude du jargon des juristes. Comme j'ai été injuste avec mes collègues. Le droit comprend bel et bien une marge de manœuvre, même sous la tyrannie.

COUR SUPRÊME D'AFRIQUE DU SUD
(DIVISION PROVINCIALE DU CAP DE BONNE ESPÉRANCE)

Cap : mercredi 13 novembre 1963
Devant l'honorable juge Van Winsen et l'honorable juge Banks

(Merci, Louis, merci, Basil – je sais que vous agissez uniquement en tant que juges, mais quand même, merci, merci.)

Entre
ALBERT LOUIS SACHS
Requérant
Et
LE CAPITAINE D. J. ROSSOUW
De la police de sécurité du Cap
Répondant

Je continue la lecture :

Le mercredi 30 octobre 1963, après avoir entendu M. Snitcher Q. C. (merci, Harry) *et M. J. Aaron* (merci, Jack)*, conseillers juridiques du requérant, et M. Burger, Afrique du Sud, assisté de M. Kleynhans* (c'est d'accord, Alwyn, c'est d'accord, Ernst – il fallait bien que quelqu'un comparaisse contre moi, un conseiller a en outre le devoir d'accepter tout dossier qui lui est proposé, même impopulaire –, je ne vous en veux pas)

Avocat de la partie défenderesse ;
Ayant pris connaissance des documents versés au dossier
LA COUR a renvoyé l'affaire au 6 novembre 1963
PAR LA SUITE, le mercredi 6 novembre 1963
LA COUR A MIS L'AFFAIRE EN DÉLIBÉRÉ
PAR LA SUITE, ce jour,
LA COUR :
1. déclare que le requérant a le droit, lorsqu'il est détenu en vertu des dispositions de l'article 17 de la loi 37 de 1963, de bénéficier d'une période raisonnable d'exercice quotidien, de recevoir ou d'être autorisé à recevoir et à utiliser une quantité raisonnable de matériel de lecture et d'écriture ;
2. condamne le défendeur à payer les frais du requérant ;
et

3. ordonne au greffe de la Cour de transmettre au requérant une copie de la présente ordonnance.

Ce qui veut dire qu'ils doivent donner des livres, un crayon et du papier, pas seulement à moi, mais à tous les détenus. Le public va enfin savoir – je suis sûr que la presse a couvert l'histoire de ma requête – comment nous sommes traités. C'est un coup dur pour les gars de la Security Branch.

« Bon, vous avez tout lu, signez ici. [La voix râpeuse du commandant interrompt le fil de plus en plus enthousiaste de mes pensées.] S'ils m'avaient écouté, on n'aurait pas eu toute cette affaire. Certains policiers sont têtus comme des bourriques. Je vous aurais donné des livres et il y aurait pas eu d'histoire. Après, ils viennent et ils me balancent cette ordonnance. »

Je signe pour accuser réception. Il est sur le point de sortir quand je lui demande de me rendre le document et j'ajoute : « Avec mes remerciements. » Pour la première fois de l'après-midi, le commandant sourit.

« J'espère que vos collègues vont me lâcher, dit-il avec mauvaise humeur. Ça ne sert à rien de me harceler. Je fais ce qu'on me demande. Les avocats sont venus hier soir, je leur ai dit que je me méfiais de ce que racontent les journaux et que je n'avais pas l'avis officiel de l'arrêt. Que, quand je l'aurais, je réfléchirais. Il y a aussi des gens de la presse qui n'ont pas arrêté de sonner, et je leur ai dit la même chose. Ça va vous desservir, tous ces gens qui font du grabuge. Ils ont voulu m'expliquer ce que je devais faire, mais je refuse de les écouter.

– Le jugement dit que j'ai le droit à des livres et à du matériel d'écriture.

– S'ils ne sont pas contents, ils peuvent me traduire en justice.

– Vous allez quand même exécuter l'ordonnance ?

– Personne n'a à me dire ce que je dois faire. Je vais vous faire parvenir un crayon et du papier. Pour les livres, je vais en parler avec la sécurité du Cap.

– Est-ce que je pourrais lire la totalité du jugement ? Ce sera déjà du matériel de lecture.

– La sécurité m'a dit que oui, si vous y teniez. Je vous le donnerai demain. Il manque une page, j'attends qu'on me l'apporte.

– En tout cas, je vous remercie de m'avoir prêté votre encyclopédie alors que rien ne vous y obligeait. Je vous en serai toujours reconnaissant, même si je suis ravi que les juges estiment que je peux bénéficier de livres en toute légalité. Si vous êtes trop occupé aujourd'hui pour me donner des livres, vous m'autorisez à vous en reparler demain ? »

Il acquiesce à contrecœur et s'en va en refermant la porte sur moi. Mes pauvres confrères, comme je vous ai dénigrés ! Vous avez fait en sorte que l'arrêt bénéficie à tous les détenus, puisque la Cour a interprété la clause des 90 jours de façon à nous accorder à tous certains droits. Le jugement ne pourra rien contre le fait que nous sommes détenus sans procès et isolés pour une durée indéterminée, mais il modifiera les conditions dans lesquelles nous vivons. La torture mentale en sera amoindrie et nous aurons de quoi nous occuper.

Vingt-quatre heures plus tard, j'ai entre mes mains l'intégralité du jugement et je suis au bord des larmes. Dans une langue claire et énergique, le juge expose les arguments des deux parties et explique pourquoi j'ai droit à l'ordonnance réclamée. Heureusement, j'ai signé une procuration générale au début de ma détention pour qu'il soit possible de formuler une requête en mon nom sans que j'en aie connaissance. Voici ce qu'il indique : *Suivant les termes de notre* common law, *chaque homme dispose de certains droits fondamentaux de la personne et en bénéficie sans conteste, à moins que le Parlement ne les lui retire en termes clairs. La loi des 90 jours ne dit rien sur les conditions de détention des prisonniers, et, à moins que, par implication nécessaire, un détenu puisse être privé des commodités élémentaires de la vie, les droits de la personne doivent être jugés intacts. Quand je fais référence à la privation (de droits, signalée par le requérant) en disant qu'elle est nécessaire à l'objectif de la détention, c'est-à-dire de l'interrogatoire, je ne voudrais pas sous-entendre que l'on puisse en déduire que la privation a été voulue par le législateur au motif qu'elle constituerait un instrument utile ou nécessaire pour contraindre le détenu à parler. L'article ne se prête pas à une telle interprétation. La seule sanction prévue par le législateur à l'article 17 contre une personne refusant de répondre de manière satisfaisante aux questions est la détention prolongée.* Je lis et relis le jugement. Le document a été rédigé avec une terminologie juridique parfaitement rigoureuse, mais on y sent l'esprit de la liberté et le respect des droits de l'Homme.

Une question importante se posait : mes conditions de détention devaient-elles être laissées à la seule discrétion de l'agent responsable de ma personne, ou le tribunal avait-il compétence pour garantir que mon traitement soit conforme à un certain nombre de normes objectives, régies par la loi ? En se prononçant en faveur de cette dernière option, le juge a réaffirmé le devoir du pouvoir judiciaire de protéger les citoyens contre toute privation de leurs droits, arbitraire et sans sanction légale, par des agents de l'exécutif. Je sais qu'il reste peu de temps avant que le Parlement ne modifie la loi afin d'accorder à la police le pouvoir absolu de déterminer les conditions de détention, mais il faudra attendre plusieurs mois avant que ça ne devienne possible. Même si la décision du tribunal est annulée par une action législative, je n'oublierai jamais les termes du jugement de la Cour suprême, notamment ce passage qui a contribué à restaurer ma foi en la valeur du droit :

Je me permets de suggérer que l'approche (qui privilégie une interprétation de la loi autorisant à accorder un pouvoir étendu à l'exécutif en situation d'urgence) est sujette à la critique en ce qu'elle aurait tendance à priver un citoyen de la protection de la loi au moment même où il est susceptible d'en avoir le plus besoin, autrement dit, quand les émotions sont à fleur de peau et qu'il y a plus de risque qu'une action arbitraire de l'exécutif s'attaque à lui qu'en temps de paix.

18
Un crayon et du papier

Le papier est d'un blanc aveuglant et je tiens dans la main un crayon. La sensation du bois entre mes doigts me semble étrange. Il faut que je m'en serve, mais pour faire quoi ? Je pose ma main sur le bloc et j'attends que mes doigts réagissent. Si je notais mon nom ? Non, ce serait idiot. Et si je dessinais ? Non plus, je suis nul en dessin. Le bout de la mine est en haut à droite de la feuille, appuie, relâche, encore et encore, à cet endroit précis. Ma première création est en cours. Voilà : une petite tache noire. Et si c'était moi, tout recroquevillé, mystérieux et anonyme ? Ou ma cellule, si exiguë, hermétique et imprenable ? J'hésite, j'ai peur de me mettre à nu et d'être découvert. La petite tache était un essai, un coup de sonde. Que je suis bête ! Comme je ne veux pas gâcher de papier, j'ai commencé dans le coin, alors que j'ai plein de feuilles et que je peux toujours en réclamer. La loi me garantit d'en avoir toujours une réserve. J'ai caché un bout de crayon en me disant qu'ils n'iront pas le chercher dans la fissure poussiéreuse sous le montant de la fenêtre. On ne sait jamais. Tiens, je progresse. Je viens de dessiner un petit carré avec un espace vide et blanc. Je me retiens de le noircir. Je pourrais dessiner plus librement et plus joyeusement, puisque j'ai la chance d'avoir un crayon et du papier, non ? Hélas, mes doigts sont gourds et manquent d'entraînement, comme si les nerfs qui les reliaient à mon cerveau étaient endommagés et encrassés. On dirait qu'une rêne invisible freine ma main et l'empêche d'épouser les mouvements audacieux et enlevés de mon esprit conscient et libre. J'ai perdu l'habitude d'écrire en toute liberté. J'ai enfin l'occasion de m'exprimer et je suis décontenancé et incapable d'en profiter. Je suis le premier homme apprenant à écrire, l'enfant formant ses premiers caractères. C'est étrange, mes pensées suivent un cours rationnel alors que mon corps est lent et empoté. Mon corps a raison, pourtant. Mon esprit bondit en avant et en arrière, tour à tour exalté, plein d'espoir, puis soudain abattu, assimilant peu à peu de nouvelles expériences, incorporant prudemment les données circonstancielles de mon existence. Mon corps, lui, sait qu'il a tout le temps devant lui. Il sait aussi que le crayon et le papier ne m'ont demandé aucun effort. Ils m'ont été offerts, je ne les ai pas obtenus par moi-même. Ce que le droit te donne, le droit peut te l'enlever. Tout ce sur quoi je peux compter, c'est ce que je mets personnellement de côté.

Il y a deux semaines, je suis tombé sur un trésor. J'ai eu de la chance, mais il a fallu que je m'organise pour la saisir. Ce qui n'allait pas sans risques ni sans efforts, à tel point que, lorsque j'ai enfin pu en profiter, j'ai eu du mal à m'y laisser aller. C'était une double page de journal qui traînait dans la cour de la promenade, fripée et couverte de jus de betterave, d'huile de poisson et de vinaigre. J'ai couru vingt minutes, attendant que les surveillants relâchent leur attention. J'évitais de regarder directement le journal, mais sa simple présence m'électrisait. Tout à coup j'ai accéléré, je me suis penché et je l'ai attrapé. J'ai couru encore un peu, puis je l'ai discrètement glissé au fond de ma poche. Ni vu ni connu. C'est en prison que j'ai appris et compris le flegme et la dissimulation propres aux cambrioleurs. Qui a dit qu'elle n'influait pas sur la personnalité ?

Une fois dans ma cellule, j'ai étalé mon butin sur le lit et j'ai tout de suite compris ce que je pouvais en faire. J'avais face à moi quatre pages du supplément magazine d'un journal du week-end : trois pages de publicité et une dernière avec des mots-croisés, des échecs et l'actualité sur les timbres. De quoi m'occuper pour au moins une semaine. Un mots-croisés tous les deux jours et, entre les deux, une page de publicité. Tous les matins, cette semaine-là, j'avais quelque chose qui m'attendait. J'ai lu les rubriques des *Naissances* et des *Mariages,* ainsi que les *Décès* : la vie avait donc continué. J'ai lu les *Voitures en vente* et les colonnes de *Vive le troc !* Pendant une semaine entière, je me suis plongé dans mon butin avec délice en veillant à le remiser dans sa cachette, sous le matelas ou au milieu de mes vêtements. Les mots-croisés avaient une saveur particulière parce que je les remplissais avec une épingle trempée dans un pot de Marmite.

Contre toute attente, me débarrasser de ces pages fut presque aussi risqué que de les chiper. Je les ai jetées dans les toilettes en éprouvant un sentiment de perte au moment où elles ont disparu. Sauf qu'elles ne sont pas allées bien loin. Deux jours plus tard, j'ai remarqué que l'eau de la cuvette tardait à s'évacuer et qu'elle avait pris un aspect trouble et jaunâtre. Le lendemain, c'était pire. J'ai alors découvert avec effroi que le tuyau de vidange était bouché. Je ne pouvais pas demander à la police d'intervenir, il fallait que je me débrouille avant qu'elle soit gênée par la puanteur. Pas le choix, j'ai retiré ma chemise et plongé mon bras dans une mer d'étrons. Comme je n'avais rien pour m'aider, j'ai dû gratter avec les doigts. Des petites grappes de crottes répugnantes flottaient près de mon épaule, à deux doigts de mon visage. J'avais l'impression d'être une âme damnée jetée dans l'enfer d'une rivière d'excréments. Mon bras arrivait à peine à la boule de papier détrempé. L'eau putride clapotait autour de mon cou, comme si j'étais immergé jusqu'au menton. Peu à peu, j'ai réussi à déchiqueter le papier avec les ongles jusqu'à ce que je puisse pousser la boule et l'évacuer. J'ai rincé la cuvette en tirant la chasse plusieurs fois et je me suis frotté le bras et l'épaule jusqu'à ce qu'ils luisent. Hélas, je n'avais personne à qui raconter ce sketch – c'était vraiment ça, un sketch. J'étais ravi d'avoir affronté et surmonté le danger. J'avais pleinement tiré parti de ce bout de journal et je l'avais mérité.

À présent que je suis officiellement pourvu d'un crayon et de papier, je n'arrive à rien, si ce n'est à griffonner quelques lignes minables sur la page blanche posée sur mes genoux. Je me souviens de la fameuse remarque de Sir Thomas Beecham à une violoncelliste de la haute : « Chère madame, vous avez entre les jambes un instrument capable de donner du plaisir à des millions de gens, mais tout ce que vous faites, c'est grattouiller. » J'ai entre les mains ce qui est un instrument de libération et de création pour des millions de gens, et tout ce que je fais, c'est grattouiller. Ne t'inquiète pas, me dis-je, avec le temps, tu vas t'assouplir. Dans trois ou quatre jours, tu en profiteras pleinement.

Les jours s'écoulent aussi lentement, mais je souffre un peu moins qu'avant. Si j'ai en tête une requête ou une doléance, je la note pour m'en souvenir le jour où l'officier concerné passera. Par ailleurs, j'ai droit à un goutte-à-goutte de lectures. Cela me coûte du temps et des explications, parce qu'il est hors de question que je reçoive des imprimés de l'extérieur. Les journaux sont interdits. J'ai appris qu'un citoyen bien intentionné avait eu vent de ma requête dans la presse et avait déposé plusieurs ouvrages pour moi à la sécurité. Je suis touché par son geste, jusqu'au moment où je découvre les livres. Le premier s'intitule *The Decline of Communism* : écriture plate, contenu daté (publié l'année qui précéda Spoutnik, il annonce l'effondrement de l'Union soviétique). Quant au sujet, ils n'auraient pas pu trouver moins distrayant pour moi à l'heure qu'il est. Le suivant, *The Case against Communism*, sous-titré *The Christian Answer*, est un peu mieux écrit. L'analyse de ce que l'auteur appelle « l'approche chrétienne » des questions sociales n'est pas dénuée d'intérêt, mais je ne m'y suis plongé que parce que j'ai soif de lecture. Troisième essai, *Plaidoyer pour une propriété anticapitaliste,* de G. K. Chesterton. La première page est une critique classique du socialisme et du communisme, puis l'auteur se lance dans un plaidoyer étayé et passionnant pour l'abolition du capitalisme, l'abandon des machines et le retour à une société préindustrielle. Il présente les idées les plus délirantes avec un art de la séduction et un tel aplomb que je le dévore. Ce qui me réjouit, c'est qu'il défend l'idée d'une société fondée sur des principes chrétiens. S'il y a une chose que le commandant, et sans doute les trois quarts de la police, déteste plus qu'un Juif communiste et agitateur, c'est un catholique. Pas plus tard que l'autre jour, il m'a donné trois opuscules que son Église a publiés pour alerter sur les dangers de Rome et les techniques insidieuses de la papauté. Il m'a également laissé une brochure hebdomadaire fondamentaliste protestante, à laquelle je peux, me dit-il, m'abonner.

Au moment où je lui rends le livre de Chesterton, il marmonne :

« Oui, c'est un écrivain intéressant. C'est quoi son nom, déjà... Ches... Ah oui, Chesterton ; quand j'étais jeune, je le lisais. Aujourd'hui, franchement, je n'ai plus le temps.

– Je trouve que sa façon de plaider en faveur d'une société catholique est très originale. Chesterton était catholique, vous savez. »

Le commandant est coi. Je lui ai coupé le sifflet. Il prend le livre et s'en va sans un mot. Je ris sous cape.

Je vais avoir du mal à me procurer de nouveaux ouvrages. Non pas que la police souhaite contrevenir à l'ordonnance du tribunal, mais le monde des livres lui est étranger. Un jour, un agent a vu deux bouquins sur ma banquette et a eu presque pitié de moi – pas parce que j'en avais peu, mais parce que j'en avais trop ! Il est évident qu'il y voit une punition et que, s'il avait le choix, il préférerait être enfermé sans plutôt qu'avec.

Pour éviter que la transmission de mes messages ne permette de contourner la décision du tribunal, j'ai proposé que la police m'achète directement des livres dans une librairie du quartier. Je leur fournirai l'argent, la sécurité pourra jeter un œil sur les titres et ils enverront un agent sur place. Une chose est sûre, la police rechigne à entrer dans une librairie. J'ai remarqué que les agents avaient tendance à refiler le bébé à un autre. Ils sont doués pour mettre la main sur un « criminel », mais se procurer de la lecture, personne ne le leur a appris. Bandes dessinées, photoreportages, un ou deux romans-westerns, éventuellement un journal : c'est leur seul régime de lecture. J'ai commandé les romans les plus connus de deux grands écrivains de langue afrikaans : personne ici n'en a entendu parler. Comment s'étonner qu'autant d'écrivains de langue afrikaans comptent sur les traductions pour vivre de leur plume.

Le commandant s'inquiète des sommes que je dépense pour des livres. Je lui explique que ça ne me coûte rien : non seulement je suis logé et nourri, mais les livres sont aussi vitaux pour moi que l'eau et le pain. Rien n'y fait : l'idée de débourser autant pour pouvoir lire le choque, il trouve que c'est du gâchis. Il en a même parlé à sa femme, qui est d'accord pour que j'utilise une de leurs cartes de bibliothèque. Le lendemain, je rédige ma commande. Je souris en imaginant le sergent de service envoyer un agent à la bibliothèque pour demander *Du côté de chez Swann* de Marcel Proust. (J'écris très soigneusement, histoire qu'il ne confonde pas l'auteur et le titre.) Je ne sais pas ce qui m'amuse le plus : imaginer cet agent en uniforme bleu, armé d'un pistolet, entrer dans l'établissement avec un bout de papier tremblant à la main, ou la bibliothécaire, sidérée de tomber sur un flic lui demander un livre de Proust – ce qui justifierait sans doute toutes les années qu'elle a dû passer à prêcher dans le désert.

Ce n'est pas si facile de choisir. Je suis dans la position du type à qui on demande quels sont les dix livres qu'il aimerait emporter sur une île déserte. Je n'ai pas envie de relire ceux qui m'ont marqué à vie, mais j'ai du mal à me souvenir des titres et des écrivains que je n'ai jamais lus. Comme j'ai dix heures d'inactivité par jour, je peux avaler un roman de six cents pages. Autrement dit, je dois encore me rationner pour être sûr d'avoir de la réserve. Je n'ai pas de doute sur le genre de lecture dont j'ai envie : des romans, des livres fourmillant de gens qui discutent et se mélangent entre eux, qui sont traversés par toutes les émotions normales de la vie. Je rêve de m'évader, mais de m'évader dans le monde réel. Pour le moment, je ne suis pas attiré par les livres de philosophie, de politique ou de critique. J'ai besoin d'êtres humains, pas d'idées ; de vie, pas d'abstraction. Les livres me suffisent pour être heureux, où que je sois, et, comme j'en ai été longtemps privé, je les apprécie d'autant plus. Je suis sûr qu'un jour ils me les interdiront. D'ici là, il faut que je profite de ceux que j'ai et de ceux que je peux encore obtenir. Les murs de pierre ne font pas une prison, certes, si vous avez de la compagnie ou des livres. Ils m'ont privé de lecture comme ils m'ont privé de contacts humains, pour que je meure de désœuvrement et de solitude, pour que ma seule source d'information et de réflexion, ce soit eux. Aujourd'hui, heureusement, grâce aux livres que j'ai sous la main, je peux de nouveau exercer mon intellect et sentir que j'appartiens à l'humanité.

19
Réflexions

J'ai sous-estimé les conséquences de l'isolement. La solitude ne se résume pas à ne pas avoir d'interlocuteurs qui partagent notre sensibilité. L'isolement et le désœuvrement prolongés ont des effets psychologiques qui altèrent la pensée rationnelle. Un esprit constamment amené à se confronter à des problèmes ne fonctionne plus normalement. Et même s'il conserve ses capacités logiques, il ne maîtrise plus son comportement. Vous savez ce qui est vrai et ce qui est faux, mais vous n'arrivez plus à agir en fonction de ce savoir. L'inactivité et le sentiment d'inutilité épuisent ma volonté, je me sens vain, abandonné de tous. Au début, je m'identifiais plus ou moins consciemment à ma paillasse. J'avais l'impression d'être dépersonnalisé et anonyme. Mes idées politiques, la philosophie et les aspirations qui me portent depuis si longtemps me semblaient lointaines et froides. J'y voyais des mots, des formules, des expressions, plus qu'un tableau de la vie que j'étais en train de vivre. Aujourd'hui, comme je suis un peu plus actif, j'ai évolué de l'état d'objet inanimé – à l'instar de ma paillasse – à celui d'objet vivant, mais à un niveau animal. J'entasse des bricoles, je deviens suspicieux. Je surréagis – un mot abrupt suffit à me plonger dans le désespoir pendant des heures, voire des jours. Inversement, si le gardien me dit « Bonne nuit » en éteignant les lumières, je suis au septième ciel.

Mon principal problème est de rester digne, de garder confiance en moi et de continuer à croire en la valeur de la résistance. C'est le cœur de ce qui m'oppose à mes bourreaux. Je l'ai compris très tôt, et j'ai pris des mesures qui se sont révélées précieuses. Je n'avais rien entendu ni lu qui puisse me servir de modèle, mais j'ai senti, presque instinctivement, qu'il était essentiel que je prenne soin de mon corps. Cela voulait dire faire de l'exercice et rester actif tous les jours, adopter de bonnes habitudes alimentaires et de sommeil, se laver et être toujours présentable. L'enjeu ne se limite pas au fameux « un esprit sain dans un corps sain ». En maintenant une activité physique aussi normale et régulière que possible, j'espère stabiliser mon esprit et mes émotions. La gymnastique, que je me suis imposée à un moment où le fil de mes pensées était encore rationnel, me fait toujours autant de bien. C'est une hygiène qui contribue à la régularité de ma vie, me permet de garder un certain contrôle et me donne confiance en moi. Au début, les gardiens riaient quand j'insistais pour pouvoir me raser tous les jours. « Vous ne croiserez personne, disaient-ils, c'est pas grave d'avoir un peu de barbe, c'est moins contraignant. » Justement, je veux des contraintes, je veux avoir quelque chose à faire, que je maîtrise, qui revient régulièrement – une relique précieuse du monde extérieur. Je ne m'habille pas pour le dîner, mais pour les interrogatoires, oui. Peu importe l'impatience des gardiens, chaque fois que je suis convoqué pour être interrogé, je mets un point d'honneur à enfiler des chaussettes et des chaussures, un pantalon, une chemise blanche et une veste. Mes vêtements sont soigneusement pliés et ma cellule reste impeccable. Depuis le début, je consacre plusieurs minutes précieuses de mon temps de promenade à me laver des pieds à la tête, même quand le vent souffle et que l'eau est glaciale. Tous les jours, je m'oblige à faire une série d'exercices difficiles à heure fixe. Je me nourris bien, même si je n'ai pas faim, exclusivement aux heures des repas. Je m'arrange pour qu'on éteigne les lumières tous les soirs à heure régulière et je fais ma gym tous les jours, plus ou moins au même moment. Tous les matins, je planifie mes activités et me fixe un emploi du temps que je respecte. Cela me permet d'avoir un minimum de contrôle sur ma vie. J'élabore un ordre opérant au sein de celui qui m'est imposé, un règlement intérieur qui m'aide à canaliser mes pensées et mes émotions.

Quant à ma vie intellectuelle, là aussi, j'ai dû effectuer des ajustements pour préserver mon amour-propre. J'ai l'impression de devoir justifier à une partie essentielle de moi-même les mesures qui me valent toutes ces privations. Je ne peux pas me contenter d'en appeler à ma philosophie et à ma vision du monde, ni de m'imaginer discutant avec mes amis et mes associés les plus proches. C'est trop vague, trop abstrait, trop éloigné de moi. En même temps, il faut que je sois fidèle aux principes liés à ma philosophie et à mes amitiés, que je les adapte à la vie qui, de fait, est la mienne. Ces principes exigent d'être personnalisés ; les facteurs objectifs exigent d'être présentés en termes subjectifs immédiats. Les idées ne valent rien sans la volonté de les appliquer. Or, ma volonté est constamment mise à mal.

Elle a d'abord subi le choc de mon incarcération. J'étais abasourdi, sonné, j'avais du mal à m'orienter dans mon nouvel environnement. Peu à peu, je me suis adapté au monde carcéral, mais je sentais que mon échelle de valeurs était menacée. Même si, en mon for intérieur, je sais que j'ai intérêt à ne pas répondre aux questions, ce que je fais ou ne fais pas me semble de moins en moins important. C'est mon problème : me persuader que ça fait une différence. Je découvre des domaines d'expériences qui me sont étrangers. Le monde me paraît dur, isolé, absurde. Les efforts des Hommes ne servent pas à grand-chose. Il y a tant de douleur, tant de sacrifice, et si peu de preuves que cela en vaut la peine. Je me sens proche des gens qui ont frôlé la mort, qui ont vu l'humanité dépouillée de son éclat, à qui la souffrance a permis d'accéder à une forme de clairvoyance et de profondeur philosophique. La vie que je menais m'apparaît sous un jour différent. Disons qu'elle a moins de poids. La personne que j'étais en liberté était si vaniteuse, si présomptueuse. Confronté à de vrais défis, je me suis montré tellement faible, mes bons côtés surpassant à peine les mauvais. Mon orgueil en a pris un coup ; une personnalité nouvelle, plus pure, mais beaucoup plus fragile, est en train d'émerger.

20
Interrogatoire

Trois semaines ont passé et personne n'est venu pour m'interroger – à moins que la visite du lieutenant local puisse être interprétée comme un interrogatoire. Un jour, vers cinq heures de l'après-midi, il s'est arrêté « juste pour dire bonjour ». « J'allais prendre de l'essence dans le coin, j'en ai profité pour faire un saut. »

Il avait une façon d'être spontanée et présentait très bien. Il m'a parlé de ma position tout en insistant sur le fait que ce n'était pas une visite officielle. Est-ce que j'avais des requêtes, des doléances, quelque chose qu'il pouvait faire pour moi, que j'avais envie de lui dire ? Par rapport aux autres, il paraissait très l'aise, très naturel. Chose curieuse, il m'a appelé par mon prénom, comme si nous nous connaissions depuis toujours. À part lui, personne n'est venu me voir. Ils ont peut-être décidé de me laisser mariner.

Une fois de plus, je suis assis avec le capitaine Rossouw et le lieutenant Wagenaar dans le bureau du commandement.

« Alors, comment allez-vous aujourd'hui ? me demande le capitaine.

– Comme d'habitude. Ma situation évolue peu.

– Allons droit au but. Nous avons un certain nombre de questions auxquelles nous voulons que vous répondiez. Si vous n'avez pas la réponse, dites-le-nous. C'est clair. Je peux continuer ?

– Je crains de ne pas pouvoir y répondre.

– Si vous n'avez pas la réponse, dites simplement "non".

– Je ne suis pas prêt à répondre aux questions.

– Bon, on ne va pas vous faire perdre votre temps et on ne va pas perdre le nôtre. »

Il fait mine de partir.

« Je serais ravi que vous me fassiez perdre mon temps, alors si c'est à cause de moi, ne partez pas.

– Nous avons d'autres chats à fouetter, on ne va pas perdre de temps à cause de votre comportement. Vous serez peut-être content de savoir que la plupart des prisonniers des 90 jours du Cap-Occidental ont été relâchés. Pourquoi tenez-vous à être le dernier ? c'est un mystère. Au moment où je vous parle, il en reste six.

– Sur combien ?

– Plus de soixante.

– Ah bon, on était aussi nombreux ? Et sur tous ceux qui ont été relâchés, combien y a-t-il de prisonniers des 90 jours en attente de jugement ? »

Il hésite, comme pris au dépourvu, puis sourit et répond :

« C'est une question à laquelle il est délicat de répondre. Le fait est qu'il en reste six à être détenus au titre de la loi des 90 jours. Une chose est certaine : certains sont entièrement libres, et sans condition. »

Je ne bronche pas mais, au fond de moi, j'exulte. Ils vont être obligés de faire quelque chose de moi, ils ne peuvent pas se contenter de me garder sous les verrous. S'ils pensaient avoir un vrai dossier à charge, ils m'auraient fait passer en jugement. Heureusement que j'ai été fidèle à mes principes et que j'ai tenu bon. Quel idiot, il croit qu'en m'annonçant que les autres ont été libérés, il va me saper le moral, alors que c'est la meilleure nouvelle que je reçois depuis mon arrestation.

« Bon, si vous n'avez rien à nous dire, reprend le capitaine, on ne va pas vous faire perdre votre... je veux dire, notre temps. »

Ravi, je retourne dans ma cellule en me retenant de sauter de joie. Le commandant est debout dans la courette. Chaque fois que je suis interrogé, il est là, m'observe avant de me demander comment s'est passée la séance.

« Oh, comme d'habitude, ils ne vont pas chercher très loin. »

Pas de réponse. Je rêve, ou il est content que je n'aie pas cédé ? Peut-être ne veut-il pas qu'ils parviennent à leurs fins. Après tout, je dépends de lui, pas d'eux. Quel que soit ce que j'ai fait, je le respecte et je lis la Bible régulièrement. Je plaisante avec lui et je n'ai pas l'air bien méchant. Il pense sans doute que j'ai dû pâtir de mauvaises fréquentations. Peut-être est-il aussi content de voir quelqu'un tenir tête à la Special Branch, la nouvelle force de frappe chic et choc. Ces types croient tout savoir et essaient de prendre la main, même dans les commissariats dirigés par des hommes qui sont dans la police depuis bien plus longtemps qu'eux.

On dirait qu'ils recommencent leurs visites hebdomadaires. Cette fois-ci, c'est le capitaine et le lieutenant qui viennent me voir. Aujourd'hui, ils sont de bonne humeur et nous bavardons en afrikaans, ce qui a l'air de les réjouir. Je leur fais très vite comprendre que je n'ai pas changé d'avis d'un iota quant aux questions, mais ils ne font pas pression de ce côté-là.

« Pourquoi avez-vous demandé du papier et un crayon ? m'interroge le grand lieutenant. Pour écrire un livre ?

– Je n'ai pas le droit, mon ordonnance me l'interdit[23].

23. Il s'agit de la seconde ordonnance d'interdiction notifiée à Albie Sachs (la première avait eu lieu quand il était étudiant à l'université du Cap et soutenait le Mouvement de résistance passive). L'ordonnance stipulait qu'il n'avait pas le droit de quitter le Cap, de s'inscrire dans une université ou une école, de publier un texte signé de sa main, d'écrire à des personnes bannies, à part à son père, qui vivait en Angleterre.

– Ici, en Afrique du Sud. Mais vous pouvez être publié outre-mer. Là-bas, les gens se précipiteraient sur votre livre.

– Je m'en sers exclusivement pour élaborer des mots-croisés et des jeux de lettres.

– Vous avez tout ce qu'il vous faut, si je comprends bien. Vous êtes plutôt bien installé, et, apparemment, vous avez beaucoup de livres et de colis alimentaires. Au fond, vous n'êtes pas si mal loti.

– Si vous voulez échanger votre place contre la mienne, dites-le-moi, je serais ravi.

– J'imagine que le jour où vous partirez d'ici, vous crierez sur tous les toits qu'on vous a maltraité.

– Vous pouvez être sûrs que je dirai la vérité, rien que la vérité. Certains aspects sont épouvantables, notamment la solitude permanente ; mais ma situation s'est considérablement améliorée. C'est une sacrée expérience. Je ne sais pas comment ça finira, mais j'aurai appris beaucoup de choses. Quand je sortirai, peu importe la date, je parlerai autant des bons côtés que des mauvais. Je mentionnerai peut-être le fait que je comprends mieux la police. J'ai été surpris par de nombreux détails liés à son fonctionnement et à sa discipline, entre autres.

– C'est pas un mauvais bougre, après tout, commente le capitaine en s'adressant au lieutenant. S'il promettait d'arrêter toutes ces bêtises, on pourrait envisager de le lâcher. »

Ils sont à la porte, prêts à s'en aller. Le soleil tape. Nous sommes les meilleurs amis du monde, c'est formidable. Une seule ombre au tableau : dès que nos adieux seront terminés, ils m'abandonneront comme une vieille chaussette au fond de mon cachot.

« Tout dépend de ce que vous appelez "ces bêtises".

– Vos activités subversives. Vous voyez parfaitement ce que je veux dire.

– Dans ces conditions, que vaudrait une promesse ?

Elle lui interdisait aussi d'être en compagnie de plus de deux personnes – une partie de bridge était donc jugée aussi illégale qu'une réunion politique.

– Manifestement, vous n'êtes pas très fidèle à vos promesses.

– Ce que je voulais dire, c'est que je ne peux faire aucune promesse ici alors que j'ignore ce qui se passe dehors. Si je faisais une promesse, je m'y tiendrais. J'aime autant ne pas en faire, au risque de le regretter. »

Pourquoi est-ce que j'épilogue sur cette histoire de promesse ? S'ils me libèrent, ce ne sera pas en vertu d'une promesse, mais parce qu'ils n'auront plus de raison de me garder. Il faut que j'apprenne à tourner sept fois ma langue dans ma bouche avant de parler.

Un matin, le commandant reste plus longtemps que d'habitude avec moi. Nous parlons de la qualité de mon porridge, du temps qu'il fait. Il se tient debout à côté de moi. Tout à coup il me regarde droit dans les yeux et me lance :

« Vous n'en avez plus pour très longtemps. Bientôt, vous serez dehors. »

Je m'y attendais un peu. L'atmosphère est tellement détendue depuis deux semaines que je commençais à y croire.

« Vous voulez dire qu'ils vont m'inculper ? Ou que je serai vraiment libre ?

– Oui, ils ont décidé de vous libérer pour de bon. Je le tiens d'une source sûre. Ils ont des problèmes de témoins parce que la plupart ont quitté le pays. Du coup, ils vous relâchent. Les papiers doivent être en route pour Pretoria, ça ne devrait pas être très long. Une fois que c'est décidé, ils peuvent tout organiser en un jour. Pour Esme, ils ont décidé de la relâcher un matin, et, le lendemain, ils ont reçu une réponse par télex autorisant sa sortie. Ça ne devrait plus être très long.

– Je vous remercie de me prévenir. Je vous suis très reconnaissant.

– Je ne vous ai rien dit, n'oubliez pas. Je suis simplement chargé de veiller sur vous. Je ne suis pas censé savoir quoi que ce soit sur la date de votre libération.

– Je comprends, dis-je en souriant, merci de m'avoir prévenu. Je ne l'oublierai pas. »

Il sort en me souriant à son tour, content de voir que je commence enfin à apprécier les usages des forces de police.

Je suis incarcéré depuis soixante jours exactement. S'ils me libèrent cette semaine, voyons... nous sommes début décembre... j'aurai tout juste le temps de retourner devant la Chambre avant la fin de la législature de la Cour suprême. C'est bientôt les vacances, je me précipiterai sur les plages de Clifton et je m'allongerai au soleil. Il y aura du monde, les gens se demanderont : qui est ce jeune homme si pâle ? Quelqu'un répondra que c'est Albie Sachs, qu'il vient d'être libéré de ses 90 jours. Les gens se rassembleront autour de moi, je leur raconterai ce que j'ai vécu, et ils seront épatés. Gagné, gagné ! Bravo Albie ! Gagné. Ils ont perdu.

Deux semaines tendues ont passé. Je ne bondis plus chaque fois que j'entends les clés. Il y a un hic. Nous sommes à une semaine de Noël. La fin de mes 90 jours tombe quatre jours après le 25 décembre, ce qui signifie que s'ils doivent me relâcher, c'est cette semaine. De leur point de vue, ce serait du meilleur effet vis-à-vis de la presse.

Je suis convoqué dans le bureau du commandant. Comme toujours, je me mets sur mon trente-et-un : costume, chemise blanche et chaussures. En général, le commandant vient lui-même me chercher. Cette fois-ci, j'ai affaire à un jeune sergent de la Special Branch, celui qui m'a arrêté il y a deux mois. Il a plutôt l'air bien disposé.

« C'est vous qui avez tout déclenché, lui dis-je en plaisantant. Tout est de votre faute. Si vous ne m'aviez pas arrêté, je ne serais pas ici aujourd'hui.

– Vous avez raison, s'esclaffe-t-il. Je suis le salaud de service. »

Il balaie du regard ma cellule et, avisant le sachet d'oranges, ajoute :

« On se croirait dans l'épicerie Patel. Bon, vous êtes prêt ? On y va. »

Arrivé dans le bureau, je reconnais Vlok, le major de police qui m'a menacé avec un couteau le jour de mon arrestation. C'est un grand gaillard, avec un long visage et de grandes dents pleines de taches qui semblent empêcher les mots de sortir de sa bouche. Sa prononciation est pâteuse et maladroite. Il s'exprime sur un ton déterminé, dépourvu d'émotion, une sécheresse qui donne à ses paroles quelque chose d'hypnotique. Il a beau parler fort, je dois me concentrer pour le suivre. Seuls les mouvements de ses commissures des lèvres, qui se relâchent quand il est satisfait et se contractent quand il se fâche, trahissent ses émotions. Ses longues joues cireuses sont parfaitement immobiles. La seule chose qui prouve qu'il a un système nerveux, ce sont ses yeux, injectés de sang, comme si tous ses nerfs convergeaient là pour arriver à l'air libre.

La discussion commence par une petite joute classique. Il s'enquiert de mon état général. Je lui réponds de façon à ce qu'il comprenne que l'isolement carcéral est atroce, même si je n'en mourrai pas. (Je regrette que le capitaine ne soit pas présent. Je me suis habitué à lui. Nous avons fini par établir une forme de relation. Son visage, les inflexions de sa voix, ses expressions et ses tics de langage me sont familiers. La vraie bataille est celle qui nous oppose, lui et moi. Pourquoi faut-il que cet homme s'incruste ?)

« Bon, avant que je vous pose un certain nombre de questions, je dois vous mettre en garde au sujet de la procédure criminelle avant procès. J'imagine que je n'en ai pas besoin, je suis sûr que vous la connaissez par cœur.

– J'ai la mémoire qui flanche, vous pourriez me la rappeler, s'il vous plaît ?

– Oh, je vous en prie, vous êtes avocat.

– Dans tous les cas, il existe différentes mises en garde suivant la situation. Suis-je soupçonné d'un délit ou bien en état d'arrestation, auquel cas il faudrait que je réponde d'une accusation ? »

Il soupire, les commissures de ses lèvres se contractent. Il est contrarié par mon raisonnement de juriste.

« Vous êtes actuellement détenu en vertu de la loi des 90 jours. Ce qui va se passer dans les jours qui suivent dépend du Procureur général. C'est lui qui décidera s'il faut vous poursuivre ou non. En attendant, je vous mets en garde, suivant la procédure, que nous allons vous poser un certain nombre de questions et que si vous y répondez, vos réponses seront enregistrées et pourront servir de preuves dans le cas où vous seriez traduit en justice.

– Suis-je obligé de répondre aux questions ? »

Je sais parfaitement que le point le plus important de la mise en garde, qui, selon les juges, doit être soumis à tous les suspects, c'est qu'ils n'ont pas à répondre aux questions s'ils ne le souhaitent pas.

« Non, vous n'êtes pas obligé de répondre à la moindre question, répond-il sèchement.

– Bien. Mais si je ne réponds pas, vous risquez de me garder plus longtemps en vertu de la loi des 90 jours.

– Ce sont deux choses distinctes. »

Sauf que je suis une seule et même personne, ai-je envie de rétorquer. D'un côté, vous me rappelez que je ne suis pas tenu de répondre aux questions ; de l'autre, vous me dites que si je n'y réponds pas, je n'échapperai pas à l'isolement.

« Bon, venons-en aux questions.

– Je ne suis pas prêt à y répondre.

– Nous allons vous les lire, quoi qu'il arrive. »

Il sort de sa serviette deux liasses de documents dactylographiés, en remet une au sergent, tend l'autre face à lui et commence la lecture. Les questions sont rédigées en afrikaans.

« Le jour où vous avez été arrêté, le 1er octobre 1963, un numéro de *Fighting Talk* daté de mai 1962 a été trouvé dans votre bureau[24]. Saviez-vous que la revue était interdite ?

– Je refuse de répondre à cette question.

---

24. Revue mensuelle militante, proche du parti communiste, créée en 1950 et active jusqu'en 1963, date de son interdiction (*N.d.T.*).

– Deux : depuis combien de temps étiez-vous en possession de ce numéro ?

– Je refuse de répondre à cette question.

– Trois : aviez-vous l'autorisation du ministre pour l'avoir en votre possession ?

– Je refuse de répondre à cette question. »

Les questions s'enchaînent, et chacune de mes réponses – qui ne varient pas – est dûment consignée par le sergent. Ils m'interrogent sur un cycle de conférences qui a eu lieu dans une salle à Athlone. Sur des groupes multiraciaux qui auraient suivi une formation d'escalade. Sur ma présence dans un camp organisé en décembre 1962, près du village de Mamre. Est-ce que je savais qu'on s'y entraînait au sabotage ? Quand y suis-je arrivé ? De qui étais-je accompagné ? Dans quelle tente devais-je dormir ? Pourquoi ai-je dit aux gens sur place qu'ils devaient faire attention aux indics de la police, aux agents et aux provocateurs ? Je refuse de répondre à cette question. Je refuse de répondre à cette question…

La dernière partie concerne une allocution que j'ai prononcée au cours d'une réunion privée d'Africains à Nyanga[25].

« Vingt-trois : qui était présent à vos côtés ?

« Vingt-quatre : pourquoi avez-vous dit aux Bantous présents qu'ils seraient bientôt libres ? Qu'ils seraient soutenus par l'Éthiopie, le Ghana et l'Algérie ? Qu'il fallait qu'ils poursuivent leurs activités de sabotage ?

– Je refuse de répondre à cette question. »

On arrive au bout. Ils viennent de me soumettre trois pages de questions, chacune a été suivie du même refus de répondre de ma part, dûment consigné.

« Vous n'êtes donc prêt à répondre à *aucune* question ?

25. Township proche du Cap où, après les émeutes de Sharpeville, des dizaines de milliers d'Africains ont manifesté. Plusieurs d'entre eux ont été tués. Albie Sachs a défendu, avec succès, plusieurs manifestants (*N.d.T.*).

– Je répondrai volontiers à toutes les questions quand je serai au tribunal. D'ici là, je ne vois pas l'intérêt de faire le tri. Je suppose que ça veut dire que je vais être inculpé ? »

Il me jette un regard grave, avec son long visage de cire.

« Vous avez des amis », marmonne-t-il entre ses dents.

Son élocution est tellement monocorde que je ne suis pas sûr de le comprendre.

« Je vous demande pardon ? »

Il a l'air triste, épuisé, comme si cette procédure l'ennuyait.

« En tout cas, vous êtes quelqu'un d'intelligent, dit-il, vous avez sûrement préparé une défense s'agissant de l'accusation de possession de littérature interdite. »

Il ne revient pas sur le fait que j'ai des amis.

« Bien sûr que j'ai une défense, mais je ne l'ai pas préparée, c'est la vérité. »

Ma réponse a l'air de plaire au sergent. Cela dit, je dois réfléchir attentivement. Les questions vont être transmises au Procureur général, qui devra décider s'il faut me poursuivre ou non. Je ne suis coupable d'aucun des crimes qui viennent d'être égrenés. C'est la première fois qu'ils me posent des questions aussi précises. Si je suis inculpé, je pourrai rédiger une déclaration sous serment destinée au Procureur général afin de m'expliquer. Ma déclaration n'impliquera personne d'autre et elle devrait suffire à ce qu'il abandonne les accusations contre moi. Si ce n'est pas le cas, je m'exprimerai devant la Cour.

« Je voudrais ajouter une chose, dis-je, et j'aimerais que vous le consigniez par écrit. »

Le sergent pousse un soupir qui ressemble à un afflux d'air dans une boîte à tabac qu'on ouvre.

« Attendez, permettez-moi de l'écrire pour être sûr de ne pas commettre d'erreur. »

J'emprunte un crayon et une feuille de papier et je griffonne quelques mots.

« Bon, voilà : “Je peux, en toute honnêteté et sur l’honneur, affirmer qu’en tant qu’avocat et officier de justice, je ne suis coupable d’aucune infraction s’agissant des questions qui m’ont été posées”.

– C’est tout ce que vous êtes prêt à dire ?

– C’est tout, oui. »

Le major range sa liasse dans sa serviette avec des gestes las, comme si cette séance l’assommait. Nous parlons de tout et de rien, de Noël, de la chaleur inattendue. Il commence à s’animer, quand soudain le sergent s’impose.

« J’ai entendu dire que vous étudiiez la Bible, me dit-il, vous n’y avez rien appris ? »

Tout le monde me parle de la Bible, comme si le simple fait de la lire faisait de vous un homme bon.

« Si, beaucoup. Ça m’a permis de me pencher sur des questions auxquelles j’avais peu réfléchi et de comprendre des choses que je ne comprenais pas jusqu’ici. »

Le sergent a l’air satisfait de ma réponse, je préfère ne pas m’étendre. Il ne comprendrait pas que, si on l’interprète comme la représentation d’un cheminement philosophique culminant dans l’affirmation du pouvoir et de la gloire de l’amour, la Bible contient une vérité magnifique ; ni que, si on l’interprète comme un document historique, elle donne l’image d’une barbarie sans répit, d’autant plus terrifiante qu’elle bénéficie d’une sanction soi-disant divine. Il ne comprendrait pas non plus que le Livre de Job est un des textes les plus forts que j’ai jamais lus et que, à part sa fin faussement heureuse, l’énigme qu’il met en scène revient à nier toute religion fondée sur le théisme ; qu’il est paradoxal que les Afrikaners, qui ont été récemment complices de la persécution des Juifs – laquelle se poursuit –, s’appuient autant sur l’histoire juive ancienne pour ancrer leur ethos national. Enfin, il ne comprendrait pas que l’Ancien Testament, dans sa lettre et dans son esprit (à part le Livre d’Isaïe), n’est pas en faveur de l’apartheid, ni que le Nouveau Testament, dans sa lettre et dans son esprit, est explicitement et absolument opposé à l’apartheid.

Pour le sergent, il est évident que la Bible n'a rien de compliqué. Tout y est vrai au sens littéral ; il n'y est question que de péché, de nationalisme, de crucifixion et de rédemption pour quelques heureux élus.

Nous continuons à bavarder tranquillement. On sent que Noël approche, même ici, dans le commissariat. La simplicité et la décontraction de notre discussion me rappellent les derniers jours d'une année d'école.

« Je reviendrai vers vous très vite, me dit le major de police. On va voir ce qu'on peut faire. Malheureusement, la décision finale ne dépend pas de nous. Au fait, tenez : voilà les questions. Vous aurez peut-être envie de les relire, ajoute-t-il en me tendant le document.

– Non merci, ça ne m'intéresse pas. »

Il glisse les feuilles dans sa serviette et sort avec le sergent.

Je retourne dans ma cellule en réfléchissant à ce que je vais devoir préparer. Ils veulent m'accuser de possession de littérature interdite et d'actes de sabotage. Ma présence sur le banc des accusés, alors que je me suis si souvent tenu sur celui de la défense, me fera un drôle d'effet. Je me demande qui sera le juge. J'espère que ce sera le juge-président. Il me croira, surtout s'il apprend que j'ai donné ma parole d'honneur. Quant à la revue interdite, je n'ai pas à m'en inquiéter. J'ignorais qu'elle se trouvait dans mon bureau et je n'avais aucune raison de la garder. Elle était parfaitement légale au moment de sa publication, j'ai dû la laisser traîner après l'avoir lue. Ils ne peuvent pas obtenir de condamnation contre moi sur ce point. La question du camp risque d'être un peu plus délicate, mais j'imagine qu'ils savent que je n'y ai passé qu'une matinée. Ils nous ont vus sur place le jour même. S'*ils* n'ont rien trouvé de suspect justifiant de nous arrêter, il n'y a pas de raison pour qu'*ils* pensent que *je* suis suspect. S'il a été question de sabotage, c'était sans moi ou à mon insu. À en croire ce que j'ai vu, c'était un camp de vacances normal, avec des discussions et des conférences sur la préparation physique, les véhicules motorisés et tutti quanti. Le plus drôle, c'est que j'ai oublié le sujet de mon intervention ! Était-ce mon allocution sur l'Afrique précoloniale ? Ou une présentation plus élémentaire sur l'économie, où j'évoque la production de la richesse, le rôle des banques, le fonctionnement des entreprises et de la Bourse, etc. ? Je me souviens de deux jeunes Africains qui se sont endormis pendant que je parlais. Quelqu'un leur a donné un coup de baguette pour les réveiller et j'ai réagi en disant : « Si les élèves s'endorment, c'est le professeur qui mérite d'être puni. »

Mince, j'aurai l'air idiot au tribunal si c'est le seul souvenir que j'en garde. En tout cas, c'est un fait. C'était une des conférences comme j'en donne souvent, sans rien de particulier. Une fois prononcée, je n'avais aucune raison de m'en souvenir – par ailleurs mon attention a été mobilisée par l'arrivée de la police et par ma tentative de les empêcher d'arrêter les Africains qui n'avaient pas leur laissez-passer.

Deux jours plus tard, je suis enfermé dans un bureau minuscule avec le major de police Vlok.

« Écoutez, me dit-il, je suis prêt à vous aider. Votre position ne nous mène nulle part, ni vous, ni la police. Pour être honnête, je pars à la retraite dans deux semaines et j'aimerais que ce dossier soit bouclé avant. Ça ne change rien pour moi à titre personnel. J'ai une longue carrière derrière moi et je sais que vous n'êtes pas un prisonnier ordinaire. On n'aime pas tellement avoir des gens comme vous. Vous n'avez rien à faire ici. »

Très bien, ai-je envie de lui répondre, ouvrez la porte et vous serez débarrassé de moi.

« Vous avez une solution à proposer pour sortir de cette impasse ? reprend-il. Le quartier général est inflexible, on ne peut pas vous relâcher sans que vous signiez de déposition.

– Merci, monsieur Vlok, j'ai réfléchi à la question. Je ne peux pas vous proposer plus que ce qui suit. Je suis prêt à rencontrer le Procureur général et à éclaircir tout ce qu'il veut à propos des questions que vous m'avez posées avant-hier. Je peux le faire en passant par un confrère – vous pouvez le désigner – ou par un des assistants du Procureur.

– Bien. [Sa bouche s'étire sur les côtés. Il est satisfait.] Je ne peux rien vous promettre. Je vais faire passer le message à mes supérieurs pendant le week-end, je devrais avoir la réponse lundi ou mardi.

– Mercredi, c'est Noël. Ce serait bien que l'affaire soit réglée le plus vite possible.

– Vous avez raison, je vais faire ce que je peux. Je reviens vers vous très vite. »

Il s'en va et je me rends compte qu'à part les occasions qui ont valu au commandant de se faire remonter les bretelles, c'est la première fois que j'ai face à moi un policier seul.

Mardi matin, la veille de Noël. Tendu, inquiet, je me dirige vers le bureau où le major m'attend. J'ouvre la porte. Il a sa tête des mauvais jours – visage allongé et commissures des lèvres contractées.

« J'ai fait ce que j'ai pu, vraiment, m'annonce-t-il, mais ils n'ont rien voulu savoir. Ils ont envoyé quelqu'un à Pretoria qui nous a rapporté qu'il n'était pas question que vous vous adressiez à quiconque dans l'entourage du Procureur général. Je suis désolé. »

Bon, au moins j'aurais essayé. Au fond, je suis plutôt content. Je n'avais pas très envie de m'expliquer face au Procureur général, même si l'accord nous limite aux questions écrites qui portent exclusivement sur mes actions. Par principe, je ne devrais rien dire du tout, à personne.

« Voilà ce que je suis prêt à faire, reprend le major, vous rédigez une déposition et je m'engage à ce qu'elle soit remise au Procureur.

– Je vous remercie, mais je ne souhaite pas aller plus loin que ce que j'ai proposé l'autre jour.

– Vous ne me faites pas confiance ?

– Je vous en prie, ne le prenez pas mal, je...

– Je le prends très mal.

– Ça n'a rien à voir avec vous. Je ne suis pas disposé à faire une déposition auprès de quiconque, même de vous.

– Quelle est la différence ? Tout ce que vous diriez au Procureur général finirait par nous revenir. »

Si c'est vraiment le cas, pourquoi n'acceptez-vous pas ma première proposition ? J'ai déjà mis mon honneur d'avocat en jeu. Vous comprenez ce que ça veut dire ? Je suis très ému. Mes paupières me piquent. Quelle humiliation d'être face à des gens qui n'ont que faire de votre honneur. Il me dévisage.

« Je dois avouer que je vous admire, dit-il. Je vous admire parce que vous êtes prêt à écoper pour les autres. »

Vous me prenez pour qui ? ai-je envie de hurler. Ceux qui écopent pour les autres, ce sont les malfrats. Je ne suis pas un malfrat. Je suis un homme de principe, attaché à son honneur. Vous n'êtes pas d'accord, je le sais. Du reste, je ne suis pas en train de remettre en cause votre droit à me retenir, mais pourquoi me parlez-vous comme si j'étais un voleur de bijoux ou un pickpocket ? J'ai les joues en feu, mais, quand j'arrive enfin à parler, je dis simplement :

« Je vous remercie d'avoir essayé. Nous avons fait le tour de la question, à moins que vous souhaitiez aborder un autre sujet. [Ma colère rentrée donne un petit côté hystérique à ce que je dis.] Ah oui, quand même, je vous souhaite un joyeux Noël. »

Lui aussi est plus tendu qu'au début, mais, soudain, les commissures de ses lèvres s'élargissent.

« Je vous retourne tous vos vœux et, comme dit mon copain juif, on se verra après le jeûne ! »

Un de tes meilleurs copains, bien sûr... Le major est tellement mesquin qu'il est incapable de me souhaiter un vrai joyeux Noël. J'ai besoin de retrouver le calme de ma cellule. Il sourit de ses grandes dents jaunies par le tabac. C'est la première fois que j'ai envie d'être seul. Pourvu qu'il se lève, vite. Il m'observe un long moment avec un air paternel et réprobateur, pince les lèvres, secoue la tête et se lève de sa chaise. Ses yeux sont encore plus injectés de sang que d'habitude. Il sort. Le commandant m'attend devant la porte de ma cellule.

« Alors, comment ça s'est passé ?

– J'espérais parvenir à un compromis, mais ils refusent. On est revenu à la case départ. »

Je suis amer. J'ai honte d'avoir proposé de m'adresser au Procureur général, mais je suis furieux qu'on me le refuse.

« J'ai montré votre carte de Noël à Vlok quand elle est arrivée ce matin. On s'est bien marrés. [Il glousse de son gros rire franc, content de lui.] Vous pouvez parler avec Vlok, vous savez, c'est quelqu'un de très droit. Je le connais depuis longtemps. »

Je ne dis rien. Ils ne vont pas me libérer. C'est toi, imbécile heureux, qui m'as dit que je serais libre. Ils vont renouveler l'arrestation quand les 90 jours seront passés. Ils la renouvelleront une fois, deux fois, trois fois... Je sais que tu n'y peux rien, que tu y croyais, que tu voulais me remonter le moral. Pas la peine de me regarder comme ça, avec ton air suffisant. Ce monde merveilleux, il ne va pas faire long feu. Vous pensez que l'Afrique du Sud est un immense commissariat que vous pouvez mener comme bon vous semble, mais vous vous trompez. C'est vous, le problème. Vous, crétins, butés comme vous êtes. Vous dites que vous essayez de vous préserver, mais vous foncez droit vers la destruction. La destruction totale. Vous finirez sous les décombres de ce que vous avez construit. Et ce sera votre faute.

« Pourquoi cet air si sérieux, tout à coup ? [Le commandant interrompt ma rêverie rageuse.] Vous qui êtes tellement joyeux, d'habitude.

– Je réfléchissais. Ils vont m'inculper, c'est ça ? »

Il hoche la tête, un peu gêné.

« Oui, ils vont vous inculper. [Il agite ses clés et se dirige vers la porte.] Je me suis arrangé pour que Mme Cleminshaw vous serve un repas de Noël demain. Ma femme va vous concocter un bon déjeuner. Vous aurez un menu spécial. J'espère que vous apprécierez. Je passerai vous voir dans la matinée. Il faut que j'y aille. Ils m'attendent au quartier général divisionnaire. On a organisé une petite fête, comme tous les ans. Allez, à la vôtre. »

Il claque la porte. J'observe les verrous en croisillons avec amertume. Mon cher cachot, je sens qu'on va vivre encore longtemps, très longtemps, ensemble.

21
Soliloque en bleu

LA PRISON EST POUR LES OISEAUX[26].

Sur le moment, graver cette phrase au-dessus de ma porte m'a beaucoup amusé. C'est drôle de voir les policiers entrer et sortir sans faire attention à cette devise au-dessus de leur tête. Hélas, aujourd'hui, je suis trop mélancolique pour sourire.

J'ai posé l'os à vœux du poulet que j'ai eu à Noël sur un écrou, juste au-dessus du mot « oiseaux ». Il est tout sec et déformé : il a franchement l'air bête. On ne peut pas dire qu'il m'ait valu beaucoup de chance.

Je regarde le calendrier que j'ai consciencieusement tenu à jour le long de la porte. Il forme une colonne descendante qui arrive déjà à mi-chemin de ce que j'ai écrit, pour rire, au ras du sol :

J'ESPÈRE QUE JE N'ARRIVERAI JAMAIS LÀ

Au sommet de la colonne, on lit :

... A. L. SACHS A ÉTÉ DÉTENU EN ISOLEMENT CELLULAIRE SANS PROCÈS EN VERTU DE LA CLAUSE DES 90 JOURS PARCE QU'IL DÉFEND LA JUSTICE POUR TOUS EN TANT QU'AVOCAT ET CITOYEN

---

26. La phrase joue sur le mot d'argot *jailbird* (littéralement, « oiseau de prison »), qui signifie « détenu » (*N.d.T.*).

C'est moi qui ai écrit tout ça ? Je devais être d'une humeur plus enjouée qu'aujourd'hui. Combien de fois a-t-il fallu que je creuse dans la peinture avec l'extrémité du tube de dentifrice pour arriver à ce résultat ?

J'en suis à mon quatre-vingt-neuvième jour. Demain sera le quatre-vingt-dixième, soit la fin de mon premier cycle. Nous sommes pile au milieu des vacances, entre Noël et le jour de l'An. Qu'est-ce qui justifie qu'ils aient le droit de me garder ? Moi qui pensais qu'à cette date je serais à la plage. J'ai été naïf de croire le commandant, mais je suis sûr qu'il était sincère. Toutes les planètes semblaient alignées. Il est allé jusqu'à me dire que je devrais m'engager dans la police et que, vu mes diplômes, je serais promu officier en huit jours. J'ai répondu avec diplomatie que j'avais un tempérament trop doux pour être policier – sous-entendu, je sympathiserais avec le suspect –, et voilà ce qu'il m'a rétorqué :

« Pas de problème, on ne vous enverrait pas en patrouille. On vous confierait du travail de bureau. »

Je crois qu'il m'apprécie. Je le soupçonne même d'avoir fait pression pour qu'on me libère en prétendant devoir faire des réparations et des travaux de restauration dans ma cellule ! Ça expliquerait la présence des types du département des travaux publics, l'autre jour. En même temps, il est obnubilé par l'ordre et la propreté, ce qui est surprenant vu sa veste et sa ceinture mal ajustées. À peine aperçoit-il un embryon de pousse verte entre deux fissures dans le goudron qu'il ordonne qu'on l'arrache. Comment lui avouer que j'adore les petites plantes, y compris les mauvaises herbes qui poussent grâce aux graines transportées par le vent ?

Je suis sûr qu'une des raisons de sa bienveillance à mon égard, c'est que le colonel sort toujours de bonne humeur de ma cellule quand il vient inspecter les lieux. Un jour de pluie, par exemple, celui-ci m'a fait remarquer que je n'aurais pas beaucoup de soleil. Je lui ai répondu :

« Non, même la Cour suprême ne peut pas donner l'ordre au soleil de briller. »

C'est devenu la blague du siècle. Je sens que le colonel n'en peut plus d'entendre le commandant la répéter toutes les semaines. Je me demande s'il lui a montré ma carte de Noël. Elle était adressée au personnel du commissariat, mais il a dû la faire circuler :

J'AI BEAU AVOIR VINGT-ET-UN ANS[27] DEPUIS SIX ANS AU MOINS

TOUT CE QUE JE VEUX POUR NOËL C'EST

Et sur la page suivante :

LA CLÉ DE LA PORTE

Ma campagne pour être libéré avant Noël n'a pas abouti, mais j'ai bien ri en rédigeant la carte.

Tout me revient si clairement. C'est fou ce que ma mémoire est précise, du moins pour ce qui s'est produit depuis mon incarcération. J'oublie tout ce que je dois faire, mes souvenirs du monde extérieur sont extrêmement fragiles, mais les événements qui ont rythmé ma détention apparaissent très nettement dans mon esprit. Sans doute parce que la vie ici est pure, pour ainsi dire. Les distractions, les petits tracas de la vie quotidienne et les préoccupations qui parasitent l'esprit n'y ont pas leur place. L'air est dégagé, comme une scène un soir après la pluie, quand, au loin, des réverbères projettent une lumière continue, sans vacillements. Étrangement, j'ai tendance à oublier le cauchemar que je vis. La solitude, les crises de désespoir, les heures et les heures de détresse, les envies de suicide : je m'y suis résigné. J'accepte également le... comment dire ? le processus de désintégration de mon esprit. L'incapacité à suivre un fil de pensée, et l'apathie. Le désir fou d'avoir quelque chose à faire, comme si j'étais prisonnier du désœuvrement, la soif de stimulations, l'impression de neutralité, la dépersonnalisation, les terreurs ridicules – enfin, j'espère qu'elles sont ridicules. Qu'une telle soit enceinte, que tel autre soit gravement malade.

---

27. Âge de la majorité.

Si vous regardez au-delà de l'obscurité, vous ne voyez pas la nuit, vous ne voyez que les lumières. De même, si vous nagiez sous l'eau, vous ne verriez pas les flots salés, suffocants et âcres, parce que ce serait votre habitat. Vous verriez des poissons qui glissent, des algues qui virevoltent et des rochers incrustés au fond qui réfractent la lumière. Si quelqu'un vous demandait à quoi ressemble l'envers de la surface de l'eau, vous ne diriez pas qu'il est aqueux, vous décririez ce que vous voyez.

Je pense beaucoup à la mer, ces jours-ci. Quand je cours à l'heure de la promenade, j'imagine que je me précipite vers la mer. Quand je suis allongé au soleil, je rêve que je suis sur un radeau qui dérive dans une zone de calme un peu soporifique, loin du rivage. Souvent, j'ai l'impression que cette période de détention est un voyage dans une autre dimension, une existence baignant dans un élément étrange, une brusque inversion de l'évolution, revenue à une vie sous-marine primordiale. Est-ce la lecture de *Moby Dick* qui me rend si sensible à l'élément marin ? Il faut que je retrouve le passage... ah, le voilà :

La mer, en ricanant, avait épargné son corps fini, mais noyé l'infini de son âme. Ne l'avait pas noyée tout entière, cependant, mais plutôt entraînée vive jusqu'à de merveilleuses profondeurs où, sous son regard passif, glissaient çà et là les formes étranges du monde premier encore inaltéré où Sapience, le triton avaricieux, révèle ses montagnes de trésors. Parmi ces éternités de joie cruelle et jeune à jamais, Pip vit les armées d'insectes coralliens, présence divine hissée hors du firmament des eaux, et les orbes gigantesques[28].

Ces lignes ont une force et une majesté comparables à celles du *Livre de Job*. Quand je pense que si je n'avais pas été incarcéré, je n'aurais lu ni l'un ni l'autre. À toute chose malheur est bon. Ma détention me réserve sans cesse des surprises. Les policiers qui m'ont accueilli en me hurlant dessus me demandent maintenant des conseils juridiques. Certains vont jusqu'à m'appeler « Maître ».

---

28. Herman Melville, *Moby Dick*, traduction de Philippe Jaworski, Paris, Gallimard, coll. « La Pléiade », 2006, chapitre 93. *(N.d.T.)*

Je parie que je suis le premier prisonnier qui se plaint de trouver trop de roquefort et d'olives dans ses colis alimentaires !

Je suis émerveillé par le nombre de personnes qui s'organisent à l'extérieur pour que je sois bien nourri. Cinq fois par semaine, je reçois un repas, outre du lait et des fruits de tous les jours. Au moins trois fois par semaine, j'ai du roquefort et des olives. Au début, j'adorais ça ; aujourd'hui je ne supporte plus ni l'un ni l'autre. D'après le commandant, c'est Mme Cleminshaw qui s'occupe de tout. J'ai une chance folle d'avoir une amie aussi dévouée. Et je me sens bien ingrat. Je scrute chaque produit et chaque plat comme un inspecteur d'hygiène alimentaire ou un examinateur d'école de cuisine. J'évalue les efforts et l'imagination qu'il a fallu pour les préparer. Un repas froid ? Ils ne savent pas que ma cellule est fraîche ? Est-ce parce qu'ils sont trop occupés pour songer à moi ? Parce qu'envoyer un colis est une corvée ou une charge hebdomadaire ? Un plat original et bien préparé me procure un plaisir fou, une assiette de soupe peut me déprimer pendant des heures. Un vrai bébé. Je n'y peux rien, c'est plus fort que moi. Et puis je ne jette rien. J'ai une montagne de rebut : ficelle, papier, boîtes en plastique, tasses en papier, emballages de fruit, papier d'aluminium. Il faudrait que je m'en débarrasse. Que je me débarrasse de tout, y compris du papier d'aluminium, que j'ai comprimé en une balle que je lance sous le soleil. Je cache aussi des tas de babioles : un morceau de crayon, une lame, du papier, des friandises.

Je fais de la lèche aux flics. Je ne peux pas le dire autrement. Je ne rampe pas à leurs pieds, mais je fais tout pour avoir leur approbation et je suis plein de déférence à leur égard. Que pensent-ils de moi ? Je suis sûr que la plupart d'entre eux aimeraient qu'on me libère, alors qu'au début ils y étaient hostiles. Celui qui fait office de coiffeur a refusé que je le rémunère quand il m'a coupé les cheveux. « C'est mon cadeau de Noël. »

Je songe aussi au sergent, qui est venu le jour de Noël. Il a retiré sa casquette, m'a serré la main et m'a souhaité bonne chance pour le futur, même si le présent n'était pas brillant. En général, les policiers n'aiment pas les types de la Security Branch, même s'ils n'apprécient pas non plus le commandant.

Au fond, c'est un commissariat où les gens sont malheureux, un nid de crabes qui fourmille d'intrigues, d'accusations et de contre-accusations. Il y a deux semaines, le commandant a prétendu que des agents avaient volé des couvertures. J'ai l'impression qu'ils ne se gênent pas pour gommer ou modifier des entrées dans les classeurs. Ils profitent du moment où ils me surveillent pendant que je cours. Ils ne se rendent pas compte que je les observe et que je les écoute, même si j'arrive presque toujours à des conclusions erronées. Comme ce jour-là, quand les couvertures ont disparu. Peu avant, j'avais vu un des sergents effacer une entrée en grattant avec une lame. Puis j'ai entendu des agents parler d'un policier qui s'était suicidé en se tirant une balle. Comme le sergent s'est volatilisé pendant une semaine, j'ai pensé que c'était lui, que son vol avait été repéré. Un beau jour, il a réapparu. Il avait tout bêtement été envoyé travailler ailleurs pendant une semaine. Je passe mon temps à essayer d'emboîter des morceaux d'information pour qu'ils forment une histoire.

Je n'oublierai jamais l'épisode des titres de journaux. C'était à l'heure de la promenade, un samedi après-midi, vers la mi-novembre. Je venais de commencer à courir quand j'ai remarqué que les deux surveillants lisaient le journal. Ils étaient assis autour d'une table, dans un renfoncement, sur le côté de la cour. Je les voyais pendant à peu près un tiers de mon circuit. Les journaux étaient ouverts sur la table, mais comme je bougeais, je ne distinguais pas grand-chose. En revanche, je pouvais difficilement manquer les caractères des gros titres, exceptionnellement gros. L'interdiction d'avoir des nouvelles est tellement stricte que, s'ils avaient vu que j'essayais de les lire, ils auraient replié les journaux en me houspillant. Tout en courant au même rythme, je m'orientais de façon à pouvoir scruter les journaux sans tourner la tête. J'ai passé toute la demi-heure de ma promenade à tenter de déchiffrer les manchettes. La première lettre était un *K*, sans conteste. Ensuite, j'avais l'impression de voir un *E*, mais je n'en étais pas sûr. La troisième lettre ressemblait à un *S* – à moins que ce ne soit un *N* ou un *W*. *K-E-S* ? ou *K-E-N* ? « Kenya » ? En afrikaans, ça doit s'écrire « Kenia ». Ou alors « Ken »... Cela veut-il dire que le Kenya suit une évolution proche de celle du Congo ? Dans ce cas, les Blancs d'Afrique du Sud vont paniquer et le gouvernement va en profiter pour garder encore plus longtemps sous les verrous. Ou y aurait-il des élections ? C'est le seul événement que les journaux annoncent avec des caractères aussi gros. Comment dit-on « élections » en afrikaans ? Ah oui, « *verkiesing* ». Est-ce que le mot « *kiesing* » (qui signifie « choix ») existe ? C'était peut-être *K-I-E*. J'ai gambergé jusqu'à ce que les policiers referment leur journal et me raccompagnent dans ma cellule. J'y ai repensé plusieurs fois dans la journée et les jours suivants, puis, au bout d'un certain temps, j'ai fini par oublier. Cinq jours plus tard, le capitaine et le lieutenant sortaient de ma cellule (ils étaient venus pour un court interrogatoire), quand le second s'est retourné :

« J'imagine qu'on vous a dit, pour Kennedy ? »

Kennedy – *K-E-N*, bien sûr, Kennedy. Non, on ne m'avait rien dit.

« Vous ne savez pas qu'il a été assassiné ?

– Quoi ?

– Il a été abattu la semaine dernière », a répondu le lieutenant avec un sourire de loup.

Je devais être la seule personne du Cap à ne pas être au courant. J'ai imaginé le coup de tonnerre qu'avait dû provoquer l'annonce – les uns arrêtant les autres pour leur demander « Tu savais ? », avec le petit gloussement gêné que provoque ce genre de nouvelle.

Le lieutenant, lui, venait de trouver quelqu'un auprès de qui il était l'heureux messager.

« C'est pas une blague ? ai-je demandé, soupçonneux.

– Bien sûr que non. Le pire, c'est que non seulement il a été assassiné, mais son assassin aussi. »

J'ai regardé le capitaine, tout sourire lui aussi.

« C'est vrai, a-t-il confirmé.

– Qui l'a tué ? Qui a tué Kennedy, je veux dire ?

– Un de *vos* copains », a répondu le lieutenant avec un rictus narquois, manifestement ravi.

Quelle horreur. Ils se frottaient les mains alors que je tombais des nues. Cet assassinat était peut-être synonyme de guerre... de guerre ! Armes nucléaires, plus de limites. Le monde partant en fumée. L'humanité rayée de la carte.

J'ai honte de ce qui s'est passé ensuite. C'est ce qui m'affecte le plus quand je pense à ce qu'ils ont fait de moi : j'interprète désormais tout ce qui se passe sur la Terre en fonction des conséquences que ça peut avoir sur moi-même. Ce jour-là, alors que je découvrais que le monde était au bord de la destruction, tout ce que je me disais, c'était : s'il y a la guerre, ça va être atroce pour nous, les détenus. On va nous aligner et nous fusiller. Je me voyais déjà embarqué par des matons, plaqué contre un mur et abattu. Pour la première fois depuis les premiers jours de ma détention, j'ai pensé m'évader. J'étais terrifié à l'idée d'être fusillé – en même temps, j'avais trop intégré ma nouvelle vie pour envisager concrètement de sauter de l'autre côté du mur. Puis un jour, en courant autour de la cour, un merveilleux rêve éveillé est venu à ma rescousse.

J'ai rêvé que le commissariat avait été une école. Dans ma cellule se trouvait l'extrémité d'un tuyau de gaz qui, autrefois, menait à un laboratoire. J'ouvrais l'embout du tuyau et je le raccordais à mon matelas pneumatique qui gonflait comme un ballon, léger comme un papillon. Je m'attachais au matelas avec la ceinture de mon peignoir et je m'échappais de la cour en flottant. Je montais haut, très haut dans le ciel, loin du commissariat. Je planais au-dessus du Cap en contemplant les maisons et la verdure. Puis, laissant peu à peu le gaz s'échapper, je descendais et atterrissais sur une douce pelouse verte où personne ne venait plus me harceler.

Mes divagations finissent toujours mieux quand je cours que lorsque je suis allongé. Je crois que je rêve plus le jour que la nuit. Les premières semaines, j'ai fait plusieurs rêves très marquants.

Certains étaient érotiques, et je me rappelle qu'à chaque fois le coït était interrompu par un incident extérieur. Aujourd'hui, tout se passe comme si je n'avais pas assez de matière pour m'occuper l'esprit quand je suis éveillé, encore moins quand je dors. Quant à ma vie sexuelle, j'y pense à peine. J'adorerais que quelqu'un vienne me tenir la main en me disant que je suis adorable, mais je n'aimerais pas que quiconque se glisse dans mon lit. S'ils acceptaient qu'une fille passe une nuit avec moi ici, je refuserais. Cela bousculerait le cadre que je me suis fixé, et j'aurais du mal à le réajuster.

Manifestement, quand vous êtes privé de stimuli extérieurs, la pulsion érotique s'affaiblit. Sans les passages stimulants de certains livres que je lis, je crois que je ne penserais plus du tout à ma vie sexuelle. Je vois bien le commandant : il est vieux, obsédé par le sexe et la morale. Il interprète la Bible comme une histoire de relations sexuelles et d'apartheid. Le jour où il a découvert que Lawrence Durrell qualifiait son *Quatuor d'Alexandrie* d'enquête sur l'amour, il a failli le mettre de côté sous prétexte que c'était une tétralogie « immorale ». J'ai un peu menti en lui expliquant que ce n'était pas une tétralogie immorale, mais une tétralogie qui mettait en scène l'immoralité.

Durrell, Henry James, Proust, George Elliot, Racine, Melville, Moss Hart, Mary Renault, Jan Rabie, Venter, C. P. Snow et Lampedusa : la liste des auteurs que j'ai lus est longue et variée. Du reste, il m'arrive d'avoir envie de relier les personnages de différents livres. Je me ferais même un plaisir de plonger dans la boue du Nil plusieurs vieilles dames et vieux messieurs chichiteux de James, avec leurs histoires d'« atmosphères » et de « relations », ou de les envoyer en mer avec le capitaine Achab. Ils ne mettent jamais les mains dans le cambouis, ne fournissent jamais le moindre effort – comme moi ici !

L'oisiveté est une prison en soi. Quel que soit l'effet produit par les murs de pierre et les barreaux de fer, les heures vides sont une prison et l'oisiveté est une cage. Le seul effort que je fournis ces temps-ci, c'est quand je cours. Au point où j'en suis, j'ai dû parcourir une sacrée distance. Si je cours un kilomètre et demi en dix minutes, je fais un peu moins de cinq kilomètres par jour. Multipliés par 89 jours – ou 90 –, ça fait presque quatre cent cinquante kilomètres au total. Je me demande si j'aurais été capable de courir jusqu'à Muizenberg s'ils m'avaient libéré. Le sergent m'a dit que la plage se situe à moins de 130 kilomètres et que j'y arriverais sans problème en gardant le menton levé. Apparemment, il a lui-même été très sportif. C'est l'un des plus doux ici. Il n'élève jamais la voix. Je parie que c'est un ancien militaire.

Il a un collègue aussi calme que lui – je me demande s'il est homosexuel – qui m'a proposé d'aller faire la fête avec lui le jour où je serai libéré. Ils organisent des soirées sympas – sans filles, a-t-il précisé –, où ils picolent et s'en donnent à cœur joie. D'où viennent les deux griffes qu'il a sur la joue ? Le jour de Noël, son compagnon, l'agent le plus jeune, était malade. Il avait vomi dans la cour. La matinée était exceptionnelle. Tous les détenus avaient été libérés sous caution, sauf une femme qui, disaient-ils, était une prostituée. Elle n'avait pas les cinq livres requis pour sortir. Une chance pour moi, car j'ai pu faire un cadeau de Noël à quelqu'un, et le faire en vrai chrétien, sans que la main gauche sache ce que fait la main droite – il faudrait que je relise ce passage. Je me demande à quoi elle ressemblait. Finalement, ils l'ont laissée sortir sous engagement de comparaître et m'ont rendu mes sous. Si bien que j'ai gagné sur les deux tableaux : non seulement j'ai eu la satisfaction d'avoir été généreux, mais j'ai récupéré mon argent.

La veille de Noël, ils ont organisé un réveillon pour les fonctionnaires du tribunal. Plus exactement, deux réveillons : un pour les Blancs et un pour les non-Bancs, comme si deux enfants-Jésus étaient nés à Bethléem. La cour qu'on m'avait attribuée pour ma promenade jouxtait le bâtiment du tribunal. J'entendais le bavardage des non-Blancs – les interprètes et le personnel d'entretien – par les fenêtres, et je sentais le parfum de leurs épouses. J'ai même reconnu la voix du premier magistrat qui leur demandait s'ils s'amusaient bien. Sa question fut suivie de réponses obséquieuses affirmant qu'ils étaient ravis, mais j'étais à un mètre et j'avais envie de hurler à leur place :

« Non, nous ne sommes pas ravis ! Pourquoi faut-il que nous soyons parqués dans ce passage alors que vous, les Blancs, vous faites bombance dans la salle d'audience ? Après tout, qu'est-ce qu'on fête ? Les milliers de personnes qu'on a envoyés au cachot cette année ? Les centaines de gamins qu'on a battus à coup de trique ? Une salle d'audience est un endroit glacial, solennel, où l'on disloque l'humanité, ce n'est pas un lieu où l'on s'amuse. »

Évidemment, je n'ai rien dit. J'ai continué à courir, enivré par les doux effluves qui s'échappaient des fenêtres. C'était le premier parfum de femme que je sentais depuis trois mois. Entre ça et le magnifique gâteau qu'un ami m'a gentiment envoyé (il ne s'est pas fichu de moi), je n'avais jamais connu une telle veillée de Noël. Je me rappelle avoir été au bord des larmes.

Je suis devenu très émotif. Je suis incapable de faire face aux surprises, surtout si elles sont agréables. Ce jour-là, après avoir fini le gâteau, je me suis senti triste. Il n'en restait plus rien et j'étais toujours derrière les barreaux. Je me revois allongé au soleil sur ce petit carré de bitume cerné de murs, devant ma cellule, pensant aux familles qui se séparent après un dîner copieux et chaleureux, chacun se réjouissant de retrouver sa solitude et d'aller dormir. Je reconnais que j'ai la chance de pouvoir profiter du soleil tous les jours. J'ai l'illusion de prendre soin de moi. Il suffit que je me laisse aller pour oublier que je ne fais rien, que je ne pense à rien. Comme si c'était une activité en soi, paresser dans la cour. Mais dès que le soleil disparaît, je me sens mélancolique. J'observe les insectes qui se débattent sur les murs, piégés, faisant des mouvements spasmodiques pour essayer de recouvrer la liberté. Puis finissant par mourir. Leurs petites carcasses gisent sur le sol brûlant, vides et déshydratées. De délicates graines-parachutes glissent en flottant le long du haut mur avant d'atterrir sur le bitume. Rien ne pousse. La moindre particule verte est considérée comme une mauvaise herbe qu'il faut balayer illico. Je suis dans un lieu de mort, et je le profane parce que je suis en vie. Un jour, moi aussi je deviendrai poussière et serai évacué par des poils durs et épineux.

Je me demande ce qu'ils vont faire de moi demain. Il y a une petite chance qu'ils me relâchent, puisque mes quatre-vingt-dix jours parviennent à leur terme, mais c'est peu probable. Peut-être qu'ils me traduiront en justice la semaine prochaine. Quoi qu'il arrive, il ne sert à rien de spéculer. Je n'en suis plus à deux jours près. J'ai tenu bon presque trois mois, ce qui n'est pas rien. Je suis donc à mi-chemin de la fin de mes prochains quatre-vingt-dix jours. Pourvu que je tienne le coup.

Cette porte en acier est tellement impressionnante, tellement tenace. J'ai besoin de me nourrir et de m'entraîner tous les jours, alors qu'elle se contente de se dresser face à moi, comme ma destinée. Il faut que je retire l'os à vœux. Il avait un petit côté guilleret le jour où je l'ai posé, mais là, il a l'air bêta, ce n'est plus qu'un petit os crasseux. Autant le casser.

Je me souviens que, quand j'étais libre, j'avais du mal à formuler des vœux. Un jour, je suis resté planté dix bonnes minutes alors que ma pièce avait atterri au fond d'un bassin, incapable de choisir quelque chose qui ait du sens. Je voulais un souhait que je puisse partager, mais un souhait personnel ; un souhait qui soit universel mais pas trop abstrait. Qui ne soit pas trop irréaliste mais un peu fantaisiste. À la fin, mon vœu cochait toutes les cases, sauf la plus importante : la spontanéité.

Aujourd'hui, je n'hésite pas. Je prends l'os à vœux avec les deux mains et je tire. C'est la main gauche qui l'emporte : tant pis si la droite a deviné.

Je fais le vœu qu'ils me libèrent.

Me libèrent.

Me libèrent.

Troisième partie

Caledon Square
À chaque jour suffit sa peine

22
Vivat libertas

Cette fois-ci, au moins, je n'ai pas d'idées suicidaires. Je me suis habitué à être transféré. En revanche, mon niveau de vie a baissé. Je suis de retour par terre, même si je dispose d'un matelas et d'une banquette étroite sur laquelle il m'arrive de m'asseoir. Ma cellule n'est pas grande – à peine deux mètres sur trois – et tellement sombre que la lumière électrique doit rester allumée toute la journée. Heureusement, ils m'ont rendu ma montre, sinon je serais bien en peine de me repérer dans le temps. Je n'ai ni lavabo ni eau courante et il va falloir que j'apprivoise une nouvelle série de gardiens. Je ne verrai plus le soleil, bien que l'on m'accorde une demi-heure le matin et une autre en fin d'après-midi pour m'aérer dans une courette, située au bout du couloir qui longe ma porte.

Ça fait quelques heures à peine que j'ai été transbahuté du commissariat de Wynberg à celui de Caledon Square. Cette fois encore, ils ne m'ont pas dit où ils m'emmenaient.

« Prenez vos affaires le plus vite possible, m'a lancé le lieutenant Wagenaar.

– Ces temps-ci, j'ai du mal à me dépêcher.

– Eh bien vous feriez mieux de faire un effort. »

Ils me condamnent à ne rien faire quatre-vingt-neuf jours d'affilée, mais quand ils veulent que je bouge, ils s'attendent à ce que je leur obéisse au doigt et à l'œil. Ça doit être un des principes de la vie en prison : d'interminables plages de temps perdu ponctuées par quelques sprints absurdes pour faire plier le prisonnier.

Le trajet qui m'a mené jusqu'ici fut décevant. J'étais dans une voiture, ce qui signifie peut-être que mon statut s'est amélioré. J'ai trouvé les couleurs et les mouvements stimulants, mais pas aussi grisants que lors de mon transfert de Maitland à Wynberg. La lecture a dû étancher une partie de ma soif de stimulation visuelle.

Je les soupçonne de m'avoir conduit au commissariat central de Caledon Square parce que c'est le quartier général de la sécurité. Je me demande si je ne suis pas le dernier détenu du Cap ; si c'est le cas, m'avoir sous la main évitera aux types de la sécurité d'avoir à se déplacer jusqu'à Wynberg pour m'interroger. Cela dit, la cellule est tellement fruste et exiguë que je doute qu'ils me gardent longtemps.

Demain, j'arrive au bout de mes quatre-vingt-dix jours. Ils n'auraient pas pris la peine de me transférer s'ils ne s'apprêtaient pas à renouveler ma détention. Je serai peut-être traduit en justice la semaine prochaine. Les deux premiers mois de mon incarcération, je rêvais de passer devant un tribunal. Aujourd'hui, je suis plus ambitieux : je veux sortir d'ici en homme parfaitement libre. Cela dit, si je suis inculpé – ce qu'ils semblent avoir à l'esprit –, ce sera l'occasion d'essayer d'obtenir une mise en liberté sous caution. Je pourrai me présenter au tribunal, déposer une demande et leur faire part du cauchemar de l'isolement cellulaire. Je leur dirai que je suis psychologiquement et mentalement incapable d'affronter un procès ; que ma seule compagnie, ce sont les puces ; que l'unique distraction qui m'est permise est de me laisser pousser une moustache ; qu'avant d'avoir à répondre d'une accusation criminelle, je voudrais pouvoir me mêler à mes semblables et me remettre d'aplomb en ayant le sentiment d'appartenir à l'humanité. J'exigerai que ce soit Harry, à la tête du barreau, qui me défende. Il doit être en vacances. Je me demande si je serai relégué dans l'une des petites salles du haut, où ils défèrent des détenus qu'ils veulent soustraire à la vue du public et de la presse. J'insisterai pour pouvoir téléphoner à un avocat, et à ma mère. Comparaître au tribunal est un premier pas vers la liberté. Qui sait, cependant, s'ils comptent me traduire en justice ? Il est possible qu'ils cherchent à me briser en me condamnant à une seconde série de quatre-vingt-dix jours. Je dois m'attendre à ce qu'ils redoublent d'efforts pour me faire craquer. S'ils sentent que je suis prêt à tout endurer, je peux envisager une mise en liberté ; mais s'ils perçoivent la moindre faille, ils ne me laisseront jamais repartir.

Plus j'observe cette petite cellule minable, plus je suis persuadé que c'est un lieu de transit. Les murs sont couverts des noms des prisonniers politiques qui m'ont précédé. Quelqu'un a écrit des devises en latin ; ça doit être un professeur. Ah, voilà, j'ai repéré sa signature : Achmat Osman. Il n'est resté ici que vingt-quatre heures. *Sic transit nox doloris.* Pas très gai : « Ainsi passe une nuit de douleur. » Je vais ajouter ma pierre à l'édifice, même si écrire au stylo sur un mur n'est pas très commode. En appuyant, je grave : *Sed sic advinit nova dies* – « Puis arrive un jour nouveau ». C'est *advenit* ou *advinit* ? Je suis sûr qu'Achmat n'aura rien à redire à mon addendum, même si mon latin est bancal.

Nouvelle devise signée de sa main : *Vae tyrannis* et, plus loin, *Vae tyrannibus.* Manifestement, lui aussi a hésité. Aucun risque qu'un inspecteur vienne lui reprocher ses fautes, cela dit. « Malheur aux tyrans », je crois que c'est ce que ça signifie.

Vivat libertas. Vive la liberté. Cette fois-ci, ça y ressemble. Je fais confiance au vieil Achmat pour leur lancer ce genre de défi – en latin. Là, juste au-dessus du sol, il a écrit : « Osman a dormi ici. » Un peu plus bas, je lis : « April aussi. » Jimmy April a donc aussi été bouclé entre ces murs. Les cellules réservées aux non-Blancs devaient être pleines à craquer pour que la police les fourgue ici. J'en profite pour ajouter : « Sachs aussi. »

Puis j'inaugure un nouveau calendrier à côté de la porte. « Arrivée – 28 décembre 1963 ». Départ – ça reste à voir.

Le seul avantage de cette cellule est la fenêtre. Située à hauteur des yeux, mais lourdement grillagée des deux côtés, elle permet de voir l'extérieur quand elle est ouverte. La vue est bloquée par un mur en briques rouges à environ un mètre. Néanmoins, si je me place dans le coin près de la porte et que je lève les yeux, j'aperçois une pièce de l'autre côté, un peu plus haut. De temps à autre, je distingue les épaules et la tête d'un policier qui passe devant la fenêtre.

Une cacophonie de voix retentit sans cesse depuis cette direction. Au début, je n'entendais qu'un vacarme indistinct ; maintenant, j'arrive à identifier des sons. J'en ai déduit que cette pièce était réservée à la brigade volante – ou à la « patrouille radio », comme ils la nomment. Le fait est qu'ils sont plusieurs à répondre à des appels anonymes. J'entends : « Bonjour, ici le 414, patrouille radio » à longueur de journée. « Quel est votre nom, d'où appelez-vous ? Oui, je me doute que vous appelez d'une cabine, mais où ? Ne faites pas l'idiot, évidemment que c'est dans la rue, mais laquelle, quel est le nom de la rue ? – la grande rue ? Quelle grande rue, où êtes-vous ? Dans quelle partie de la ville ? Écoutez, je ne peux pas vous envoyer de fourgon si je n'ai pas d'adresse. »

Les questions n'en finissent pas. Ils doivent être plusieurs à recevoir des appels en même temps, chacun dans une cabine. Leurs échanges, qui consistent surtout à crier, se chevauchent, comme une fugue. Plus loin dans la pièce, un sergent relaie les messages aux fourgons de la patrouille radio. Autrement dit, il transmet les réclamations aux équipes les plus proches de la scène de l'incident qui requiert une intervention.

Je l'entends répéter : « Je demande le C2, je demande le C2. »

Suit une réponse brouillée par les grésillements et les déformations exaspérantes des ondes courtes.

« Allô, ici le C2. Ici le C2, c'est le sergent Malan.

– C2, il y a eu une rixe dans la maison située au 24, Black Street. Le nom du plaignant est September, il vous attend devant la cabine téléphonique au croisement de Black Street et de Main Road. »

C2 répète l'information et dépêche un fourgon sur place. S'ensuivent une nouvelle transmission de message, puis une autre, et encore une autre... C'est un flot ininterrompu. Comportement violent, état d'ébriété, vol, agression : telles sont les plaintes qui exigent d'être prises en charge. Comme mes oreilles ne sont pas habituées à ce raffut permanent, je suis à cran. Le son entre et sort de ma conscience comme le ressac des vagues que les habitants des bords de mer oublient et se rappellent brusquement.

À un moment où ma conscience est apaisée, je distingue un bruissement inattendu qui provient de mon environnement immédiat. Quelqu'un est en train de siffler près de ma porte. Je reconnais la mélodie, c'est un air à la mode que je suis pourtant incapable d'identifier. Je me plaque contre la porte et j'enchaîne. Mon sifflement est prudent, mais clair. Je recommence, j'attends.

« Jolie mélodie, pas vrai ? »

On vient de s'adresser à moi avec un accent afrikaans, même si la voix est étouffée par les cloisons qui nous séparent.

« Oui. C'est quoi, déjà ?

– Aucune idée. En tout cas, elle est sympa. T'es ici pour quoi ? »

C'est à moi que la voix s'adresse. Il y a bien quelqu'un, je ne me suis pas trompé, et nous sommes en train de discuter.

« La loi des 90 jours. J'en suis à quatre-vingt-neuf. Demain, j'arrive au bout mais ils risquent de renouveler la série. Et toi ?

– Soi-disant pour vol. C'était il y a deux ans. Une moto a disparu et ils disent que quelqu'un m'a vu dessus. Ça fait quel effet, les 90 jours ? »

Sa voix est amicale. Je me rends compte que c'est ma première conversation normale depuis au moins trois mois. Je m'égosille contre l'énorme porte en acier tout en veillant à ne pas attirer l'attention de la patrouille radio.

« C'est atroce. Je suis entièrement seul, condamné à l'isolement cellulaire depuis le début. Les six premières semaines, je n'avais strictement rien à faire ; maintenant, j'ai des livres, un crayon et du papier. Si je mets à part la police, tu es la première personne à qui je parle depuis plus de deux mois.

– Eh ben… Ça craint. Pourquoi ils t'ont arrêté ?

– Politique. Ils ne m'ont jamais donné de vraie raison. Ils n'ont retenu aucune charge contre moi, mais je suis interdit de visites, y compris de visites d'avocat.

– Putain, c'est dur. La police a tous les droits. Comment tu t'appelles ? Moi, c'est Bothma, Frank Bothma.

– Albie Sachs. Je suis avocat, du reste si tu as besoin de conseils je serai ravi de t'aider. Tu fais quoi ?

– J'étais gardien, pas loin, à la prison de Roeland Street. Mais ils m'ont flanqué dehors et j'ai fait pas mal d'autres boulots depuis.

– Pourquoi ils t'ont flanqué dehors ?

– Une histoire de fusil que j'ai vendu. C'était pas bien grave. Je suis connu ici, je peux avoir ce que je veux. Si tu as besoin de quelque chose, tu me le dis et je m'arrange avec les responsables.

– Merci, c'est gentil. Je ne pense pas qu'ils pourront faire grand-chose pour moi. La Security Branch est archi-stricte avec les détenus de la loi des 90 jours. Mais merci pour la proposition.

– T'as pas envie d'une clope, d'une boisson fraîche, ce genre de truc ?

– J'ai arrêté de fumer il y a deux ans. Le plus beau cadeau que tu puisses me faire, c'est de discuter avec moi. Pour moi, c'est ce qu'il y a de plus précieux au monde.

– T'as dit quoi, là ?

– Pardon, je vais parler un peu plus fort. J'ai dit : c'est ce qu'il y a de plus précieux. Pouvoir discuter avec quelqu'un… Quand est-ce que ton dossier doit être traité ?

– J'ai déjà été au tribunal. Ils m'envoient à Durban, j'attends de pouvoir sortir sous escorte. Je pense que ce sera dimanche prochain.

– En tout cas, si tu as envie qu'on parle de ton dossier, je te donnerai des conseils juridiques gratuits. C'est exceptionnel pour moi de pouvoir te parler, et je ne demande que ça, reprendre un travail juridique, même en prison.

– OK. Je te raconterai plus tard. Ça fait passer le temps. »

Je ne suis plus seul. J'ai un voleur pour compagnon. Plus exactement – puisque je suis de nouveau avocat –, un homme soupçonné d'avoir volé. Vrai ou faux, il a une voix, c'est une personne, et nous nous parlons comme deux êtres humains.

C'est peut-être un piège. Il faut que je fasse attention. S'il a été surveillant de prison, il est possible qu'ils le manipulent pour essayer de me faire parler. En même temps il avait l'air sincère – et si ç'avait été un piège, m'aurait-il dit qu'il avait été surveillant ? De toute façon, même si mes soupçons sont fondés, c'est quelqu'un avec qui je peux bavarder ; c'en est fini de l'isolement. Si l'on se rencontrait dehors, on n'aurait probablement rien à se dire – il pourrait faire partie de mes clients, auquel cas on discuterait de son dossier, mais je doute qu'on partagerait grand-chose. Ici, nous sommes égaux. Nous avons un ennemi commun – la police – et un objectif commun – la liberté. Finalement, avec ce transfert, j'ai perdu le soleil mais gagné un ami. D'une manière ou d'une autre, la roue tourne. Quel que soit le sort qu'ils me réservent, je ne devrais pas rester ici longtemps. En attendant je me demande ce qu'ils vont faire de moi demain.

23
Libération

« Nous sommes venus vous libérer. »

Dimanche matin, 29 décembre, dernier jour de ma détention. Le capitaine se tient dans l'embrasure de ma porte et me cache en partie la silhouette d'un homme plus petit, vêtu d'un costume brun ajusté.

« Vos quatre-vingt-dix jours sont passés, vous pouvez y aller », poursuit le capitaine.

Je le dévisage d'un air soupçonneux. Quelque chose sonne faux. Je ne dis pas un mot.

Il fait un pas de côté et son acolyte entre dans ma cellule. Je le reconnais, maintenant : c'est le colonel, l'homme derrière les forces de sécurité du Cap.

« Je suis le colonel Macintyre », dit-il. Je remarque qu'il tient un papier à la main. « Tenez, c'est pour vous », ajoute-t-il en me le remettant. Ses lèvres forment une douce bouillie quand il parle parce qu'il a les gencives à nu. Le colonel des forces de sécurité du Cap est donc sans dents – il en attend sans doute des fausses.

Je prends le papier et le lis. Les formules sont claires et nettes :

... par la présente, ordre est donné qu'Albert Louis Sachs, actuellement détenu en vertu de la section... au commissariat de police de Caledon Square, Le Cap, soit libéré sans délai.

« Je crois qu'on se connaît, dis-je au colonel. Ce n'est pas vous qui supervisiez les forces de l'ordre qui ont dispersé la foule le jour du rassemblement "N'oubliez pas Sharpeville" ? Ça devait être en 1961. »

À l'époque, il était capitaine et portait l'uniforme de la police. Je me souviens qu'il s'était montré efficace et relativement peu provocateur à l'égard de la foule. Je voudrais le faire parler pour savoir, au ton de sa voix, s'ils comptent vraiment me libérer. Car je ne crois pas un mot de ce qui est écrit sur le morceau de papier que j'ai entre les mains.

« Vous avez raison. Je vous demanderai de rassembler vos effets personnels, dit-il d'un ton neutre, les mots clapotant tranquillement sur ses lèvres amollies.

– Je suis vraiment libre ?

– Oui, vous êtes libre, répond le capitaine.

– Vous voulez dire que je peux rentrer chez moi ?

– Oui, vous pouvez rentrer chez vous. »

Je rassemble mes affaires en observant attentivement le colonel et le capitaine. Je les trouve particulièrement formels et insistants. Comment se fait-il que ce soit le colonel qui supervise ma sortie alors qu'il aurait pu envoyer un sergent ? En même temps, ils viennent de me dire que je pouvais rentrer chez moi. Des lueurs d'espoir se mettent à scintiller dans mon esprit. Je peine à coordonner mes deux mains et à me concentrer.

« Je peux vraiment rentrer chez moi et aller voir ma mère ?

– Vous pouvez rentrer chez vous, aller voir votre mère et qui vous voulez. »

Ils appellent un agent pour qu'il emporte mes couvertures et mes provisions. Le colonel et le capitaine se faufilent tant bien que mal hors de la cellule, trop exiguë pour quatre personnes, et tout le monde s'engage dans le couloir. La porte en acier située au bout est déverrouillée, et notre petite procession descend les escaliers qui mènent au bureau du commandement. J'avais oublié que ma cellule se trouvait à l'étage. Nous arrivons dans le bureau, l'agent dépose mes affaires sur le comptoir et je suis prié de signer un reçu de restitution.

« Vous allez me réarrêter ? je demande en signant.

– Vous êtes entièrement libre », me répond le capitaine.

Je me méfie. Il est convaincant, pourtant. Le colonel reste muet. Nous sommes là, debout, à nous regarder en chiens de faïence. Jusqu'au moment où le capitaine jette un œil à mes affaires, sourit chaleureusement et me lance :

« Comment allez-vous faire pour tout rapporter ?

Comment allez-vous faire pour tout rapporter ? La phrase résonne dans ma tête ; je sens que je tremble. L'espoir me submerge, toutes mes défenses s'effondrent. Je suis saisi d'un vertige irrésistible. Ces mots ne peuvent signifier qu'une chose : je suis véritablement libre.

JE SUIS LIBRE ! JE SUIS LIBRE !

« Vous voulez dire que je *suis* libre ? » J'arrive à peine à articuler. Je sens la pression des larmes sous mes paupières. Ma main se porte à mon visage, mon corps commence à chanceler. Le capitaine m'adresse un sourire cordial. J'ai envie de le serrer dans mes bras, et de le rouer de coups.

« Je ne sais pas comment réagir. Je ne sais pas si je dois vous dire merci ou me... »

Je ne finis pas ma phrase, le dénouement est trop inespéré pour que je le gâche en les injuriant.

« Est-ce que je... est-ce que je peux téléphoner à ma mère ? »

Le capitaine a l'air un peu surpris. Il jette un œil au colonel, qui hoche la tête.

« Bien sûr, répond-il sur un ton affable. Le téléphone n'est pas très loin. On va vous arranger ça. »

Je suis au bord de l'évanouissement. Je m'assieds sur un banc et j'aperçois le colonel qui s'éloigne dans la rue.

JE SUIS LIBRE ! C'EST FINI ! JE SUIS LIBRE !

Le colonel revient, accompagné du major de police Vlok. Lequel se dirige tout droit vers moi pour me tendre la main. Tout sourire, ses dents toujours aussi tachées. Je me redresse en tremblant et lui serre la main, prêt à marmonner deux ou trois mots sur mon bonheur.

« Vous êtes en état d'arrestation. »

Il s'exprime aimablement, comme s'il me saluait. Vous êtes en état d'arrestation... en état d'arrestation... en état d'arrestation. Ça recommence. Pourquoi faut-il qu'ils se montrent si cruels ? Pourquoi ont-ils fait tant d'efforts pour que je croie que j'étais entièrement libre ? Garde ton sang-froid. Ils ne doivent pas sentir que tu faiblis. Quelle bande de salopards. J'ai la gorge sèche, envie de m'allonger et d'enfouir ma tête sous des couvertures.

« Je pourrais avoir un verre d'eau, s'il vous plaît ? je demande le plus fermement possible.

– Oui, oui, bien sûr, s'empresse de répondre le colonel, apportez-lui de l'eau. Il a l'air sous le choc. »

Le verre arrive et je bois en m'exhortant intérieurement – sois ferme, ne montre pas que tu es bouleversé.

Je n'ai pas la force de retourner dans ma cellule. J'ai presque envie de m'écrouler pour les obliger à me porter.

« Je retourne dans la même cellule, c'est ça ? » dis-je en rassemblant mes dernières forces.

Je ramasse mon sac et me dirige vers l'escalier. Tout à coup, j'ai une idée. Essayons de tirer parti de la situation.

« Colonel, puisque vous êtes là, face à moi, je voudrais évoquer deux ou trois points à propos de mes conditions de détention. Autant en parler maintenant.

– Bien sûr, me répond-il, je vous invite à me suivre dans mon bureau. Mes hommes vont prendre vos affaires et les déposer dans votre cellule. »

Nous nous rendons dans son bureau, au fin fond du premier étage du bâtiment. Au centre, une grande table entourée de chaises. Les murs sont dominés par deux immenses photos encadrées de larges baguettes noires : un portrait du président et un autre du ministre de la Justice. Ils sont accrochés de part et d'autre d'une grande bibliothèque vide, à l'exception de deux exemplaires de *La Nouvelle Classe dirigeante*, l'essai de Milovan Djilas[29], qui trônent de manière ostentatoire. Je me demande comment l'auteur réagirait s'il savait que le livre qu'il a écrit en prison servait à justifier l'incarcération de Sud-Africains anti-apartheid.

Le colonel est le premier à s'asseoir, mais le capitaine et le major de police semblent tellement complices qu'à côté il n'a l'air de rien. Ses gestes sont brusques, comme s'il lui fallait sans cesse justifier sa supériorité. Sa langue maternelle a beau être l'anglais, il leur parle en afrikaans. Eux lui répondent avec la déférence polie que l'on doit à un officier supérieur, réservant le peu de chaleur dont ils sont capables pour eux-mêmes. Les efforts que le colonel fournit pour s'imposer sont d'autant plus ridicules qu'il n'a plus de dents.

« Comme disait Shakespeare… » commence-t-il.

J'ai perdu l'habitude d'être assis sur une chaise ou à un bureau ; même la vue des photos et des étagères me trouble. Il a beau citer Shakespeare – « aux maux désespérés, il faut des remèdes désespérés » –, mes pensées vagabondent. Il me faut un certain temps pour me souvenir de mes requêtes, alors qu'il s'agissait de faire pression sur lui. De son côté, il est sur la défensive parce qu'il sait qu'il vient de me faire un coup pendable.

29. Homme politique et essayiste yougoslave, Milovan Djilas (1911-1995) devient, après avoir exercé les plus hautes fonctions aux côtés de Tito, un farouche critique du régime communiste. À partir de 1954, il est emprisonné à plusieurs reprises. *La Nouvelle Classe dirigeante* a paru aux États-Unis et en France en 1957 (*N.d.T.*).

« Nous avons décidé de vous garder pour un certain nombre de raisons », poursuit-il. Les mots sortent de ses lèvres en faisant plic-ploc. « La première, c'est que nous sommes certains que vous détenez des informations relatives à des infractions très précises : nous ne vous lâcherons pas tant que vous n'aurez pas répondu à nos questions de façon satisfaisante. La deuxième raison, mais ce n'est pas la principale, c'est que nous avons envoyé votre dossier au Procureur général pour qu'il statue sur votre sort. Il est actuellement en congé et ne sera de retour que le six du mois prochain. Je répète que la principale raison qui vous vaut d'être à nouveau incarcéré est votre refus de répondre aux questions. C'est donc à vous de voir. Si vous répondez, je ne peux pas garantir que vous serez immédiatement libéré : la décision revient au Procureur général. Mais vos conditions de vie s'amélioreront nettement, ça, je vous le promets. Et la perspective d'être remis en liberté sera beaucoup plus vraisemblable.

– Je vous remercie pour vos explications, colonel », lui dis-je en comprenant que, s'ils m'ont à nouveau arrêté, c'est évidemment pour me condamner à l'isolement jusqu'au retour de vacances du Procureur général. Si je tiens encore une dizaine de jours, il tranchera. Soit ils me libéreront, soit ils m'inculperont. Je reprends :

« Si j'ai demandé à vous parler, ce n'est pas pour discuter des raisons de ma détention. J'ai déjà dit au capitaine que rien ne justifie l'isolement cellulaire prolongé, que ce n'est pas civilisé. Cela étant, je reconnais que vous appliquez la loi qui vous confère ce pouvoir. Les seules questions que je voudrais aborder ici ont trait aux conditions matérielles de ma détention. Vous m'accorderez que tous les détenus ont droit à un niveau de vie décent, quelle que soit la raison pour laquelle ils sont incarcérés. »

Le téléphone sonne. Le colonel décroche.

« Allô, ici le colonel Macintyre. Oui, bonjour. Non. Il est encore ici. »

Je rêve, il parle de moi ! Je suis sûr que c'est ma mère qui appelle pour savoir s'ils m'ont libéré. Maman ! ai-je soudain envie de crier, c'est moi, Albie, je suis là ! Ils m'ont libéré trente secondes et réarrêté. Mais ne t'inquiète pas. Je vais bien. Je tiendrai.

« Non, je regrette de ne pas pouvoir vous en dire davantage pour l'instant. Il va rester ici, au Cap. Ça dépend de lui. Je ne peux rien vous dire de plus. Au revoir. »

Au revoir. Comme ce doit être dur pour toi de ne pas savoir ce qui arrive à ton fils, de ne pouvoir le consoler qu'en lui envoyant des vivres et des vêtements. Courage. Il me reste tellement peu de forces que, même si j'en avais les moyens, je ne pourrais pas te soutenir. Je t'en prie, ne t'inquiète pas trop pour moi. Après tout, ce n'est pas plus mal qu'ils renouvellent ma détention : beaucoup de gens indifférents comprendront enfin ce que signifie la loi des 90 jours. En plus, je suis sûr que tu voudrais que je tienne bon.

Je discute de mes conditions de détention avec le colonel. Je sais qu'il n'y a aucune chance qu'ils modifient l'essentiel, autrement dit l'isolement cellulaire et la privation de contacts avec le monde extérieur. En revanche, je peux espérer quelques améliorations sur des détails. Je commence à dresser la liste de ce à quoi j'ai droit et qu'il ne peut pas me refuser : un pot de chambre, des mots-croisés, la réduction du bruit, si possible, venant de la pièce de la patrouille radio, une heure de promenade lorsque le soleil est haut dans le ciel, une cellule plus spacieuse et lumineuse, un lit et un accès à l'eau courante. Il me donne son accord de principe sur chaque point en me promettant de faire ce qu'il peut. Je suis prêt à continuer quand je m'aperçois que les trois agents de la sécurité commencent à s'impatienter.

« On va s'arrêter là », coupe le colonel en se levant.

Ils ont hâte de rentrer. Ma mise en liberté a été calculée pour intervenir pile entre la messe et le repas du dimanche. Notre discussion a dû les retarder, ils risquent de rater le début du déjeuner.

Nous nous dirigeons vers ma cellule quand le major de police Vlok me prend à part.

« Écoutez, me chuchote-t-il, si je peux faire quelque chose pour vous, dites-le-moi. Il suffit de demander aux gardiens de service, ils m'appelleront. Vous avez besoin de quelque chose là, tout de suite ? »

Je tombe des nues. Il y a dix minutes à peine, il m'arrêtait dans des conditions d'une cruauté sans nom, et maintenant il me propose son aide. Je lui réponds que non, ni lui ni personne ne peut rien faire pour moi, si ce n'est me libérer.

« Ça dépend de Pretoria, dit-il, mais si vous avez besoin de moi, il suffit de me le faire savoir et je verrai si je peux intervenir. »

Nous rejoignons les autres et poursuivons notre chemin vers ma cellule. Alors que nous arrivons au pied de l'escalier, c'est au tour du capitaine de me prendre à part. Il me sourit amicalement en sortant un pli de sa poche : une carte de Noël. Les couleurs sont gaies ; je distingue un bout de phrase dont l'écriture ample m'est familière : « ... des tonnes de baisers et d'affection. » C'est Marion ! Comme c'est gentil, et risqué, de m'envoyer une lettre en prison. Le capitaine a au moins la décence de me la remettre. Je tends la main, il retire la sienne.

« C'est qui, cette Marion ? »

De nouveau, je tends la main ; de nouveau, il retire la sienne. J'ai l'impression d'être un chiot sautillant pour attraper un biscuit.

« Où est-ce qu'elle vit ?

– Je suis étonné par votre question, capitaine, lui dis-je, outré. Vous vous rendez compte que vous êtes en train de me parler d'une carte de Noël ?

– Qu'est-ce que ça peut faire ? Où est-ce qu'elle vit ? »

Je me rappelle qu'un jour, au cours d'un de mes premiers interrogatoires, le lieutenant Potgieter avait cité le nom de Marion. À quel propos ? Ah oui, je sais ! Je souris au capitaine, trop content de m'en souvenir.

« Pourquoi me posez-vous la question ? Demandez plutôt au lieutenant Potgieter. Il y a quelques mois, il m'a dit que vous aviez réussi à mettre la main sur elle. C'est lui qu'il faut interroger, pas moi.

– Peu importe ce qu'il vous a dit, répond-il, les muscles de son visage légèrement tendus. C'est vous que je veux entendre. »

J'ai hâte d'être dans ma cellule pour éclater de rire. Je les ai pris en flagrant délit de mensonge. À l'époque, j'avais eu l'intuition qu'ils mentaient. Or, le capitaine vient de me prouver que j'avais raison. Ils mentent comme des arracheurs de dents. Ma chère Marion, si je sors, je te promets qu'on va bien se marrer !

« Je refuse de répondre à vos questions », dis-je au capitaine avec un beau sourire.

Il tourne les talons, furieux, et je grimpe les escaliers pour retourner dans mon cachot.

Je suis à la fois exténué et agité. Je dois faire un effort pour déballer mes affaires et les remettre là où elles étaient. Je n'arrête pas de ressasser ce qui s'est passé ce matin. Je suis sûr que Vlok m'attendait dehors. Ils croyaient que je prendrais mes jambes à mon cou. C'est pour ça que le colonel est sorti quelques secondes – parce que Vlok était en embuscade. Le droit a quelque chose de tellement bête, de tellement arbitraire. Comme la loi dit qu'au bout de quatre-vingt-dix jours je dois être libéré, ils me libèrent trente secondes et m'arrêtent à nouveau, suivant les termes de cette même loi. On leur a sûrement donné l'ordre de le faire, mais pas de façon aussi cruelle. Ils auraient pu me prévenir, ou ne rien me dire du tout. Ils ont préféré me berner. Quand je pense que le type a osé me demander comment je rapporterais mes affaires alors qu'il savait qu'il allait me coffrer. Je suis sûr qu'ils vont s'acharner sur moi avant que le Procureur général revienne de vacances et décide si oui ou non il faut me traduire en justice.

La journée traîne en longueur. Je mange sans appétit. Je profite à peine de l'heure de la promenade. Le vacarme de la patrouille radio m'écorche les oreilles. La nuit finit par tomber, mais, une fois les lumières éteintes, impossible de m'endormir. Toute la nuit, des vagues de nausée me retournent l'estomac. Je me tourne et me retourne pour tuer le temps. *Sic transit nox doloris. Sed sic advinit nova dies ?*

Nous sommes le lundi 30 décembre. Ils ont convoqué le chirurgien du district, qui prend mon pouls et ma température. C'est juste une question de nerfs, ne vous inquiétez pas.

24
Interrogatoire

C'est bien ce que je pensais : leurs interrogatoires sont plus fréquents et plus intenses. Au début, je croyais que c'était bon signe parce que j'y voyais une dernière tentative visant à me faire parler avant de me libérer ou de m'inculper. Depuis, plusieurs semaines se sont écoulées et je suis beaucoup plus sceptique.

La plupart du temps, ils m'emmènent dans une salle spéciale, non loin des bureaux de la patrouille radio, dans le bâtiment central. Parfois, cependant, ils m'interrogent directement dans ma cellule, ou dans la petite cour où je fais mes exercices. Ils préparent soigneusement chaque interrogatoire. En général ils sont durs, menaçants, mais il arrive qu'ils soient doux, voire en apparence compatissants.

Un des avantages qu'ils ont sur moi tient au fait qu'ils ont des renforts. De mon côté, je ne peux m'appuyer sur personne : je n'ai que moi. Manifestement, la Security Branch comprend beaucoup d'officiers de rang intermédiaire. Lieutenants, majors de police, sergents... Tous sont appelés à la rescousse, deux par deux, pour exercer leurs talents d'interrogateurs. Chaque nouveau duo débarque, prêt à me cuisiner, en espérant être celui qui me fera craquer ; la plupart du temps, quand ils tournent les talons, leur ardeur a diminué. Le capitaine passe me voir une à deux fois par semaine : il reste mon principal adversaire. Mes interrogateurs, eux, changent de jour et d'heure pour tenter de me prendre au dépourvu. Heureusement j'arrive à anticiper leurs passages : ils ont une façon tellement rigide de varier les plaisirs qu'en éliminant les créneaux déjà utilisés, je peux prévoir quand ils reviendront.

Les interrogatoires finissent par se télescoper dans mon esprit. Je suis bombardé de questions émises par différentes personnalités, suivant différentes techniques. Mais le refrain ne varie pas : il est hors de question de me libérer tant que je ne réponds pas à leurs questions.

Les manières de le dire, elles, sont nombreuses. Certains me demandent si je compte vivre toute ma vie comme ça. Le jour de la Saint-Sylvestre, le capitaine a voulu savoir si je pensais me montrer toujours aussi obstiné l'année suivante. Je leur explique alors que j'ai une méthode de calcul qui m'aide à tenir : si je ne m'abuse, j'en suis déjà à plus de la moitié de mes cent quatre-vingts jours ; s'ils en venaient à m'arrêter une troisième fois, j'en serais aux deux tiers de deux cent soixante-dix jours. Un nouveau lieutenant m'a demandé, l'air de rien, combien de temps j'aurai été détenu quand j'en serai à cinq sixièmes de cette même durée. Le capitaine, lui, n'hésite pas à me rappeler qu'il a des années devant lui avant de prendre sa retraite. Quant à moi, je veux qu'ils sachent que je suis capable de tenir jusqu'à la fin de mes jours. En réalité, j'ignore combien de temps je résisterai. Je ne les crois pas quand ils affirment qu'ils peuvent me garder *ad vitam aeternam*. Inversement, je doute qu'ils me croient quand je leur assure que je serai une tombe. La guerre des nerfs se poursuit. J'ai beau me dire qu'ils insistent un peu trop sur la durée de ma détention, je reconnais que ces interrogatoires m'épuisent.

Au début, c'était une épreuve pour mes nerfs, une manière de tester ma capacité à tenir le choc. Désormais, c'est une épreuve d'endurance. Comme je suis la seule personne au Cap à être encore détenue en vertu de la loi des 90 jours, ils peuvent me consacrer toutes leurs forces. Le Procureur général doit déjà savoir s'il compte ou non me traduire en justice. Je n'ai pas encore été inculpé, et c'est bon signe : ça signifie qu'ils ont peur de ne pas réussir à me faire condamner. Mais c'est aussi mauvais signe parce que ça veut dire qu'ils sont déterminés à me garder aussi longtemps qu'ils le souhaitent. Est-ce une question de principe ? Si c'est le cas, ils peuvent me maintenir sous les verrous pendant des années. Les informations que je pourrai leur fournir seront périmées, mais ils auront fait valoir un point : toute personne incarcérée en vertu de la loi des 90 jours ne saurait être libérée tant qu'elle n'a pas répondu à leurs questions. De mon côté, je dois essayer de prouver qu'il est possible d'être libéré sans avoir dit un mot. Le dossier opposera donc l'État à ma personne.

D'une certaine façon, il n'y a rien de plus simple que de répéter : « Je refuse de parler. » Mais rien de plus dur que de vivre dans une solitude absolue et sans fin. Qui sait ? Peut-être qu'ils finiront par faire de moi un héros. Ce serait sacrément ironique : je suis à bout de forces, j'essaie de gagner les bonnes grâces de la police et j'ai décidé que, si je sortais en homme libre, je plierais bagage et quitterais l'Afrique du Sud. Jamais je ne me suis senti aussi vulnérable, aussi peu héroïque. L'étoffe des héros est plus rude que celle dont je suis fait. Cela dit, si cette histoire se poursuit, les jours, les semaines et les mois s'accumuleront et formeront une durée impressionnante. Les gens qui ne se rendent pas compte de la fragilité de ma position ni des compromis que j'ai faits diront : tu as vu cet homme ? tu as vu la force avec laquelle il résiste ? ça devrait être un modèle de courage et de détermination pour toi.

Je me demande ce que les types de la sécurité pensent de moi en privé. Je ne sais pas pourquoi je tiens autant à ce qu'ils me considèrent comme un homme de principe. Mais je sens que ce désir n'est pas complètement naïf. Plus ils me respecteront inconsciemment, plus ils auront du mal à m'en imposer. S'ils admirent secrètement ma volonté, ils se sentiront en partie désarmés en m'interrogeant. D'un autre côté, ils risquent de se montrer encore plus déterminés à me casser pour prouver la supériorité de leurs principes sur les miens. Car, en m'appuyant sur des principes, non seulement je leur mets des bâtons dans les roues, mais je remets en cause leur droit à me détenir. De leur point de vue, l'isolement extrême imposé aux détenus ne se justifie que s'ils obtiennent des résultats. S'il ne mène à rien, il n'est plus qu'une forme de torture raffinée. S'il permet de soutirer des informations, sa barbarie n'est qu'un effet secondaire.

Peu importe ce qu'ils pensent en privé, cela dit : jamais ils ne me concèdent la moindre qualité. Par exemple, ils laissent entendre que je suis le type le plus idiot qui soit de préférer être enfermé alors que je pourrais me la couler douce à l'extérieur.

Récemment, un sergent m'a annoncé que tous les détenus inculpés avaient été libérés sous caution en me précisant le montant. La somme est tellement énorme – 41 000 rands[30] en tout – que ce doit être un mensonge. Il a la réputation d'avoir un rapport à la vérité légèrement désinvolte. Par ailleurs, plusieurs de mes clients l'ont déjà accusé de les avoir torturés. C'est lui qui a menacé de tuer un Africain que j'ai défendu. Trois mois plus tard, cet homme a été victime de la loi des 90 jours, et, trois semaines plus tard, on l'a retrouvé pendu dans sa cellule. Le premier mort de la loi des 90 jours. Un des derniers actes que j'ai accomplis avant d'être placé en détention fut de veiller à ce que la nouvelle soit diffusée et qu'un procureur fasse pression pour qu'il y ait une enquête. Laquelle a peut-être eu lieu ; le sergent a peut-être été interrogé. Ces temps-ci, cependant, il est en position de force à mon égard. Mais je suis blanc, avocat, et il sait que je signalerai toute violence physique qu'il m'infligerait. Je ne me sens pas menacé, même s'il ne se prive pas de se ficher de moi en me disant que je suis stupide. Ses camarades en rajoutent, au motif que j'aurais la prétention de défier la patience et l'endurance de la police sud-africaine. Tous mes interrogateurs me

---

30. Le rand est la monnaie d'Afrique du Sud. 1 rand vaut environ 0,049 euro.

le répètent : ils ne comprennent pas pourquoi je refuse de répondre aux questions qui me sont posées.

J'ai remarqué qu'il y avait du nouveau dans mes interrogatoires. Un jour, le gentil lieutenant de Wynberg, Van Dyk, s'arrête pour bavarder avec moi. Il commence par me dire que Mme Cleminshaw, la femme qui réceptionne mes colis alimentaires, doit avoir un faible pour moi puisqu'elle a semé la zizanie en se pavanant avec une affiche réclamant ma libération. Évidemment, sur le moment, je lui sais gré de m'avoir, malgré lui, livré une information. Ensuite, il me demande ce que je sais sur le Ku Klux Klan local. Pas mal de choses, lui dis-je. Je pense aux amis sur lesquels ils ont tiré, à un copain dont ils ont fait exploser la voiture, aux coups de fil menaçants qu'on a reçus – tout ce à quoi s'emploie le Ku Klux Klan du Cap.

« Au fait, m'interrompt le lieutenant, ——— [il mentionne le nom d'une amie très proche] vit seule, si je ne m'abuse ? »

C'est tout. La fin de l'entretien est tellement brutale que je mets un certain temps à comprendre : en faisant le lien entre le Ku Klux Klan et ———, qui vit seule, il a manifestement essayé de semer dans mon esprit des germes de peur pour sa vie. Manque de chance, sa tactique produit l'effet inverse. J'interprète tout ce que mes interrogateurs disent comme un renversement de la vérité. S'ils jugent utile de me faire savoir qu'une amie proche est en danger, c'est sans doute le signe qu'elle n'a pas trop de soucis à se faire. Plutôt que de l'inquiétude, je ressens du soulagement.

Autre exemple : un jour, le capitaine me surprend en menaçant carrément de me nuire. Nous sommes dans la cour de la promenade, il y va crescendo.

« Allez, cette fois, vous pouvez me parler en toute confiance. » Il ouvre sa veste et en agite les revers comme un magicien amateur. « Regardez, je n'ai rien, vous pouvez y aller. »

Je ris sous cape. Il vient de trahir le fait qu'ils enregistrent nos échanges sur des bandes cachées. Je m'en doutais depuis longtemps.

« Traduisez-moi en justice, et je parlerai sans problème, même en étant enregistré.

– Vous réalisez que vous n'avez aucun droit ? hurle-t-il, soudain méconnaissable. Nous avons les moyens de vous pourrir la vie. » Il tourne autour de moi, menaçant, si bien que je dois sans cesse bouger pour lui faire face. « On ne va pas vous lâcher : matin, midi, soir... On continuera à vous interroger sans relâche, à toute heure du jour et de la nuit ! rugit-il.

– Si vous le faites, j'en parlerai au magistrat inspecteur.

– Il n'a pas son mot à dire sur nos méthodes ! s'écrie-t-il avant de me mitrailler de questions en lisant une feuille. Vous êtes né le 30 janvier 1935 ?

– Je ne suis pas disposé à répondre.

– En septembre 1952, vous avez pris la parole au cours d'un meeting ?

– Je ne suis pas disposé à répondre. »

Et ainsi de suite... les questions se suivent, jusqu'à ce qu'il parvienne en bas de la feuille et ralentisse son rythme. Le major de police qui l'accompagne n'a pas pipé mot.

« Bon, allons au carnaval », lui lance-t-il brusquement.

Ils tournent les talons et c'est là que je me souviens que ce sont les vacances.

Je me demande si j'ai intérêt à parler au magistrat des menaces du capitaine. Plusieurs journées s'écoulent avant qu'il ne vienne, au cours desquelles je change sans cesse d'avis. Mais le jour où il arrive, j'ai pris ma décision. Non seulement je lui en parle, mais je lui remets un rapport détaillé de ce que m'a dit le capitaine. En partie pour me protéger d'éventuelles nuisances, mais aussi parce que je m'ennuie et que j'aimerais savoir ce qu'il se passerait si je déposais plainte. J'ai rédigé mon rapport avec soin, de façon à ce qu'on ne puisse m'accuser ni d'exagération, ni de malveillance, ni d'hystérie. Le magistrat, d'habitude si abrupt, se montre poli et patient et me promet de transmettre ma plainte à qui de droit.

Le capitaine ne compte pas parmi les nombreux interrogateurs qui se succèdent. Je confie à mes interlocuteurs que j'ai rédigé un rapport et leur demande de le signaler au capitaine : je ne veux pas passer pour un mouchard. Quelques jours plus tard, le voilà qui se présente. Il jette un œil à mes affaires avant de s'asseoir sur la banquette. La cellule est à peine assez grande pour nos deux corps. Il allume une cigarette, tire quelques bouffées et se met enfin à parler.

« J'ai appris que vous aviez écrit un rapport sur moi.

– En effet.

– Après tout, c'est votre droit. En revanche, vous n'aviez pas le droit de le dire à mes subalternes parce que ça ne les concerne pas. Je suis capitaine, ils sont d'un rang inférieur. »

Il continue ; je souris intérieurement. Ils ont dû le chambrer et lui flanquer la trouille pour qu'il soit aussi furieux. Une fois de plus, il observe attentivement chaque recoin de ma cellule, puis se redresse. Au moment de quitter les lieux, il m'assène sèchement :

« Je me fous de ce que vous avez écrit. Je sais que c'est un tissu de mensonges. »

Il sort de la pièce et j'aperçois des traînées de cendres par terre. Quel porc ! Il arrive, s'assied et répand de la cendre partout – c'est quand même ici que je vis, non ?

Plus tard dans l'après-midi, le commandant du poste, un homme calme et bienveillant, vient me voir. La sécurité lui a demandé de me communiquer un certain nombre de mesures qu'elle vient de mettre en place. Je n'ai pas le droit de mettre de la nourriture de côté, ni d'avoir plus d'un support de lecture dans ma cellule ; je ne pourrai plus recevoir de mots-croisés... Il parcourt une liste de petites faveurs qui me sont retirées, puis insiste sur le fait que mes autres droits et privilèges sont maintenus. Il est désolé, mais il ne peut m'indiquer la raison de ces restrictions.

Le dossier « Albie Sachs » de la police doit être énorme. Le rapport retraçant mon parcours, sur lequel s'appuient mes interrogateurs, compte déjà une douzaine de pages. À certains égards, ils en savent plus sur mon passé que moi-même. J'ai pris vie dans ce dossier il y a douze ans ; depuis, je grandis de quelques centimètres chaque mois. Au point où j'en suis, ma vie de voyou ne doit plus avoir aucun secret pour eux. Les discours que j'ai prononcés, les réunions auxquelles j'ai assisté, les personnes à qui j'ai rendu visite, les lieux où j'ai garé ma voiture, les bribes de courrier interceptées et les conversations téléphoniques enregistrées, les ragots transmis par des informateurs... tout ça a été consigné, réuni et résumé. Souvent, ils agitent le document sous mon nez et j'en aperçois le titre, *Memorandum on A. L. Sachs*. Parfois, ils m'en lisent des passages. Ou le laissent traîner. Leur but est de piquer ma curiosité et de sous-entendre qu'aucun détail ne peut leur échapper. Il leur arrive de lire des extraits de discours que j'ai tenus il y a des années et j'ai presque envie d'applaudir. Certes, ma prose est un peu fleurie, mais ce n'est pas si mal pour un garçon de 17 ans. Ils m'interrogent toujours sur des broutilles et je refuse de répondre.

« À l'évidence, vous ne risquez rien, insistent-ils. Pourquoi est-ce que vous vous obstinez à ne pas répondre ?

– Je refuse de répondre aux questions, quelles qu'elles soient.

– De toute façon, on sait déjà tout.

– Alors pourquoi perdre du temps à me poser des questions ? »

Ils secouent la tête en échangeant des regards découragés.

« Tu as déjà vu un type aussi ridicule ? s'écrient certains. Il refuse même de nous donner sa date de naissance ! »

Une de leurs tactiques préférées est de laisser en évidence une page intitulée *Addendum on Mamre Sabotage Camp*.

En général, ils s'arrangent pour qu'elle soit plus ou moins tournée vers moi sur la table de la salle où je suis interrogé. Ils la posent l'air de rien, la jouent distraits. Je sais que j'ai intérêt à ne pas la lire mais c'est plus fort que moi, je suis trop curieux. Au fil de l'interrogatoire, mes yeux finissent toujours par atterrir dessus. Lettre après lettre, je finis par comprendre : il s'agit d'extraits de dépositions de trois personnes qui étaient présentes au camp. Chaque extrait est censé éclairer le discours que j'y ai prononcé, mais c'est risible puisque les trois extraits se contredisent. Pris isolément, ils n'ont aucun sens, et, mis bout à bout, c'est du grand n'importe quoi. Jamais un tribunal ne croira que j'ai pu raconter de telles sornettes. Et rien de ce qu'affirment ces trois témoins ne saurait être considéré comme une infraction.

Il aura fallu que je découvre cet addendum pour ne plus douter de ma mémoire. Les mois d'isolement complet ont eu tendance à la vider de mes souvenirs. La référence permanente au camp de sabotage, martelée par mes interrogateurs, a fini par semer le doute dans mon esprit et je ne savais plus si j'y avais réellement participé. En m'isolant du monde où ces événements ont eu lieu, ils ont réussi à détruire le souvenir que j'en avais. La réalité est un continuum, un tout intégré. Si vous étiez soustrait à la réalité d'aujourd'hui, vous auriez du mal à vous remémorer certains aspects de la réalité d'hier. Heureusement, ils n'ont pas réussi à remplacer mes derniers souvenirs par leur propre version des faits. Mon esprit est privé de mémoire, privé d'accès au passé, mais toujours résistant à la suggestion. Si bien que l'addendum m'a permis de retrouver une forme d'indépendance intellectuelle. Les phrases censées résumer mon allocution sont totalement fausses. La langue, le style et les concepts me sont étrangers. Ce n'est ni ce que j'ai dit au camp, ni ce que j'aurais pu dire ailleurs. Si je tombais sur des sentiments exprimés dans une prose dont je pourrais dire qu'elle m'appartient, je ne saurais évaluer leur justesse ; on pourrait même me persuader d'avoir prononcé un discours sur un sujet beaucoup plus risqué que celui dont j'ai effectivement parlé. Suivant un mystérieux processus psychologique, cela dit, les quelques éclats de vérité contenus dans ces extraits me rappellent que mon allocution portait sur l'économie. Et que je ne suis pas un très bon orateur.

La pièce qui jouxte les bureaux de la patrouille radio est devenue la salle de prédilection de mes interrogateurs. Je suis content parce que pour moi c'est l'occasion de deux trajets, aller et retour, vers ce que je devrais peut-être surnommer « studio d'enregistrement ». Tout a été fait pour que le lieu paraisse aussi banal que possible : une table, des chaises et des cendriers placés pile là où il faut. À part ça, la pièce est incolore et inodore ; elle pourrait se prêter à n'importe quel usage. Elle est dépourvue de centre de gravité. Le point focal d'un véritable bureau est la chaise située derrière la table ; corbeille, annuaire téléphonique, papiers... en sont les satellites. Or ici, il n'y a rien. J'ai remarqué que chaque fois qu'on m'y emmène, quelqu'un s'y rend un peu avant pour préparer mon arrivée. Souvent, on me demande d'attendre « que la pièce se libère ». Cela dit, ce qui me conforte dans l'idée que nos séances sont enregistrées, c'est le comportement de mes interrogateurs, qui évolue légèrement. Tout semble se dérouler au ralenti. La procédure a quelque chose de très formel, presque chorégraphique. Les types articulent bien et ne se coupent jamais la parole. Ils se montrent mécontents si je m'exprime mal ou si je plaisante à leurs dépens, mettent un point d'honneur à finir leurs phrases et s'identifient avant de prendre la parole. Parfois, ils rejouent une séquence qui a déjà eu lieu dans ma cellule, sans doute parce qu'elle n'a pas été enregistrée. Ils manquent de spontanéité, ont manifestement trop répété ; le fait de savoir que chaque mot est consigné les inhibe. Inconsciemment, le micro doit les mettre mal à l'aise – de même que la présence du colonel, assis de l'autre côté de la porte à les écouter. À vrai dire, moi aussi je suis gêné, même si je feins d'ignorer la présence du micro.

C'est un jeu de dupes savamment orchestré. Chacun joue la carte de l'innocence. De mon côté, je force le trait quand j'évoque la barbarie de l'isolement cellulaire. Je me dis prêt à être jugé pour le premier chef d'accusation qu'ils sortiraient de leur chapeau. Je rappelle que mon silence est une question de principe et qu'il ne prouve en rien que je détiens des informations qui font de moi un coupable. Çà et là, je les taquine : je compare leurs tactiques. Je les préviens que le jour où je serai relâché, je n'hésiterai pas à parler de mes conditions de détention, des bons comme des mauvais côtés, sans exagérer.

Un jour, je ne peux m'empêcher de rire, au risque de trahir le fait que je ne suis pas dupe à propos du micro. La procédure a commencé normalement.

« Comment allez-vous, aujourd'hui ? »

Je hausse les épaules, l'air de répondre : « Ni bien ni mal. »

« Vous êtes disposé à répondre à nos questions ? »

Tête secouée.

« On vous a coupé la langue ? »

Tête secouée et sourire.

« Alors, vous êtes prêt à répondre, oui ou non ? »

Tête secouée, vague réponse négative.

« Vous venez de dire que non, vous n'êtes pas disposé à répondre, c'est bien ça ? »

Hochement de tête et grognement. Je continue comme ça quelques minutes, ravi de leur déconfiture. Finalement, je romps le silence et commence à parler. Ils se détendent, mais la séance est fichue.

Il y a une règle à laquelle je ne déroge jamais : de même que les officiers coloniaux britanniques s'habillent avant d'aller dîner – c'est du moins ce qu'ils disent –, je m'habille avant d'être interrogé. J'enfile mon costume, ma chemise blanche, des chaussettes et mes chaussures. Un interrogatoire est un moment grave, qu'il convient de prendre au sérieux. En prison, les signes extérieurs de dignité, que j'avais tendance à mépriser quand j'étais libre, ont une importance extrême. J'éprouve un certain plaisir à traverser les couloirs en costume. C'est ce qui se rapproche le plus de ce qu'on appelle une « occasion ». Je me coiffe et j'arrange ma jeune moustache afin qu'elle soit flatteuse. Parfois, si j'ai la chance d'attendre au pied des escaliers, je me place de façon à faire face à la porte centrale et à avoir un aperçu du monde de dehors. Du moins une fine tranche de ce monde, à peine quelques mètres d'une rue fréquentée. Je distingue la lumière du soleil, des voitures, des gens qui marchent sur la chaussée ; j'entends les vendeurs de journaux annonçant la parution de la dernière édition. Tout à coup, je suis prié de monter et ramené dans le monde de la captivité. Au retour, j'arrive souvent à jeter un dernier coup d'œil à la rue. Le monde me semble irréel, tissé dans l'étoffe des rêves ; j'ai l'étrange impression de sentir le parfum des vêtements que les gens portent.

Au point où j'en suis, je dirais qu'au moins une quinzaine de membres de la sécurité ont essayé de me faire parler. J'ai eu l'occasion d'en contre-interroger certains au tribunal, mais, aujourd'hui, les rôles sont inversés. D'autres me sont familiers parce qu'ils faisaient partie de la CID[31] et s'occupaient de crimes relativement ordinaires, comme les meurtres et les viols. Entretemps, ils ont été intégrés à la Security Branch, le bras droit musclé de ce qu'on appelle la *White South Africa*. Si je devais finir par une remarque d'ordre général, je dirais que leur efficacité d'interrogateurs est inversement proportionnelle au nombre de ruses qu'ils utilisent.

Je suis rassuré que le colonel ne participe pas à ces séances. Il y a un mois ou deux, le capitaine et ses acolytes étaient prêts à recommander qu'on me libère. Aujourd'hui, je suis devenu un défi. Comme les joueurs s'accrochent à l'espoir que la chance va leur sourire, ils persévèrent ; plus je tiens bon, plus mon prix sera élevé le jour où je craquerai. Le colonel est au-dessus de la mêlée. Il est sûrement plus sensible à l'opinion publique et aux questions politiques. Il se dit sans doute que la résilience de tel ou tel prisonnier pèse peu dans le dispositif global de la « sécurité » de l'Afrique du Sud. Comme je dépends aussi de son objectivité dans l'examen de mon dossier, je préfère qu'il garde ses distances.

Jusqu'au jour où il vient me voir. Il entre dans ma cellule, seul, vêtu d'un costume à carreaux brun aussi élégant que le chapeau qu'il

31. La Crime Intelligence Division est le service de renseignements de la police d'Afrique du Sud (*N.d.T.*).

tient à la main. Cette fois-ci, il a un dentier, et sa diction est claire et agréable.

« Voulez-vous vous asseoir ?

– Merci », répond-il sèchement. Je me demande quel bon vent l'amène...

« Mes hommes me disent que vous refusez de répondre à leurs questions. Je voulais vérifier à titre personnel.

– C'est en effet ma position. »

Il se lève, son chapeau toujours à la main, et s'en va en murmurant :

« Je crains que votre avenir ne soit fort sombre. »

Cette unique phrase, prononcée si bas, me glace les sangs. Elle me bouleverse bien plus que toutes les rafales de mots dont je suis victime depuis le début de ma détention.

25
Réflexions

Deux concepts sont devenus essentiels à mes yeux : l'honneur et la dignité. Car ces deux notions, qu'autrefois j'aurais jugées vagues et dépourvues de véritable sens, me permettent de fusionner mes idées, objectives, et ma force, plus subjective. Ma vision du monde, qui a si longtemps été le ressort de mon engagement, est-elle juste ou faussée ? Elle est sans doute juste, je le sens. Mais ce n'est pas ce qui me taraude le plus. Je n'ai de toute façon aucune raison de renoncer à mes idées – ni parce que mes bourreaux me le demandent, ni parce que les défendre me vaut d'être persécuté. Trahir mes camarades, même si nous avions tous tort, serait déshonorant ; or, une vie de déshonneur n'est pas une vie qui vaut d'être vécue. Le déshonneur est sans espoir, alors que la souffrance peut toujours prendre fin.

Je m'accroche avec ténacité, et avec amour, à l'idée que je dois agir avec honneur, et jamais dans le déshonneur. Pour moi, le mot « dignité » n'a plus le même sens. Se tenir correctement ou savoir ce que les gens pensent de moi n'est plus une priorité. Avoir de la dignité signifie affronter la vie avec honnêteté, sans crainte, sans vanité et sans s'apitoyer sur soi-même. L'auto-apitoiement est ce qu'il y a de pire. Je n'ai pas le droit de pleurnicher sur mon sort.

Je suis étrangement blessé de voir le traitement que m'infligent d'autres êtres humains ; une forme d'innocence, que j'ai toujours eue, a été violée. C'est un sentiment dont je sais qu'il est justifié. En revanche, rien ne justifie que je m'apitoie sur mon sort. J'en arrive à penser que je fais pénitence pour les blessures que j'ai infligées à autrui au cours de ma vie. Souffrir un peu ne me fait pas de mal. J'ai toujours réussi à éviter les situations douloureuses pour moi et j'en ai rendu malheureux plus d'un. J'ai eu une vie agréable, alors que tant de gens ne connaissent que les privations et le chagrin. Il s'ensuit que je n'ai aucune raison de me plaindre d'être puni. Ma vie est simplement remise à niveau, je suis désormais à égalité avec la majorité de l'humanité. La dette que j'ai contractée à l'égard de certaines personnes s'en trouve allégée, et l'emprise, voire l'oppression, liée à mon sens des responsabilités est moins forte. Je peux réfléchir à de nombreux épisodes de ma vie sans que ma vue soit assombrie par la culpabilité.

D'une certaine façon, mon sens des responsabilités a stimulé ma volonté. L'impression de ne jamais en faire assez, de ne jamais me montrer assez courageux, s'est révélée un important moteur de ma détermination à faire le bien. Ma « pénitence » me permet de trier le bon grain de l'ivraie et de libérer certaines de mes émotions de l'étau de la culpabilité, mais elle contribue à affaiblir ma volonté.

L'auto-apitoiement, en revanche, risque de me valoir une profonde démoralisation et un abandon total de ma dignité. Je pourrais facilement me plaindre puisque toute mon attention est concentrée, que je le veuille ou non, sur ma propre personne et que la prison est un cauchemar. Ce serait le prélude à une catastrophe morale. Beaucoup de gens vivent dans des conditions pires que les miennes, et ce, depuis le début de l'histoire de l'humanité. Je pense aux sinistres cachots où les prisonniers étaient emmurés à la fin du Moyen Âge : ils ne pouvaient ni se tenir debout, ni s'asseoir, ni s'allonger. Ils étaient condamnés à vivre accroupis dans le noir et à être nourris à travers une trappe. Je pense aux victimes des nazis en Europe, aux hommes jetés dans des fournaises par Tchang Kaï-chek, aux résistants arrêtés par la police secrète portugaise, aux combattants de la liberté torturés par les Français en Algérie, aux Africains détenus dans des camps au Kenya, à tous ceux qui ont subi ce genre de châtiments. Je pense surtout à mes compatriotes incarcérés, comme moi, mais sans la protection d'une peau blanche.

Je sais que certains ont été maltraités. Heureusement, je n'ai jamais été témoin de signes de violence physique ici. J'ai souvent traité des dossiers comportant des preuves que la police avait eu recours à la suffocation, aux décharges électriques et au passage à tabac pour obtenir des informations. Je n'ai jamais connu de victimes autres que celles de ces dossiers, mais j'ai des amis qui ont été malmenés. L'idée de torture est révoltante en soi, mais imaginer que des personnes que vous connaissez et que vous aimez sont non seulement agressées, mais brisées, est insupportable. Si je me compare à eux, j'ai de la chance et je n'ai aucune raison de me plaindre.

Comment rester digne et convaincu qu'il vaut la peine de résister ? Je pense sans arrêt à tous ceux qui ont affronté la mort avec détermination et noblesse d'âme alors qu'ils étaient aux mains d'un ennemi cruel et supérieur en force. Je pense notamment aux civils russes qui ont résisté aux nazis en le payant de leur vie. Ils n'étaient pas obligés de se battre, ils auraient pu fuir, se rendre, ou essayer de se cacher ; ils ont préféré vivre le peu de vie qu'il leur restait avec dignité. Je pense aux hommes et aux femmes de la Résistance qui ont allumé la mèche alors qu'ils étaient peu nombreux et que beaucoup d'entre eux tombaient ; aux agents isolés largués par les Alliés et capturés par la Gestapo ; aux paysans vietnamiens qui se sont battus contre les Japonais, puis contre les Français, et qui continuent aujourd'hui à se battre dans les marais de leur pays. Par rapport à eux, je ne suis qu'un individu sur cent mille, hommes et femmes, qui refusent d'abandonner face à un destin implacable. Je suis plus faible que nombre d'entre eux, plus courageux que certains. Comme nous sommes tous volontaires, en un sens, nous avons plus de responsabilités, non seulement à l'égard des groupes dont nous faisons partie, mais aussi à l'égard de nous-mêmes. Il est important de résister. Agir, quand on est un être humain, n'est jamais vain. Je reconnais que changer le monde est plus long que ce que je pensais, que « notre camp » est moins innocent que ce que je croyais ; mais pour ceux qui s'engagent, les efforts déployés comptent. Renoncer serait porter atteinte non seulement à tout ce que je défends avec conviction, mais à moi-même. Y réfléchir me fait du bien, malgré ma grande faiblesse. Je me sens mieux armé pour affronter mes interrogateurs.

26
Les voleurs

Un jeune Afrikaner pleure dans la cellule en face de la mienne. Je faisais mes exercices quand on l'a amené. J'ai aperçu un grand garçon mince, avec une chemise blanche et un short gris, et je l'ai entendu sangloter quand les policiers l'ont poussé dans la cellule. C'était il y a au moins un quart d'heure, mais il est toujours en train de geindre. Arrête de pleurnicher ! ai-je envie de hurler, ça ne sert à rien. Je sens l'agitation monter en moi.

Les cellules des commissariats sont des lieux de malheur. Quiconque y passe plus de deux ou trois jours doit apprendre à vivre avec des hurlements. Les femmes ont plus de voix que les hommes et poussent des cris de rage stridents, hystériques, qui percent les murs. Les hommes rugissent comme des bêtes parquées dans un enclos et cognent de toutes leurs forces contre la porte de leur cellule.

Aujourd'hui, le son est nouveau. Celui qui pleure est un enfant. Un enfant de 14 ans à peine, qui a été malmené par des policiers. Ils ne l'ont pas frappé, mais ils l'ont terrorisé en lui hurlant dessus. Mais pourquoi est-ce qu'il pleurniche autant ? Tais-toi, veux-tu ? ai-je envie de crier. Fais un effort, ça ne sert à rien de pleurer. Les flics sont insensibles aux larmes, ils en voient tous les jours. Après tout, c'est qui, ce gamin ? Un petit Blanc qui a toute la vie devant lui. Pourquoi faudrait-il que je m'inquiète pour lui ? Je parie qu'il déteste les non-Blancs et qu'un jour il sera ravi de pointer un flingue sur leurs tempes. En ce moment même, il se fiche éperdument des autres. Il ne pense qu'à lui. Arrête de pleurer comme un bébé, dans quelques heures tu seras libre comme l'air. Ça fait bientôt quatre mois que je suis seul et sans la moindre perspective de sortir. Si tu savais pourquoi je suis là – encore faudrait-il que tu y comprennes quelque chose –, je parie que tu serais content. Fusillez-le, le salaud, tu dirais, c'est tout ce qu'il mérite ! Et tu es là, à pleurnicher pour qu'on ait pitié de toi. Pourquoi veux-tu que je m'intéresse à toi ? Tu appartiens à la race des maîtres. C'est vous qui dirigez ce pays. Ça te fera du bien d'avoir un avant-goût de la misère à laquelle sont condamnés des millions de gens à cause de vous. Arrête de pleurnicher, nom de Dieu !

Bon, d'accord, d'accord, je sais : pour l'heure, tu es mon voisin de cellule, je ne peux pas non plus t'ignorer. Les enfants n'ont ni race ni classe.

« Écoute-moi, lui dis-je en afrikaans. Ça ne sert à rien de pleurer. Qu'est-ce qu'il s'est passé ? »

Les pleurs cessent quelques secondes, puis reprennent. Je répète ma question. Cette fois-ci, j'ai droit à une réponse. Le garçon a encore de la voix, je distingue un mélange de soprano et de baryton. Il ne finit pas ses phrases, sans cesse interrompues par ses pleurnicheries. J'ai du mal à suivre, mais voilà ce que je comprends : un copain et lui ont été arrêtés en possession d'un rasoir électrique volé dans un magasin. Son ami lui avait confié le rasoir, dit-il, sans qu'il sache qu'il avait été volé. Quand je lui demande si ses parents sont au courant, il sanglote de plus belle. Il est clair qu'il n'a pas grand-chose à attendre de leur part. Je lui explique que le sergent va repasser dans une heure et qu'il devra lui demander d'appeler son père pour être libéré sous caution. J'ai réussi à engager la conversation et à l'apaiser, mais c'est plus fort que lui, les larmes reviennent peu à peu. À l'évidence, il préfère pleurer plutôt que d'être consolé. La seule chose qui pourrait le calmer, c'est d'être libéré. J'aurai au moins essayé ; il sait qu'il a un ami pas loin. Comme dit le proverbe, tu peux apporter de l'eau à ton ami, mais tu ne peux pas le faire boire.

Je suis devenu un Père Noël qui ne dit pas son nom pour les prisonniers en transit. En général, les cellules sont vides la plus grande partie de la journée. Les personnes arrêtées sont souvent enfermées le soir, puis relâchées ou inculpées le lendemain matin. Une fois inculpées, elles sont libérées sous caution ou envoyées dans la maison d'arrêt centrale. Les seuls détenus dont je peux faire la connaissance sont donc ceux qui attendent leur transfert dans un centre où ils seront traduits en justice. Il arrive qu'on ramène de la maison d'arrêt centrale un prisonnier en attente de jugement pour éviter qu'il interfère avec les témoins. Il suffit qu'une personne passe plus d'une journée ici pour que je l'aperçoive à l'heure de la promenade et que je puisse communiquer avec elle en criant, une fois que les gardiens sont partis. Je profite des heures de repas pour faire passer à mes codétenus des fruits et des magazines. Ou pour leur donner des conseils juridiques. Ils semblent ravis d'avoir un camarade avocat – il faut croire que j'apporte un peu de prestige à cet environnement sordide. Mes recommandations sont toujours les mêmes : faites appel à un avocat pour défendre vos intérêts. Ils acceptent plus volontiers mes fruits que mes conseils, mais ça m'est égal, parce qu'une ou deux fois par semaine, j'ai quelqu'un à qui parler. C'est tout ce que je demande.

Depuis le départ de Franck Bothma, il y a deux semaines, j'ai hérité du rôle de vieux sage. C'est moi qui explique aux détenus quand ils peuvent demander à sortir se dégourdir les jambes, quelles sont les heures des repas, à quel sergent s'adresser pour avoir une cigarette... Je ne suis certes pas un expert aussi matois que Franck, qui leur apprenait comment se faire la belle et obtenir ce dont ils avaient besoin. Il leur fournissait même des arguments très précis pour leur défense. Un jour, il a appelé un gardien et parié avec lui une bouteille de Pepsi-Cola qu'il était capable de déverrouiller la porte de sa cellule. Le gardien l'a traité de frimeur, jusqu'à ce qu'il sorte une cuillère cachée dans la cuvette des toilettes, torde le manche plusieurs fois avant de l'insérer dans le verrou et d'ouvrir la porte. Peu après, un détenu qui partageait la cellule de Franck m'a raconté, moqueur, que les flics roupillaient la moitié du temps. Chaque fois qu'il montait pour une visite, l'agent posté dans le bureau du commandement était assoupi. Il aurait pu se faire la malle sans que personne ne le remarque. En écoutant cette histoire, je me suis demandé si ce n'était pas un piège : ces deux prisonniers étaient-ils en train de m'encourager à essayer de m'évader ?

Le compagnon de cellule de Franck était l'archétype du détenu enfermé ici : baraqué, avec un petit côté juvénile et une façon d'être à la fois amicale et intimidante. Il était accusé de fraude, mais affirmait qu'il s'agissait d'une erreur. Il avait déjà été inculpé et relaxé. C'est la police qui s'était trompée. Il avait décidé d'intenter un procès contre le ministère de la Justice pour un montant de mille livres – plus ils le garderaient sous les verrous, plus les dommages auxquels il aurait droit seraient importants. C'était le grand rival de Franck. Chacun traitait l'autre de menteur, ce qui se justifiait autant dans les deux cas. Ils bataillaient pour gagner mon estime et faisaient tout pour rabaisser l'autre. Jusqu'au jour où Franck a été libéré : du jour au lendemain son compagnon s'est mis à parler de lui avec affection. Il s'est d'ailleurs montré enchanté quand on lui a raconté l'histoire de la cavale de Franck, qui était allé jusqu'à Durban. Apparemment, Franck avait réussi à convaincre ses accompagnateurs de descendre du train à la gare de Kimberley pour aller boire une bière dans un pub du coin. Arrivé au pub, il les avait fait boire jusqu'à ce qu'ils soient suffisamment ivres pour les menotter tous les trois et – selon les gardiens – les amener au commissariat local. Il n'en fallait pas plus pour que son compagnon de cellule se vante de son amitié exceptionnelle avec Franck.

Je suis surpris de voir le nombre de jeunes gens arrêtés pour fraude. Parmi leurs nombreux points communs, j'ai remarqué que, loin d'être accablés, ils sont ravis de parler de leurs exploits à qui mieux mieux. J'en ai même entendu un se vanter de ses prouesses auprès de la police. À partir du moment où il s'était fait arrêter, disait-il, il ne voyait pas l'intérêt de nier qu'il était coupable. Un jour, après le travail, il était parti au volant d'une voiture de fonction et s'était offert une grande virée dans le pays en se faisant passer pour un haut fonctionnaire de premier plan. Il avait même failli se faire prendre dans un hôtel. Il avait dû laisser tomber sa valise de la fenêtre du troisième étage. Sa femme avait fini par le dénoncer et par envoyer la police dans la boîte de nuit où il traînait avec une fille. Finalement, c'est après avoir raconté sa folle aventure qu'il avait compris que le seul chef d'accusation retenu contre lui était l'usage illégal d'une voiture de fonction.

Plus j'écoute ces jeunes truands raconter leurs déboires, plus je suis sidéré par le mode de vie qu'ils ont choisi. Après tout, ils viennent de familles qui ne sont pas particulièrement pauvres, ils n'auraient aucun mal à trouver un emploi et ils ont devant eux la perspective d'une vie aisée qui va avec le fait d'être blanc en Afrique du Sud. Plutôt que de profiter de ces privilèges, ils vivent en marge de la société et préfèrent dépenser toute leur énergie à commettre des délits. Ils le font pour des gains souvent inférieurs à ce qu'ils gagneraient s'ils avaient un travail ordinaire et en sachant qu'ils finiront par être pris et incarcérés. Les théoriciens n'ont peut-être pas tort quand ils affirment que ces hommes, apparemment dépourvus de conscience et inaptes à sentir la différence entre le bien et le mal, cherchent inconsciemment le châtiment, qui serait une compensation et une manière de sanctionner leurs méfaits.

Parfois, surtout le week-end, un certain nombre de détenus sont rassemblés et enfermés dans des cellules plus grandes, protégées par des portes en acier à travers lesquelles je jette un œil quand je sors dans la cour pour ma promenade. J'aperçois des corps d'hommes alanguis sur des matelas – on dirait des baigneurs peints par Cézanne. La tenue d'été des prisonniers en attente de jugement est informelle et se résume à un short de bain. Les types sont là, à se prélasser en exhibant leur chair comme s'ils étaient à la plage. Ils profitent de cette période d'attente pour se reposer et se préparer. Ils bavardent, évoquent les prisons qu'ils ont connues comme les voyageurs évoquent les pays qu'ils ont visités, mentionnent leurs héros, des brigands célèbres qui se sont distingués en ferraillant contre les autorités.

Un jour, je les ai entendus parler d'un de mes anciens clients qui a apparemment atteint un niveau inégalé dans son projet de vie de hors-la-loi. Il a même décidé de se passer de conseillers et d'avocats pour se défendre. Jusqu'ici, il était connu pour ses escroqueries et ses évasions spectaculaires. Aujourd'hui, il doit sa réputation à ses plaidoiries au tribunal. C'était un de mes premiers clients. Je me souviens avoir été choqué en découvrant son dossier : comment une personne aussi attachante pouvait-elle avoir choisi une voie qui menait inévitablement à la prison ? Nous avions plus ou moins le même âge et la même allure, mais son destin était de finir derrière les barreaux quand le mien était d'embrasser une carrière d'avocat respectable. Et maintenant que je me retrouve derrière les barreaux, c'est lui qui joue à l'avocat. Apparemment, il se défend très bien, son astuce étant sans doute d'arriver à influencer les témoins en coulisse. La célébrité que lui valent ces exploits a fait de lui une légende. Des générations de prisonniers le vénéreront. Il est à l'origine d'une nouvelle mode qui explique la présence de manuels de droit ennuyeux comme la pluie au milieu des bandes dessinées, des photoreportages et des feuilles de chou qui traînent dans les cellules.

Un de ses admirateurs et disciples potentiels me demande parfois d'éclaircir pour lui des passages d'un livre consacré au droit de la preuve. J'imagine que son dossier doit être bientôt bouclé. Il préfère se défendre tout seul et a bon espoir de l'emporter. Non seulement quelqu'un d'autre s'est déclaré coupable, assure-t-il, mais le juge ne croira pas le flic qui prétend l'avoir vu émerger du panneau de verre brisé de la devanture de la boutique. Quelques jours plus tard, alors que je faisais mes exercices dans la cour, j'ai surpris un agent racontant à un collègue une affaire dans laquelle il avait témoigné. « Le juge a dit qu'il me croyait, grommelait-il, mais il n'a pas pu conclure "au-delà de tout doute raisonnable" que l'accusé est celui que j'ai vu sortir de la vitrine. Du coup le gars s'en est tiré complètement libre. » À l'heure qu'il est, je suis sûr que le briseur de vitrine raconte aussi l'histoire de son procès. Il doit le faire en triomphant et son petit public doit se régaler en écoutant le récit vivant, et enjolivé, de la façon dont il a réussi à berner les flics. Son exploit va l'encourager à planifier une nouvelle étape de sa partie de cache-cache avec la loi. Pendant trois mois, six mois, peut-être un an, il sera libre. Puis il perdra une manche et se retrouvera au cachot.

Après tout, pourquoi suis-je aussi étonné ? Je dois être un phénomène aussi intrigant pour ces jeunes qu'ils le sont pour moi. De leur point de vue, je pourrais me faire un pactole en travaillant comme avocat, mais j'ai préféré finir en prison. Pas pour de l'argent, ni pour le plaisir, ni pour une fille, ni pour de l'alcool, mais pour une idée, un rêve... Il doit être complètement cinglé. Qu'est-ce que tu penses que ces gars, les psychiatres, en diraient ?

27
Les flics

Les flics sont tous des porcs parce que leurs mères sont des truies. Cette phrase a été écrite en afrikaans sur le mur de ma cellule par un de mes prédécesseurs. *Un bon flic est un flic mort*, a griffonné un autre non loin. J'en viens à envier la simplicité de cette manifestation de haine. Comment se fait-il que celle que j'éprouve vise toujours des entités abstraites et jamais des personnes, même cruelles et malfaisantes ? Moi aussi, je devrais haïr la police, surtout la Special Branch. Au lieu de quoi, je hais l'apartheid.

Je me souviens de ce qu'avait déclaré un Africain lors d'un meeting. À l'époque, c'était une hérésie. « Les gens disent que c'est la domination blanche, et non les Blancs, qu'on devrait détester. Très bien, mais à quoi bon haïr le fouet et pas celui qui le manie ? »

Ici, à Caledon Square, il y a trois policiers contre qui je pourrais nourrir une franche hostilité. La journée d'un agent se divise en trois temps : matin, après-midi et soir. Ce sont donc trois hommes qui se relaient pour surveiller ma cellule et que je vois beaucoup plus souvent que les autres. Sur les trois, il y en a un dont je dirais que c'est un chic type, quel que soit le critère – même si je le juge à la façon dont il traite les condamnés qui font le ménage dans les cellules. Le deuxième est paresseux et médiocre à tous points de vue. Le troisième est une brute épaisse.

Le premier, je ne l'ai entendu élever la voix qu'une fois. Ce jour-là, il s'était précipité dans la cellule voisine et avait fait semblant d'être ivre et d'avoir été enfermé. Il s'était mis à la fenêtre pour hurler à un collègue situé dans le bureau de la patrouille radio, d'une voix d'ivrogne rauque parfaite :

« Mathee ! t'as trop bu. Paie-moi ma caution, s'te-plaît, Mathee... j'te d'mande juste deux livres ! »

La plupart du temps, cela dit, il est aussi patient avec les prisonniers en attente de jugement qu'avec les condamnés. Il travaille vite et bien, et il n'y a jamais aucun problème quand il est de service. Sa passion n'est pas de diriger des hommes mais de réparer des moteurs. Apparemment, il consacre tout son temps libre à bricoler des voitures.

Le deuxième agent n'a que deux centres d'intérêt dans la vie : son dos et sa maison. On l'a affecté ici à cause d'une hernie discale qui lui sert d'excuse pour piquer du nez chaque fois qu'il est censé me surveiller à l'heure de la promenade. Avant et après sa petite sieste, quoi qu'il arrive, il parle de la maison qu'il vient d'acheter à son collègue de garde. Il y a toujours quelque chose à faire : un muret à retaper, une pièce à peindre, du ciment à couler. Un jour, il m'a demandé si je connaissais l'avocat qui l'avait défendu cinq ans plus tôt, quand il avait eu des ennuis. Un détenu l'avait accusé de l'avoir agressé, ici, dans le bureau du commandement. L'avocat en question, excellent, avait obtenu sa relaxe.

« Évidemment, j'étais coupable de chez coupable ! » s'esclaffe-t-il.

Aujourd'hui, je doute qu'il soit encore violent. Il lui arrive de hurler contre des condamnés, mais il est trop absorbé par l'aménagement de sa maison pour se laisser déborder par ses émotions.

Le pire des trois gardiens est un jeune homme au visage rougeaud sur lequel on devine un début de moustache. Il est tellement habitué à crier que, les rares fois où il s'exprime calmement, les gens sont surpris. C'est compulsif : il cherche à asseoir son autorité, comme s'il était mal à l'aise d'avoir du pouvoir. S'il avait le choix entre brutalité et amabilité, il choisirait sans doute la brutalité. Il ne transmet jamais les requêtes des détenus, sous-entendant de fait qu'il les considère comme de la racaille. Cela dit, c'est le matin, lorsque les condamnés coloured font le ménage, qu'il se montre le plus odieux. Ces condamnés sont tous des détenus de longue durée, trop âgés pour les travaux les plus pénibles ; ils débarquent avec des seaux d'eau, des serpillières et des brosses, nettoient les cellules et balaient la cour. La plupart sont des hommes âgés, voûtés, grisonnants, aux bras et aux jambes tremblants. En général ils s'agitent pour donner l'impression de turbiner, mais quand ils sont surveillés par le jeune policier, ils se démènent à un rythme frénétique. Et plus il hurle contre eux, moins ils contrôlent leurs mouvements, leurs pieds nus formant un long ballet échevelé sur le sol en béton. Il n'y en a qu'un seul qui porte des chaussures, beaucoup trop grandes pour lui, et leur bruit de claquettes fait glousser le gardien. Il court après les condamnés comme s'il s'agissait d'un troupeau d'oies. S'ils sont méthodiques, il les traite de feignasses. S'ils accélèrent le rythme, il les accuse de bâcler le travail.

« C'est ça que t'appelles propre ? s'écrie-t-il. Recommence, espèce d'ordure ! »

Heureusement, ils ont quelques consolations. Comme ce sont eux qui ramassent les assiettes des prisonniers blancs et qu'il y a toujours des restes, ils les empilent en picorant du bout des doigts des boules de riz froid, du ragoût, des morceaux de saucisses, des œufs, du pain ou du potiron. Ils sont extrêmement agiles de leurs mains, mâchent vite et avalent aussitôt chaque bouchée. Comme ils gardent très peu de temps les assiettes en main, ils s'empiffrent. Il n'y a pas que la nourriture. Boutons, peignes, mégots, morceaux de coton, couvertures de magazine... tout ce qui traîne et a un peu de valeur finit dans leurs poches. Ils cachent des quantités de bricoles sur eux. On dirait des prestidigitateurs agissant en sens inverse.

Chaque fois que la petite brute est de service, je suis choqué par sa cruauté. Ces vieux messieurs sont si fragiles, si démunis, il est tellement plus fort et plus costaud que ses cris n'ont aucun sens. Je ne peux rien pour eux, mais je me fais un plaisir de déposer sur mon assiette quelques petits extras – des bonbons ou des cacahuètes, par exemple – avant de la leur donner. Si je peux, j'essaie de détourner l'attention du gardien et j'insiste toujours, auprès de lui, sur le fait que ce sont des « personnes âgées ». Hélas, on ne peut pas dire qu'il y soit très sensible.

Ces trois agents sont chargés de l'ensemble des cellules. Ils enferment et libèrent les détenus, apportent les repas, inspectent les lieux, vérifient que les cellules sont nettoyées et surveillent les détenus aux heures de promenade. Chacun est susceptible d'être contrôlé par un sergent de service, qui inspecte également les lieux. Celui-ci doit par ailleurs nommer un agent pour seconder chaque gardien de cellule. Au fil des semaines, j'ai appris à les connaître. Au début, ils ont tendance à se montrer froids, mais, avec le temps, ils font preuve d'un peu moins d'hostilité. Ils finissent par comprendre que je n'ai pas l'intention de m'évader ni de les convertir à la légion de l'Antéchrist. Autant je ferme les yeux sur leurs insultes, autant j'insiste pour qu'ils respectent les rares droits qui me sont dus. Peut-être que mon aisance avec les officiers supérieurs rehausse mon statut aux yeux des sergents et des agents.

Je tâche de les déranger le moins possible en espaçant mes requêtes et en attendant le tour du policier le moins antipathique. À l'heure de la promenade, je veille à ce que les gardiens aient une pile de magazines en afrikaans à portée de main. De toute façon ils ne m'adressent quasiment jamais la parole, alors même qu'ils bavardent à qui mieux mieux entre eux ; mais j'en suis arrivé au point où une conversation que je surprends me fait presque autant de bien qu'une conversation à laquelle je participe.

Si je pense aux semaines qui viennent de s'écouler, plusieurs anecdotes me reviennent en mémoire. Non pour leur intérêt en soi, mais pour l'effet qu'elles ont eu sur moi. Par exemple, je n'oublierai jamais le spectacle d'un sergent feuilletant des exemplaires de *Punch*. C'est un type baraqué, dont les mouvements sont mous, qui pense et parle lentement. Il a quelque chose de sévère et n'a pas l'air très sensible à ce qui se passe dans le monde. Au début de ma promenade, il m'a demandé s'il pouvait jeter un œil à « ce magazine qui vient d'Angleterre ». Il a empilé les exemplaires à côté de lui, méthodiquement, pesamment, comme tout ce qu'il fait, puis les a parcourus un par un, de la première à la dernière page. Le temps que je finisse mes exercices, il avait lu toute la pile en avançant de façon régulière, sauf quand il tombait sur des pages de publicité pour le tabac, qu'il scrutait longuement. Pendant une demi-heure, montre en main, son visage est resté figé en un froncement de sourcils synonyme de perplexité. Six numéros de concentré d'humour britannique n'avaient pas réussi à lui arracher le moindre sourire.

Un autre jour, un jeune agent tout feu tout flammes, qui venait d'arriver d'un avant-poste dans l'arrière-pays, se vanta de ses prouesses physiques. Il était excellent au javelot, disait-il, et avait quasiment battu un record dès son deuxième lancer. C'était en fait la première fois qu'il pratiquait ce sport. Son bras et son épaule s'étaient tellement contractés que, le lendemain, il fut incapable de viser un *« kaffir »*[32] – il n'arrêtait pas de rater « ce saligaud ».

Un autre agent, tout aussi jeune, m'avoua qu'il avait passé deux semaines en prison – et que c'était loin d'être un bon souvenir. À l'époque, il était en poste à Kimberley. Ils avaient interpellé un type pour contrebande de diamants, mais n'avaient pas retrouvé les pierres. Persuadés que le suspect les avait avalées, ils avaient enfermé le jeune policier avec lui pour le surveiller pendant vingt-quatre heures. Il devait recueillir et examiner les selles du suspect

32. Le mot « *kaffir* » est le terme le plus méprisant pour désigner les Noirs pendant l'époque de l'apartheid. À l'origine, il désignait les non-croyants en terre d'islam, avant d'être appliqué au contexte de la colonisation de l'Afrique australe par les Blancs (*N.d.T.*).

chaque fois qu'il lâchait une... Le policier s'arrêta là. Cette anecdote fut l'occasion pour moi de faire un de ces jeux de mots qui me valent d'être connu parmi les policiers. « Ben, dis donc... ton job, c'était vraiment un boulot de... » Quelques éclats de rire retentissants firent monter ma cote d'homme d'esprit un cran plus haut.

Un après-midi, alors que je réclamais un nouveau rouleau de papier toilette aux gardiens, je me suis demandé à haute voix combien de mètres de papier toilette j'avais consommés depuis le début de ma détention. Plutôt que de mesurer la durée de mon séjour en mois et en jours, me suis-je amusé, je pourrais la mesurer en mètres et en kilomètres de papier toilette. Nous avons estimé la longueur d'un rouleau entre cinq et cinquante mètres – et voilà qui incita l'un des gardiens à évoquer la première affaire au cours de laquelle il avait dû témoigner. Un policier avait été accusé d'avoir volé plusieurs centaines de rouleaux dans ses quartiers. L'affaire s'était transformée en procès ; il s'agissait de savoir combien de mètres de papier toilette vingt hommes pouvaient utiliser en une semaine. Le tribunal s'était penché sur la question avec le plus grand sérieux et, en l'absence de preuves concluantes concernant la quantité de papier consommé au commissariat, avait accordé le bénéfice du doute à l'accusé avant de l'acquitter.

Les policiers de la patrouille radio, eux, forment une petite bande pleine d'entrain. Mais à force d'être rivés à leur téléphone et à leur micro, ils sont en proie à une forme de nervosité qui se manifeste de diverses manières. L'un joue de la guitare, un autre fredonne des mélodies à l'antenne pour ses collègues qui patrouillent. Certains ont pour habitude de se rassembler autour d'un gramophone pour écouter un nouveau groupe qui, d'après ce que j'ai lu, s'appelle les Beatles. Je finis par les connaître presque par cœur, tous ces airs, notamment le célèbre *If I Had a Hammer*. Il n'y a pas si longtemps, c'était une chanson de gauche. Aujourd'hui, comme ils adorent le rythme, les policiers sud-africains la chantent en évoquant gaiement le marteau de la justice, la cloche de la liberté et l'amour entre « mes frères et sœurs » !

Un soir, le sergent chargé de la diffusion a demandé au sergent africain responsable d'un fourgon de patrouille de chanter. Peu après, j'ai entendu une belle voix grave entonner le premier couplet de l'hymne de tous les Africains d'Afrique australe : *Nkosi Sikelel' iAfrika*[33].

« Afrika ? a réagi le sergent blanc. T'as pas le droit de parler de l'Afrique, sinon tu tombes sous la loi des 90 jours. »

Par ailleurs, j'ai repéré un petit groupe de policiers qui semblent en adoration devant celles qu'ils appellent « les taquines ». Leurs conversations sont le seul moment où je ris vraiment. Tantôt ce sont les filles qui appellent, tantôt ce sont eux. Chaque fois, je vais près de la fenêtre et je tends l'oreille.

« Quel âge as-tu, répète ? Tu n'as pas 12 ans, je ne te crois pas. On dirait que tu en as au moins 15. Alors, dis-moi, quelles sont tes mensurations ? 55-95-55 ! Je rêve ! J'ai compris, tu es enceinte ! Tu devrais faire attention. Tu as besoin de quelqu'un d'expérimenté. Tu habites où ? Pourquoi je veux savoir ? Ben, je pourrais passer et faire un tour avec toi quand je ne serai plus de service, vers 22 heures. Il fait trop froid pour sortir ? J'ai quelque chose qui est très efficace contre le froid... »

En six semaines, seuls trois agents de la patrouille radio m'ont remarqué. Pourtant, tous les soirs après le dîner, quand je chante, je me fais un plaisir de diriger ma voix vers la pièce où ils officient. La première fois que j'ai eu droit à une réaction, c'était un policier qui a hurlé en afrikaans :

« Monsieur Sachs, *jou moer* ! » (sale ordure)

L'injure a beau être cinglante, j'ai souri en voyant qu'il me donnait du « Monsieur ».

Quelques semaines plus tard, un de ses collègues m'a également surpris et s'est exclamé chaleureusement :

---

33. *Seigneur, bénissez l'Afrique.*

« Vous devez être très seul, vous êtes ici pour quoi ?

– Les 90 jours.

– Ah ! » a-t-il lâché avant de disparaître.

Enfin, il y a peu de temps, il s'est passé quelque chose qui m'a réjoui. Quatre jeunes policiers se sont rassemblés devant la fenêtre la plus proche de la mienne.

« Monsieur Sachs, m'a interpellé l'un d'eux, vous pourriez nous chanter votre chanson, *Always* ? »

Comme ils étaient sincères, pas moqueurs pour un sou, je l'ai chantée avec un savant mélange de tendresse et d'ironie. À la fin, ils ont applaudi en s'écriant : « Encore ! Encore ! », et je leur ai offert un bis en reprenant le même air.

Je fraternise avec l'ennemi. Je sais que nous appartenons à deux formations distinctes et antagonistes. Mais voilà, on m'a relégué parmi eux. Nous vivons côte à côte toute la journée, des liens se sont tissés entre nous. Certes, je suis captif, et je continue à résister en refusant de répondre à leurs questions, mais les êtres humains sont naturellement curieux les uns des autres. Un jour, peut-être, les policiers de la pièce en face de ma cellule essaieront de me tuer, et peut-être que j'essaierai de les tuer. Pour l'instant, nous sommes voisins, au même titre que mes compagnons de cellule et moi-même. Je m'amuse à les épier et à les écouter chanter et chahuter, même si je suis choqué par leur muflerie.

Parfois, mon manque d'hostilité envers eux m'étonne, surtout quand ils se montrent cruels. Un soir, un sergent passe pour inspecter les cellules. Alors qu'il vient d'ouvrir ma porte, je m'aperçois qu'il tremble. C'est la première fois qu'il me voit mais je sens que je ne lui reviens pas. Il respire l'agressivité. Je lui demande si je peux aller vider mon pot de chambre. Il me fait signe que oui. Je me dirige alors vers les toilettes et l'entends qui me suit.

« Allez ! Dépêche ! Dépêche ! Dépêche ! » hurle-t-il.

Il est à distance de frappe et j'ai remarqué qu'il gardait les poings serrés. Il peste sur moi avec une telle violence que je suis soulagé de rentrer dans mon cachot. Le lendemain matin, je demande au sergent le plus calme ce qui justifiait sa hargne.

« Ne vous inquiétez pas. Il a passé deux ans au trou. Pour meurtre, il paraît.

– Comment ça ?

– Il a rempli un prisonnier d'eau et sauté sur son ventre jusqu'à ce que le type meure. »

Dire que ce monstre a de nouveau la responsabilité de détenus. Il était à deux doigts de me sauter dessus. Pour autant, je pense que c'est une personne malade, dont les émotions sont dénaturées et qui a besoin d'une prise en charge médicale. Ceux à qui j'en veux, c'est aux responsables qui ont accepté de le reprendre dans la police en sachant qu'il aurait le champ libre pour exercer sa violence sur des personnes sans défense. Qui sont-ils, ces responsables ? Je ne les vois jamais. Ce sont des abstractions, et la haine qu'ils m'inspirent est d'autant plus forte.

28
Activités

Tout ce que j'ai face à moi n'est que mur.

Ce n'est pas si mal, comme premier vers. À vrai dire, je ne sais pas trop ce que je pense de mon poème. Au début, juste après l'avoir écrit, je le trouvais très bon. Puis je l'ai relu quelques jours plus tard et je l'ai trouvé lamentable. Une semaine s'est écoulée depuis et quand je me replonge dedans, je pense... à vrai dire, je ne sais plus trop quoi en penser. Je poursuis ma lecture de la première strophe.

Placé haut, plus haut que moi,
Qui suis grand, si je m'étire
Debout pourrais atteindre
Une brèche, une grille,
Ligne fine, mais
De quelle hauteur
Par les barreaux passent l'air
Et la lumière et le son de
Voitures au loin à travers
Lesquelles d'insistants

Tourbillons de rêves
Débordent.

Il faut lire les vers tout haut, lentement, avec une voix sonore, pour que l'on entende l'écho entre les mots, mais sans qu'ils forment de rimes. Le ton doit être monocorde, les ruptures ne venant que du changement de rythme constant. Mais peut-être que mon poème est nul et que mes indications ne servent qu'à masquer mon incapacité à rimer et à scander. Je lis les deux strophes suivantes.

Claqué le portail en acier
Déverrouillée la porte en métal
De pierre le sol hostile
D'étain l'assiette froide
De nourriture

Je, tel un chat, suis sur ma natte
Et sens tout mon être ruminer
Voyant, avec mes yeux à moi,
Ce qu'ils voudraient et pourraient
Infliger à cet homme
Qui tâche, ce que j'ai fait,
D'être non pas mauvais
Mais bon.

Peu importe ce qu'il vaut, je me suis bien amusé à composer ce petit poème. L'idée m'est venue soudain, alors que j'avais un crayon et du papier à ma disposition depuis plus de deux mois. Quelques jours plus tard, j'ai griffonné quelques vers supplémentaires qui pourraient s'intituler…

Poésie du dimanche

Ding dang dong, ding dang dong,
Je conte une fable, je chante un trio,
Ding dong, trio, ding dong.

Ding dang dong, ding dang dong,
Chante le chant dominical, résonne le grelot,
Ding dong, grelot, ding dong.

Ding dang dong, ding dang dong,
Les chrétiens et leurs clés m'ont enfermé dans mon cachot,
Ding dong, cachot, ding dong.

Ding dang dong, ding dang dong,
Les mauvaises gens vont à la messe, les bonnes gens vont en enfer,
Ding dong, en enfer, ding dong.
Ding dang dong, ding dang dong,
Ding dong, ding dang dong.

Réciter cette ritournelle à voix haute m'apaise, comme s'il s'agissait d'une longue imprécation. Finalement, je décide d'ajouter :

Elle va et vient, la loi sur les minorités,
Sachs aura un nouveau maître
Mais n'aura que des jours supplémentaires
Car il refuse de collaborer avec Vorster[34].

Ces quatre vers me correspondent sans doute davantage. Je devrais m'en tenir à la parodie.

34. John Vorster fut ministre de la Justice de 1961 à 1966, un mandat au cours duquel il défendit une politique d'apartheid très stricte (*N.d.T.*).

Mes travaux d'écriture n'ont pas beaucoup avancé. Ce n'est pas le temps qui me manque, et l'ordonnance du tribunal m'autorise à détenir de quoi écrire, mais je n'ai pas beaucoup produit. J'ai mis plus de deux mois à imaginer autre chose que des jeux de lettres.

Les premiers jours qui ont suivi la publication de l'ordonnance, tout ce que je faisais, c'était noter mes réclamations pour qu'on les transmette au commandant du poste. Puis je me suis mis à élaborer des jeux de lettres. Il y a quelques jours, j'ai enfin commencé à écrire au sens fort, mais je ne pense pas que j'irai loin. Outre mes faiblesses naturelles, je manque de motivation et j'ai peur qu'on me confisque mes textes.

J'ai du mal à écrire sans orienter mes pensées vers un destinataire. Hélas, je n'ai personne à qui m'adresser. J'ai l'impression d'écrire dans le vide, de m'exercer, de même que je m'exerce physiquement à l'heure de la promenade. Je gratte parce que ça me fait du bien, que c'est un moyen d'entretenir mon esprit. À part les poèmes, ce que je griffonne est parfaitement neutre. Dessins abstraits, jeux de lettres, mots-croisés : j'en ai une chemise entière. Aucune réflexion profonde, pas de descriptions du monde carcéral ni de commentaires sur la vie d'un prisonnier. Je n'écris rien de neuf, ne reformule rien de façon inattendue. Mes pensées personnelles, les idées originales qui me viennent, la profondeur des émotions que je ressens, tout ça doit rester secret jusqu'à ce que je sorte. Il est hors de question que la police ait accès à ce qui anime mon esprit. Hors de question qu'elle s'empare de mes pensées et les détruise. Les flics sont connus pour brûler les livres et saccager tout ce qui est un peu délicat. Mes pensées n'ont qu'un abri entièrement sûr : moi-même. Par ailleurs, l'isolement a fini par miner ma capacité de réflexion, j'ai beaucoup de mal à organiser mes idées et à me concentrer. Je vis dans un monde rassis et dépeuplé. J'en aspire la matière dont j'ai besoin pour nourrir mon esprit, mais j'ai perpétuellement soif de stimulations. L'esprit n'est pas une entité qui flotte librement et fonctionne indépendamment de son enveloppe physique. Mon esprit vit dans mon corps, et mon corps est encagé ici, dans un monde réduit qui ressemble à un zoo sans visiteurs. Mes pensées se dévorent entre elles. Il est vrai que les livres me relient au monde extérieur et qu'à travers eux j'observe les gens, les lieux et les événements qui font l'humanité. Mais tout y est figé parce que l'expérience réelle a été métabolisée par l'auteur.

J'ai besoin que mes sens soient en contact avec le vrai monde, celui du mouvement et des émotions. Si je veux écrire, il faut que je vive. Être en vie ne suffit pas. De temps en temps, je sens qu'une idée inédite germe dans ma conscience, se développe, puis s'éloigne en dérivant à jamais, tel un ballon disparaissant dans le ciel.

Si je prends la chemise dans laquelle j'ai rangé mes brouillons, je découvre qu'en tout j'ai rédigé trois pages d'échelles de mots. De *jail* à *free*, par exemple, avec le moins d'échelons possible, en changeant chaque fois une lettre. *Jail – fail – fall – fell – feet – fret – free* : la chaîne comprend sept échelons[35]. Toutes les deux ou trois semaines, j'essaie d'élaborer une nouvelle série de mots. J'ai plus de mal à trouver des doublets qu'à établir les liens. De *lock* à *door* – voyons voir –, quatre étapes. De *busy* à *lazy*, neuf. De *dog* à *cat*, trois. De *sick* à *well*, quatre. Les mots de trois lettres sont parfois plus ardus que ceux de quatre lettres. De *one* à *two*, il faut quatorze étapes[36]. Un jour, qui sait, je pourrais proposer mes échelles de mots à un journal. Voyons... j'en ai 126 au total. Je devrais les lister de façon plus lisible.

J'ai aussi des pages consacrées à ce qu'on appelle le Quick Brown Fox Game[37]. Pendant des semaines, j'ai essayé de construire une phrase comprenant toutes les lettres de l'alphabet, plus courte que la célèbre *« The quick brown fox jumps over the lazy dog »*, qui

35. « Prison – échouer – tomber – abattre – pieds – se tracasser – libre » (*N.d.T.*).

36. « De serrure à porte », « De occupé à paresseux », « De chien à chat », « De malade à bien portant », « De un à deux » (*N.d.T.*).

37. Le Quick Brown Fox Game désigne plusieurs formats de jeux inspirés du pangramme anglais *« The quick brown fox jumps over the lazy dog »*. En français, l'équivalent serait : « Voix ambiguë d'un cœur qui, au zéphyr, préfère les jattes de kiwis » (*N.d.T.*).

en contient 33. Ma préférée est celle-ci : « *Quick brazen fights vex jumpy world* », qui a 30 lettres. Plus court encore, mais aussi plus absurde : « *Wild brazen fights vex jumpy quack* », qui ne comporte que 29 lettres – probablement un nouveau record du monde[38]. Ou alors : « *Why just quiz and vex grim black fop* » – malheureusement, il me faut l'éliminer pour des raisons politiques, à cause de l'adjectif « noir ». « *Lazy frogs vex quack with bad jumping* », en 31 lettres, n'est pas mal... Quant à « *Beg crazy cops fix with vim quick end jail* », elle est tout à fait d'actualité et s'impose comme un lot de consolation à cause de la mention des flics[39]. Si je suis libéré, je pourrais peut-être aussi les soumettre à un journal.

Si vous le pratiquez en isolement cellulaire, un jeu n'est intéressant que s'il possède un système de notation intégré. Vous avez besoin de savoir quel est le défi que vous devez relever. J'ai notamment essayé de jouer au morpion en trois dimensions, mais je m'ennuyais parce que je jouais contre moi-même.

De même, essayer de me souvenir de listes d'objets m'ennuie si je n'ai pas de support pour évaluer ma mémoire. La publicité d'un magazine américain qui dressait la liste des franchises d'un magasin dans chaque État m'a permis de m'exercer avec bonheur. J'ai décidé de reconstituer la liste complète de tous les États des États-Unis et j'y ai consacré presque une journée entière. J'ai adopté plusieurs angles : géographique, historique puis phonétique, parcourant l'alphabet en répétant certains sons pour voir s'ils faisaient surgir des noms par ricochet. J'étais plutôt satisfait parce que j'ai réussi à trouver tous les États à l'exception de trois. Ma mémoire a beaucoup diminué. Je ne me souviens plus du numéro d'immatriculation de ma voiture, par exemple, ni des dossiers que j'ai défendus juste

38. La traduction de ces trois versions serait la suivante : « Renard vif et brun bondit sur chien paresseux », « Bagarres vives effrontées vexent charlatan sauteur » et « Bagarres folles effrontées vexent charlatan sauteur » (*N.d.T.*).

39. « Pourquoi interroger et vexer un triste sire noir », « Grenouilles paresseuses vexent charlatan à coup de sauts minables » et « Implorez flics fous de faire vite et bien pour mettre fin à la prison » (*N.d.T.*).

avant d'être arrêté. Apparemment, ce que j'ai appris à l'école est plus profondément gravé en moi que ce que j'ai vécu peu avant ma détention.

Je serais curieux de savoir si *Justitia,* le magazine de la police, va publier mes derniers mots-croisés. Le commandant du poste m'a promis de les envoyer à la rédaction. À quoi bon se casser la tête à élaborer une grille de mots-croisés si personne ne s'y essaie ? J'ai imaginé la première peu après avoir obtenu un crayon et du papier. Avec le recul, je crois que je ne pouvais pas trouver mieux pour m'occuper, mais j'ai mis un peu de temps à y penser. Mon premier geste, une fois pourvu de matériel, fut de faire des petites taches. Lesquelles sont devenues des cubes. Qui, comme des cellules qui se développent, ont colonisé une page entière. C'est en voyant ces formes, esquissées au hasard, que m'est venue l'idée de créer des grilles de mots-croisés. J'ai donc commencé à travailler sur des définitions jusqu'à ce que naisse une grille cohérente. En tout, j'en ai mis trois au point. La première est fondée sur des mots qui ont trait à la vie en prison, la deuxième comprend des termes du vocabulaire courant, et la troisième est un mélange des deux. C'est celle que j'ai transmise au magazine. J'ai veillé à ce qu'elle contienne des définitions assez faciles pour avoir plus de chances d'être publié. J'avoue que je suis assez fier de mon sens de l'humour et que je relis souvent certaines de mes définitions. « À bientôt, homme en civil » (9 lettres). « D'abord pour conserver les gens, puis le vin » (4 lettres). Ah, ma préférée : « Comprend avril, juin et novembre et un certain type de détenu » (14 et 5 lettres). « Le créancier chamboulé est écroué » (6 et 10 lettres). « Prisonnier en cavale » (11 lettres). J'ai indiqué les réponses sur une feuille séparée : « enquêteur », « cave », « quatre-vingt-dix jours », « retenu prisonnier », « récidiviste ». Si je me souviens bien, le commandant m'a dit qu'avant d'être publiée, ma grille devait être approuvée par le commissaire divisionnaire de la police. Il croit peut-être que c'est un message codé. Quoi qu'il en soit, l'idée que le chef de la Security Branch évalue mes talents de verbicruciste avec le commissaire me réjouit.

Je continue à feuilleter le contenu de ma chemise. J'ai passé une semaine à remplir un cahier de quiz et de jeux et j'en ai conservé les réponses. Tous les quinze jours, un magazine local fait paraître des tests de QI. Mon indice de raisonnement est bon, mais j'ignore ce que j'aurais obtenu si j'avais fait le test juste après avoir reçu un crayon et du papier. Je parie que je suis un des premiers détenus de l'histoire à s'imposer des tests d'intelligence, seul dans sa cellule.

Enfin, j'ai une douzaine de pages qui forment une ébauche de nouvelle. L'idée d'écrire une histoire m'est venue tout à coup, comme pour les poèmes. J'étais très excité en en imaginant les grandes lignes. Je pensais aux nouvelles des magazines, à un texte qui ne révélerait aucune de mes pensées les plus profondes. Le héros est un jeune avocat qui se retrouve face à une jolie jeune femme qu'il doit contre-interroger. J'ai rédigé les premières pages avec entrain, mais, très vite, mon énergie a décliné et il m'a fallu lutter pour poursuivre. J'ai déjà deux intrigues en tête pour la suite des aventures de mon jeune avocat. Dans la première, il se réveille en prison au lendemain d'un dîner du barreau et découvre qu'il est accusé de conduite en état d'ivresse. Sauf que je n'arrive pas à finir la première partie. Je n'ai personne à qui la faire lire, aucun magazine à qui l'envoyer. Elle est vouée à rester dans ma chemise, inachevée – relique d'une ferveur de courte durée, dont l'esprit s'est déjà dissipé.

Je me rends compte que je n'ai aucun mal à me concentrer pour la lecture. Je lis avec avidité, sans arrêt, à un rythme impressionnant. Chaque fois qu'on me donne un magazine, j'en avale littéralement chaque mot. Je dévore les publicités, les conseils de cuisine, tout sur Elvis (Presley) et tout sur Cliff (Richard), l'ours, les idylles, les bandes dessinées, même la rubrique « Astrologie » – rubrique qui me fait particulièrement rire quand on m'annonce des voyages imminents, d'étranges rencontres, des avances financières et des reprises de dettes, les tournants et les événements inattendus d'une hypothétique histoire d'amour. Mes pensées s'attardent souvent sur l'idée de destin, de fatalité, et je sens que la tentation de l'irrationnel est forte ; me voir éclater de rire en découvrant l'absurdité de l'horoscope me rassure.

Les types de la sécurité ne loupent pas une occasion de me rappeler que ma situation de lecteur est précaire. L'ordonnance du tribunal doit faire l'objet d'un appel. En attendant, rien ne les oblige à me fournir de la lecture. Il y a quelques semaines, un sergent de service m'a annoncé qu'il avait de nouvelles instructions et qu'il lui était désormais interdit de me donner des magazines. Comme ses collègues ne semblent pas avoir reçu les mêmes directives, j'attends qu'ils soient de service pour leur adresser mes requêtes. Il faut d'ailleurs que je veille à les synchroniser parce que toute réclamation faite à la fin d'un service est transmise au service suivant pour exécution. Quand je reçois effectivement une revue, je la pose de façon à ce que les visiteurs ne puissent pas la voir – ce qui m'a valu de cacher un numéro de *Punch* ou de *Time Magazine* (mon unique source d'information) comme s'il s'agissait d'un brûlot sur l'art de la guérilla.

Autre nouveauté : il m'est interdit d'avoir plus d'un livre à la fois. Et une fois que j'en ai terminé un, vingt-quatre heures doivent s'écouler avant que je puisse en avoir un autre. Si je referme la dernière page d'un volume au réveil, il me faut ainsi patienter deux matinées avant de pouvoir en réclamer un nouveau. Je calcule donc mon temps de lecture de façon à finir juste avant l'extinction des feux. Il est évident qu'ils rognent peu à peu sur ma quantité de lecture. La promesse qu'on m'avait faite d'avoir accès à une bibliothèque ne s'est jamais concrétisée. Je ne reçois plus de mots-croisés. On me refuse certains livres – par exemple, *Résurrection* de Tolstoï –, sous prétexte que personne ne s'y connaît assez pour savoir de quoi il retourne exactement. Dans le même temps, je lis de plus en plus vite. À peine mes yeux atterrissent-ils sur une page qu'ils galopent au fil des lignes – c'est plus fort que moi. La seule solution, c'est de réduire le nombre d'heures de lecture journalière que je me fixe. J'essaie de ne plus commencer à lire avant onze heures du matin ; il m'arrive même de m'interdire de toucher à mon matériel de lecture avant le début de l'après-midi. Je me prépare au choc de la privation. J'ai aussi caché, un peu partout dans ma cellule, toutes sortes de textes, comme un stock de munitions dans lequel je pourrai puiser en cas d'urgence. J'ai même un stylo enfoui dans mon matelas et des feuilles blanches calées derrière une canalisation. Ces réserves devraient me permettre de tenir deux mois si je me rationne à quelques minutes par jour. Elles atténueront le traumatisme d'une confiscation brutale.

Les jours passant, les livres que j'ai lus forment une pile de plus en plus haute. Comme je n'ai pas le droit de les envoyer à quiconque, ils sont entreposés dans une cellule vide à côté de la mienne. Ce qui est merveilleux avec les livres, c'est qu'ils ne contiennent pas de publicité, si ce n'est, parfois, pour d'autres livres. Ils me procurent un plaisir pur. J'ai toujours une préférence pour les romans, mais je commence à être à court d'auteurs. J'ai de plus en plus de mal à me souvenir des titres de ceux que j'aimerais découvrir. Je ne sais pas non plus ce qui a été publié récemment, et, souvent, ce que je demande n'est plus disponible. J'essaie d'acheter plutôt des poches pour ne pas dépenser trop d'argent, ce qui limite encore mes choix.

J'ai lu des livres extraordinaires. Comme je considère tout ce qui fait moins de 500 pages comme une nouvelle, je juge autant la quantité que la qualité. Si je prends ces deux critères, *Don Quichotte* est un chef-d'œuvre absolu. Pauvre chevalier à la triste figure – chaque fois qu'il se relève, piteux, blessé, de la terre poussiéreuse, je ne peux m'empêcher de penser à moi quand je sors d'un interrogatoire. J'ai beaucoup aimé *Les Buddenbrook* de Thomas Mann, *La Vie ardente de Michel-Ange* d'Irving Stone, et *Hawaï* de James Michener, qui font tous plus de 1 000 pages et possèdent chacun des qualités spécifiques. Un bon gros roman me fait le même effet qu'un bon steak pour un gourmet. Parmi les œuvres plus courtes, je citerai

La Lettre écarlate de Hawthorne et *Claudine à l'école* de Colette, deux livres aux sensibilités opposées. J'ai également lu des essais, notamment *Le Troisième Reich : des origines à la chute* de William Shirer, qui m'a profondément marqué ; c'est à ce jour ma commande la plus audacieuse, et la seule d'ordre politique, bien sûr. Le sergent qui me l'a apportée l'a balancée sur mon lit d'un geste méprisant en grommelant qu'il s'agissait de mensonges et que ça ne représentait qu'un seul côté de l'histoire. Je n'ai pas été surpris de découvrir qu'il était pro-nazi, mais je ne l'ai pas non plus été d'apprendre qu'un de ses collègues était un ancien militaire qui s'était battu contre Hitler. L'un et l'autre appliquent les règles de façon très stricte. Pourtant, le premier se montre buté et agressif alors que le second fait preuve d'humanité et de tolérance. Un des livres que j'ai mis de côté est *Les Mythes grecs* de Robert Graves. C'est une lecture qui prend du temps, il sera donc idéal si je suis rationné.

Autre essai que je me suis réservé : *Dieu sans Dieu* de John Robinson, évêque de Woolwich. Le commandant de Wynberg m'avait donné à lire un pamphlet qui étrillait ce livre avec une telle virulence que j'étais intrigué. Évidemment, je ne pouvais pas le demander à Wynberg. En revanche, c'est l'un des premiers livres que j'ai réclamés en arrivant à Caledon Square. Je ne le regrette pas, parce qu'il m'a rendu intelligible la philosophie de plusieurs chrétiens de ma connaissance, dont j'ai beaucoup de mal à partager la croyance en un ordre surnaturel. Le christianisme libéré de la religiosité, interprété comme une doctrine de l'amour, forme une pensée enthousiasmante et attirante. Mais je ne vois pas en quoi son éthique fondamentale se distingue de celle du bouddhisme ou du communisme, par exemple. Certes, leur vocabulaire n'est pas le même, mais ils ont en commun tu-aimeras-ton-prochain et on-n'adore-que-Dieu. J'ai planqué le livre en me disant que, si je suis interdit de lecture, j'aurai sous la main un guide pénétrant et provocateur pour poursuivre mon étude de la Bible. Il y a vingt ans, le théologien Dietrich Bonhoeffer rédigea un testament pro-chrétien anti-théiste dans une prison nazie. Ses idées, telles qu'elles ont été reprises et diffusées par l'évêque de Woolwich, sont donc revenues en prison. Les voilà, coincées contre le rebord de ma fenêtre, en attendant le jour où j'aurai de nouveau besoin de me confronter aux grandes questions que sont la vie, la mort et le sens de ce monde.

29
Corps et âme

Le pire, c'est le sentiment de vertige. Parfois, quand je sors de ma cellule à l'heure de la promenade, j'ai une étrange impression d'étourdissement, comme si ma tête était un ballon. Je n'ai pas mal, j'ai plutôt la sensation d'être au centre d'un vide croissant, plus ou moins auréolé de malheur. Je me sens très vulnérable. Seules la force de l'habitude et les restrictions du noyau rationnel de mon cerveau me permettent de rester debout et de courir. J'ai beau être au ralenti, faire de l'exercice me soulage.

Si c'était le seul symptôme inquiétant, je n'appellerais pas le médecin. Mais j'ai d'autres sensations bizarres, qui, si je les additionne, présentent une image de début de désintégration mentale. Souvent, quand je suis allongé, j'ai l'impression que mon âme se sépare de mon corps. Je sais que c'est une illusion. La sensation n'en est pas moins très vive, troublante. Mes membres, mon tronc et ma tête gisent dans une masse végétale inerte sur le matelas, tandis que mon âme flotte lentement vers le plafond où elle se contracte et s'incarne en une forme qui se loge dans un coin et observe mon corps. Cette forme prend souvent celle d'une chouette qui me scrute calmement, patiemment, sans trahir d'émotion. C'est ma chouette à moi, mon *je* à moi. *Je* qui observe moi. Je suis conscient du processus, comme s'il y avait un second moi qui regardait *je* observant moi. Je suis un miroir replié sur lui-même, à la fois une unité et une infinie multiplicité de réflexions internes.

Comme s'il voulait se venger, mon corps se rappelle à moi en m'infligeant régulièrement des convulsions. Lesquelles se manifestent quand je baisse la garde et que mon esprit est au repos. Sans prévenir, mes membres se compriment et se débattent, mon corps est traversé de spasmes, comme s'il avait reçu une décharge électrique. Une myriade de tensions refoulées sont brusquement libérées et me laissent, une fois la crise passée, sonné, tremblant. Mon cœur palpite et j'ai l'impression que les pores de ma peau se dilatent. Peu à peu, la terreur se dissipe. Mon corps se relâche et mon pouls retrouve sa stabilité.

La douleur qu'il m'arrive de ressentir juste au-dessus du cœur me déstabilise moins que ce genre de convulsion. Elle apparaît quand je me redresse trop vite après avoir été recroquevillé. Mes muscles m'élancent, mais si je reste immobile et que je respire profondément, ils se détendent et la douleur disparaît.

De temps en temps, quand je suis assoupi, allongé et détendu sur mon lit, je crois qu'on m'appelle. Je distingue un son doux et brillant qui s'adresse à moi et prononce mon nom. Au début, je bondissais sur mes pieds et me plaquais contre la porte ou la fenêtre en espérant être rappelé. Je sifflais, je murmurais « hello ». Aujourd'hui, je sais que personne ne m'appelle. En vérité, c'est un des policiers de la patrouille radio qui hèle un collègue dont le nom ressemble au mien ; comme je suis dans un état de demi-sommeil proche de la transe, je le prends pour moi. Il n'est pas impossible qu'il n'y ait pas eu le moindre bruit et que j'aie ce que le corps médical appelle des hallucinations auditives.

J'éprouve un sentiment aussi étrange chaque fois que je me douche après mes exercices. J'étais ici depuis un mois quand quelqu'un a découvert que la douche fonctionnait. Depuis, tous les jours après avoir couru, je me savonne et je profite de l'eau réchauffée par le soleil ruisselant sur mon corps. Pour une raison qui m'échappe, je suis terrifié dès que j'approche du coin où le tuyau de la douche surgit du mur. Je suis debout sur le sol en ciment, nu, dégoulinant d'eau savonneuse, quand soudain je sens mon corps se tendre, comme s'il me fallait impérativement m'écrouler et m'ouvrir le crâne. Pris en étau entre la panique et le désir, je visualise ma boîte crânienne qui s'ouvre en deux, et mon cerveau et mes pensées qui jaillissent comme des graines de grenade.

Le pire symptôme, je n'en parlerai pas au médecin s'il passe : je n'ai plus la force de résister. Plus rien n'a d'importance. Je me sens nul, délaissé, je me fous de tout. « À quoi bon ? » : voilà comment je résumerais ce que je ressens. La vie n'a aucun sens. Continuer à vivre ainsi n'a aucun sens. Qu'est-ce que je cherche à prouver en m'accrochant ? Si les autres veulent continuer à se battre, très bien, c'est leur problème, mais sans moi. J'ai besoin de paix, et cette aspiration ne me paraît pas déraisonnable. Consacrer sa vie à s'indigner et à lutter ? Le monde est-il moins cruel aujourd'hui qu'il le fut jadis ? J'ai passé des années à m'épuiser, à brandir des slogans. Quelqu'un est-il plus heureux pour autant ? Quelqu'un est-il plus libre ?

Une fois de plus, je me rends compte que ce manque d'élan est une conséquence de l'isolement, et que mes pensées ne sont que le produit de mon environnement. En mon for intérieur, rationnel, je crois toujours à la force de l'homme et à la nécessité de se battre pour que l'humanité progresse. Simplement, je me sens incapable de parvenir à quoi que ce soit. Le temps et l'isolement ont eu raison de mon énergie. Il faut que je voie un médecin.

Bruits de pas et de porte-clés. La grille du haut des marches est déverrouillée, ouverte, refermée, reverrouillée. Des voix résonnent. Le cadenas est débloqué, une clé tourne dans la serrure. La porte s'ouvre. À côté du gardien, je découvre un homme grand, costaud, qui doit être l'un des chirurgiens du district. Il me dévisage avant de scruter ma cellule.

« Vous avez un lit, je vois, dit-il d'une voix sèche, avec un accent typique de la communauté juive. Alors, de quoi vous plaignez-vous ? »

Je n'ai pas le temps de répondre qu'il entre et examine mon lit. Je recule pour qu'il puisse voir toute la pièce.

« Je sais ce que vous direz quand je serai sorti, poursuit-il. Vous direz que nous, les médecins, on ne sert à rien, qu'on est infoutus de vous soulager. Le fait est qu'on ne peut rien faire pour vous. C'est vous qui êtes responsable de ce pétrin et vous seul qui pouvez en sortir.

– Je suis désolé, docteur, mais je ne crois pas qu'on se connaisse », dis-je poliment.

Je tiens à ce qu'il me voie comme un être humain, un égal, pas comme un « malade imaginaire ».

« Docteur –––, se présente-t-il. Vous savez que vous êtes plutôt verni. Les conditions de détention se sont considérablement améliorées. Vous feriez bien de lire la vie d'Elizabeth Fry avant de vous plaindre[40]. Les prisonniers ont la belle vie, aujourd'hui.

– Docteur, j'ai demandé à vous voir parce que j'ai des symptômes qui m'inquiètent. Je suis dans une position très difficile, très vulnérable, et je voudrais être sûr de ne pas avoir de problèmes de santé. Je n'ai sûrement rien de grave, et si j'étais dehors, je ne m'inquiéterais pas. Mais comme je suis à l'isolement, j'ai besoin d'être certain que tout va bien. »

Je lui propose de s'asseoir avant de lui décrire les sensations que j'éprouve. Je m'exprime vite parce que je sens qu'il a hâte d'en finir. Je le trouve tellement étrange, tellement désinvolte que j'ai l'impression qu'il n'est pas réel, qu'il est un de mes symptômes. En tout

40. Elizabeth Fry (1780-1845) est une réformatrice anglaise. Scandalisée par l'état des prisons qu'elle visita, elle fut à l'initiative d'une réforme pénitentiaire importante (*N.d.T.*).

cas, si – comme je le crains – je ne tiens pas le coup, ils ne pourront pas dire que je ne les avais pas prévenus ; c'est eux qui seront tenus pour responsables.

À peine ai-je terminé de parler qu'il hausse les épaules et frappe le matelas du poing.

« Je ne vois pas où est le problème, grogne-t-il. Vous avez un lit, des couvertures et trois repas par jour. Si vous n'êtes pas content, c'est facile. Il suffit de coopérer avec le gouvernement, vous serez libéré illico. On ne se bat pas contre le gouvernement, je vous rappelle. Le gouvernement gouverne tout le pays. Peu importe ce que vous en pensez, vous n'avez pas le droit de vous y opposer. »

Je suis trop abasourdi, trop heurté pour répliquer. Il n'est pas là pour me donner un cours de sciences politiques mais pour m'ausculter, m'examiner et m'écouter afin de s'assurer que je vais bien. Au lieu de quoi, il pérore et passe plus de temps à s'inquiéter de mon lit que de ma personne. Mais ça y est, je me souviens pourquoi son nom me disait quelque chose. Je l'ai lu dans un article, il y a quelques années. L'Ordre des médecins l'avait reconnu coupable d'avoir administré un anesthésique par négligence.

Il se lève, prêt à s'en aller, et je pense : « Vous êtes un petit docteur inutile et minable. » Aussitôt, je me rappelle qu'il a prédit cette réaction – « Je sais ce que vous direz. » Il franchit la porte, se retourne et, au moment où le policier s'apprête à la verrouiller, me lance :

« Vous ne vous rendez pas compte de votre chance. Si vous aviez vécu à l'époque de la reine Élisabeth, vous savez ce qui vous serait arrivé ? » Il se tourne vers le policier. « Dites-lui ce qui lui serait arrivé. »

Le policier passe un doigt sur sa gorge en émettant un râle.

« Voilà ce qui vous serait arrivé. Décapité », tranche-t-il.

Clac. Porte. Verrou. Bruits de pas disparaissant à travers le portail et dans l'escalier. Je suis au bord des larmes. Furieux, humilié. Mais, surtout, blessé. Il a trahi la confiance que j'avais dans le corps médical. Les médecins sont là pour soigner. Il sait pertinemment que je suis à l'isolement depuis plus de quatre mois. Et au lieu de m'examiner, il me dispense un cours de politique. Je ne simule rien. C'est la première fois que je demande une consultation. À Wynberg, le médecin passait une fois par semaine – c'était réglementaire, je n'avais pas besoin de le réclamer. Le lendemain de ma réincarcération, quand j'ai eu des nausées, c'est un policier qui a fait venir un médecin. C'est simple, ce type est un monstre. Si j'avais le bras cassé ou du sang qui giclait de ma bouche, il interviendrait peut-être. Mais il ne croit probablement pas à l'existence des maladies mentales. Je sais encore exactement quels sont les troubles dont je souffre mais si j'attends, il sera peut-être trop tard. Faut-il que j'affirme être Napoléon pour qu'il s'interroge sur les conséquences de l'isolement sur mon esprit ? Comment ose-t-il se dire médecin ? Et comment le gouvernement ose-t-il embaucher quelqu'un comme lui pour veiller sur la santé des prisonniers ?

Je me sens si impuissant. Si je me plains du médecin, il dira que je mens et j'aurai encore moins de chances d'être pris en charge. Si je me tais, il dira que je suis en bonne santé, ce qui est faux.

Je fais les cent pas dans l'espace exigu entre le lit et la banquette. Tant pis, il vaut mieux que je passe à autre chose. Dans quelques semaines, je pourrai de nouveau demander à être examiné. En attendant, il faut que je veille à mon équilibre mental. Je m'assieds sur le lit et prends le roman que je suis en train de lire. Mais j'ai du mal à me concentrer. Maudit soit ce docteur ! Je m'acharne à lire. Arrivé à la dernière ligne de la page, je me rends compte que j'ai parcouru les paragraphes sans rien y comprendre. Je relis et pose le livre à plat sur mes genoux.

Plusieurs minutes s'écoulent ; je suis toujours assis sur le lit, inconsolable, le roman renversé sur mes cuisses. Des voix approchent, un porte-clés tinte. Ils sont un peu en avance pour la promenade... La porte s'ouvre. Je pose mon livre sur la banquette pour aller chercher mes chaussures et j'aperçois un petit monsieur plus tout jeune, portant une mallette noire carrée, dans l'embrasure de la porte.

« Je suis le docteur Samols. Je crois que vous êtes inquiet pour votre santé ?

– Oui. Le docteur ——— est venu me voir tout à...

– Je sais. Il m'a fait un bref rapport et je me suis dit qu'il valait mieux que je vienne. On peut sortir dans la cour, il y a plus de lumière. Mais, d'abord, dites-moi ce qui vous inquiète. »

Il a la vivacité et l'efficacité d'un médecin habitué à voir de nombreux patients et sûr de ses diagnostics. Il pose sa mallette sur la banquette et s'assied sur mon lit, face à moi. Je lui parle alors de mes vertiges, de mes spasmes, de l'impression que mon corps et mon esprit se séparent, de mon nom que je crois entendre et de l'envie de m'exploser le crâne contre le ciment. Il écoute attentivement. Je m'exprime sur un ton monocorde parce que je répète ce que je viens à peine d'exposer à son collègue. Quand je reviens sur l'envie de m'exploser la tête en comparant mon crâne à une grenade, il sourit. Mon refus de répondre aux questions crée une tension qui commence à me peser, lui dis-je. Si je tombais et que mon crâne explosait, on ne pourrait pas me reprocher d'avoir permis à la police de voir ce qu'il y a dedans. L'image de la grenade, elle, vient du mythe de Perséphone aux Enfers, que j'ai lu récemment.

Je suis frustré par son absence de réaction, j'aimerais qu'il commente mes propos. J'ajoute que je n'ai sans doute rien de grave mais que je ne peux pas me permettre de jouer avec le feu. J'ai peur d'avoir un problème physiologique et je serais rassuré s'il pouvait m'examiner.

Il demande qu'on apporte deux chaises du bureau du commandement et qu'on les place dans la cour. Alors que nous sommes en train de sortir de ma cellule, il me fait remarquer que mes mains sont très pâles.

« Elles le sont depuis toujours », lui dis-je.

Une fois dehors, je lui avoue que j'ai perdu l'habitude d'être assis sur une chaise et de parler à quelqu'un, à part les policiers.

« C'est pour ça que vous m'avez fait appeler ?

– Non, jamais je n'oserais. Je suis trop attaché à ma santé pour en jouer sous prétexte que je manque de compagnie. »

Il prend ma tension, ausculte mes poumons et mon cœur avec un stéthoscope, passe ses mains sur mon corps. J'éprouve un léger sentiment de bien-être. Enfin, quelqu'un qui prend soin de moi. Je ne vaux pas complètement rien. Le monde ne m'est plus totalement hostile. Je lève les bras pour qu'il me palpe les aisselles.

« Penchez-vous en arrière », me dit-il.

Deux chaises sont placées côte à côte, sur lesquelles je m'allonge.

« Enlevez vos pantoufles, je vous prie. »

Je le regarde fouiller dans sa mallette noire. Il semble ne pas trouver ce qu'il cherche, glisse la main dans la poche de son pantalon et sort un trousseau de clés. Des petites clés personnelles – de voiture, de maison, de bureau –, loin des gros machins métalliques que les gardiens transportent partout. Il attrape l'un de mes pieds par le talon, sur lequel il passe une clé Yale à lame dentée.

« Ouïe, ça chatouille ! » m'écrié-je en éclatant de rire.

Il sourit.

« Merci, c'est la première fois que je ris depuis plus de quatre mois. »

J'enchaîne en bavardant joyeusement avec lui. J'aimerais bien qu'il fasse quelque chose pour la rougeur que j'ai sous les yeux et pour les petits boutons au coin de ma bouche. Je lui avoue avoir été pris de court par son collègue, qui m'a fait la leçon au lieu de m'examiner.

« C'est votre fils que j'ai connu à l'université ? »

Je me souviens d'un certain Samols, un étudiant de médecine qui a obtenu son diplôme en même temps que moi. Pendant que je parle, il note une série de recommandations sur un bloc d'ordonnances.

« Vous n'avez aucun problème physique, conclut-il. Mentalement aussi, tout va bien. Vous présentez les signes classiques des effets de l'isolement, mais il n'y a pas lieu de s'inquiéter. Je vous ai prescrit des cachets qui devraient vous faire du bien. »

Je fronce les sourcils. L'idée de prendre des médicaments ne me dit rien qui vaille. J'ai peur qu'ils m'affaiblissent.

« Est-ce qu'ils ont des effets secondaires ?

– Non. Ce sont des cachets très légers, qui devraient vous éviter les vertiges et les symptômes que vous venez de me décrire. Ils ne vous feront pas de mal.

– Je vais voir. Si les symptômes persistent, j'essaierai. »

Est-ce qu'ils diminuent la volonté ? C'est ce qui m'importe le plus. Est-ce que j'aurai toujours la force de résister aux interrogatoires ? Autant de questions que je n'ose pas poser.

« Je vous ai aussi prescrit une pommade pour vos problèmes de peau et un shampoing. Les rougeurs sont sûrement liées aux pellicules. Vous avez d'autres problèmes ?

– Vous pourriez demander au commandant de m'accorder un peu plus de temps pour faire de l'exercice ? J'ai une demi-heure le matin et une demi-heure l'après-midi, pas plus. Ce qui veut dire que j'ai peu d'air frais et de soleil.

– Très bien, je vais lui en parler. Si vous avez besoin de moi, n'hésitez pas à me faire signe. Je ne suis pas loin.

– Merci, mais je préfère vous déranger pour les vrais problèmes. »

Il range son matériel et remet l'ordonnance à l'agent qui lui a ouvert la porte.

« C'est bien mon fils que vous avez connu, reprend-il. Il m'a beaucoup parlé de vous. Il vit au Canada, où il travaille dans un grand hôpital. C'est vrai que vous refusez catégoriquement de répondre aux questions ?

– C'est vrai, oui. »

Il me renvoie un regard grave, teinté d'une lueur mi-perplexe, mi-amusée.

« Je ne vous ferai pas la leçon », dit-il, le visage parfaitement impassible.

Je me trompe, ou j'ai perçu une note de respect dans sa voix ?

Me revoilà seul dans mon cachot ; les voix et les tintements de clés s'éloignent. J'exulte. Merci, docteur, merci d'être médecin. Vous venez de me prouver que les normes de la société civilisée ont encore du sens et qu'un médecin est là pour guérir, pas pour cautionner la torture. Quelque chose me dit qu'une partie de moi avait secrètement envie d'être malade pour pouvoir sortir d'ici la tête haute. Il n'empêche, je suis soulagé. Si la santé me quitte, je ne sais pas comment je réagirai. Mon esprit et mon corps ne peuvent pas se permettre de se retourner l'un contre l'autre. J'ai besoin de toutes mes forces parce que ma détermination à résister est au plus bas.

30
À chaque jour suffit sa peine

La prochaine fois qu'ils viendront, je répondrai à leurs questions. À ce stade, ça n'a plus d'importance. Je ne parlerai que de moi et ne ferai de tort à personne. Cent trente jours se sont écoulés depuis mon arrestation, tous les procès qui étaient en instance ont sans doute déjà eu lieu. La police ne pourra pas exploiter mes propos pour me traduire en justice, ni les retourner contre qui que ce soit. Ils me gardent uniquement par principe, car il n'est pas question de libérer un détenu des 90 jours tant qu'il ne répond pas aux questions. Je rêverais d'être la preuve du contraire, mais je ne crois pas être assez solide. Je vais finir par craquer. À quoi bon souffrir encore un an, deux ans, puisque le résultat sera le même ? Je peux répondre à leurs questions sans me mettre en danger, ni moi ni les autres. D'après mes calculs, les interrogateurs reviendront vendredi. Cette fois-ci, je parlerai.

Vendredi est arrivé. Le capitaine est dans ma cellule, accompagné d'un major de police que j'ai connu quand il était sergent dans la brigade criminelle.

« Vous êtes toujours aussi entêté ? » me lance le capitaine avec un regard noir.

Quelle brute ! Qui est-il pour me parler ainsi ?

« Rien n'a changé de mon côté. »

Pourquoi faudrait-il que je change d'avis ? Plutôt mourir que céder pour lui donner satisfaction.

« Dans ce cas-là, je ne vous ferai pas perdre votre temps, ni le mien.

– Je vous l'ai déjà dit, capitaine, je ne demande qu'à perdre mon temps.

– On ne peut pas vous relâcher tant que vous ne répondez pas à nos questions, ne vous y trompez pas.

– Ce n'est pas à moi de commenter la façon dont la police fait son travail. Mais j'ai du mal à comprendre que vous persistiez à enfermer un être humain seul aussi longtemps, rétorqué-je sur un tom amer, provocateur.

– Vous et vos amis, vous n'avez aucune raison de vous plaindre. Si vous obteniez gain de cause, je ne pense pas que vous feriez très attention aux autres. » Il parle avec aisance, comme s'il récitait des propos appris par cœur. « Par ailleurs, sans la loi des 90 jours, nous aurions eu une révolution sur les bras. Pas une grande révolution, remarquez, une petite, mais elle aurait fait beaucoup de tort à des gens innocents. »

En fait, il n'argumente pas. Je suis sûr que les interrogateurs suivent une formation avant d'être lâchés sur nous. Ce n'est pas la première fois que je remarque qu'ils ont des réponses toutes prêtes dès que j'insinue qu'ils sont inhumains ou peu civilisés. Ils doivent aussi être formés à croire qu'ils sont du côté de la justice. Douter ou éprouver de la pitié les empêcherait d'avoir la dureté qu'il faut pour être efficace.

« Vous ne pouvez pas justifier une politique uniquement sur ses résultats, lui dis-je. Après tout, la torture produit des résultats ; or je doute que vous la justifiiez. »

Il tique en entendant le mot « torture » et marque une pause avant de se défendre :

« Des allégations de torture ont été émises. Elles font l'objet d'une enquête et j'espère qu'elles se révéleront infondées. À ma connaissance, aucun des hommes travaillant sous mes ordres n'a eu recours à la torture. Personnellement, je suis contre. » Il marque une nouvelle pause et balaie ma cellule du regard. « Je parle de torture physique, bien sûr. J'imagine que ça [il montre la pièce de la main], c'est une forme de torture. De torture mentale, pas de torture physique. La première est légale et j'y crois. Je suis contre l'autre type de torture, mais pour la torture légale. »

Je n'en reviens pas. Il a fait montre d'une sincérité inattendue. D'habitude, il est imperturbable, calculateur, dur, pire qu'une machine. Il se sent peut-être plus libre de parler ici que dans leur « studio d'enregistrement ». J'aurais aimé avoir un magnétophone pour enregistrer ce qu'il vient de dire.

« Pour ma part, j'estime que la torture n'est jamais légale », lui lancé-je. Je voudrais lui rappeler les procès de Nuremberg.

« Ça ne nous avance pas beaucoup. Je ne vais pas perdre... Ah ! Allez, on y va », dit-il en s'adressant au major, avec qui il sort.

Quand je pense que j'étais prêt à répondre à leurs questions ! Je suis tellement bouleversé en les voyant en chair et en os que je ne suis plus tenté de céder. Leur présence, leurs manières, leurs convictions suffisent à me rappeler pourquoi je suis incarcéré. Ça fait des mois que je résiste. Je n'ai aucune raison de ne pas tenir au moins jusqu'à la fin de ce deuxième cycle de quatre-vingt-dix jours. S'ils m'infligent un troisième cycle, ce sera une défaite pour eux. Quelques semaines, quelques mois de plus en détention ? Ce n'est rien, comparé à une vie. Au bout de ces cent quatre-vingts jours, j'y réfléchirai. D'ici là, il faut que je continue à me battre, jour après jour, semaine après semaine. C'est la seule façon de survivre.

Une nouvelle semaine s'est écoulée. Je vais essayer les cachets. Vu ce que je viens d'apprendre, j'en ai besoin. Je me reposais après le déjeuner quand j'ai entendu quelqu'un ouvrir ma porte. Un agent de sécurité est entré et m'a annoncé que ma mère était là. Vite, je me suis habillé et recoiffé. La dernière fois que je l'avais vue, c'était à Maitland. Nous étions dans la cour, un vent glacial soufflait, j'étais frustré de ne pouvoir évoquer que des questions sans intérêt : mon appartement, ma voiture... Je ne pouvais rien lui confier sur moi, et elle n'était pas autorisée à me dire quoi que ce soit sur ce qui se passait dans le monde, ni sur ce qui m'attendait. Ce fut une épreuve, pour elle et pour moi. Plus de trois mois ont passé depuis, et je n'ai pas reçu la moindre visite.

Je reviens du « studio d'enregistrement » où j'ai pu la revoir. Elle avait l'air en forme. Elle était très bien coiffée, ça m'a frappé, et portait une jolie robe neuve. On nous a autorisés à nous embrasser et elle m'a expliqué pourquoi on lui avait permis de me rendre visite. Mon frère, Johnny, vient d'entrer au Guy's Hospital où il doit être opéré du cœur dans les semaines qui viennent. La date n'a pas encore été fixée. Je lui ai dit que je préférais ne pas la connaître, mais que, dès qu'elle aurait les résultats, je voulais qu'elle me les communique. Nous avons bavardé en nous observant. Une longue ride creusait le milieu de ses joues, elle avait plus de cheveux gris que dans mon souvenir, mais elle était pleine d'allant, forte, comme si les difficultés de ses fils cristallisaient tout le courage qu'elle a accumulé au cours de sa vie, si longue, si dure, si pleine. Johnny lui a envoyé une lettre magnifique, me raconte-t-elle. Le fait est que nous formons un trio dont chacun essaie de remonter le moral des deux autres. L'agent qui nous surveillait est sorti sans rien dire. « Sois prudent ! » a-t-elle murmuré. Oui, ai-je répondu en hochant la tête. « Magnétophone », j'ai lu sur ses lèvres. « Compris. » Reprenant notre échange à voix haute, je lui ai demandé comment elle allait, elle m'a répondu « bien », puis elle m'a demandé comment j'allais, et je lui ai répondu « bien ».

« C'est pas facile, mais je tiendrai, quoi qu'il arrive. »

J'ai prononcé ces mots pour les agents de la sécurité plus que pour ma mère. Afin qu'ils sachent que j'ai assez de ressources pour ne rien lâcher. Complice, elle a continué en m'indiquant où ma voiture était entreposée, ajoutant qu'on lui avait demandé de me rassurer sur un point : je retrouverais mon cabinet sans problème à ma sortie. Ce qui sous-entendait qu'ils allaient peut-être me libérer – elle pouvait difficilement me faire plus plaisir qu'en me transmettant ce message. L'agent de sécurité est rentré pour nous demander de mettre fin à notre échange. J'étais fier de ma mère. Elle était calme, digne, elle avait eu les mots justes pour m'encourager. Je l'ai serrée dans mes bras pour lui dire adieu, puis elle est sortie et a remonté le couloir en marchant d'un pas décidé. J'étais fier, aussi, à l'idée de lui avoir peut-être donné un peu de force supplémentaire pour affronter l'épreuve qu'était l'opération de Johnny.

Six solutions se présentent à moi si je veux sortir de cet enfer. J'ai beaucoup réfléchi à ma situation, fait soigneusement la part des choses, à tel point que, si je passais un examen sur la question, j'aurais la meilleure note partout.

Première solution, le suicide. L'avantage, c'est qu'ils n'auraient plus aucun accès aux renseignements que je pourrais posséder. Ce serait aussi un moyen de dénoncer la cruauté de la loi des 90 jours aux yeux du monde, donc de mettre la police dans l'embarras. De mon côté, je mettrais fin à ma souffrance sans avoir perdu mon honneur. Je n'ai jamais eu d'idées noires avant d'être incarcéré. Je me souviens de trois moments, au début de ma détention, où j'ai envisagé de me pendre ; heureusement, cette pulsion de mort m'est passée. Je connais trop de gens qui seraient accablés de chagrin et n'auraient plus le courage de se battre si je me donnais la mort. Souvent, cela dit, je suis en proie à un pessimisme d'ordre philosophique. Le monde est d'une violence sans nom, me dis-je, seul le palliatif de l'illusion le rend supportable. Je pense à ma famille qui risque d'être décimée, à mon frère qui risque de mourir sur une table d'opération, à moi qui risque de finir mes jours derrière les barreaux et à nos parents qui vieilliraient seuls, éperdus de chagrin.

Deuxième solution, la maladie. Même si je m'astreins à faire de l'exercice – à la limite de l'obsession – pour être en forme, souvent je rêve de tomber gravement malade. Ils seraient obligés de m'envoyer à l'hôpital – et même dans un hôpital de prison, j'aurais de la compagnie. Et si je souffrais d'un cancer ou d'une maladie incurable, ils me laisseraient probablement sortir. Au début, ce genre de pensée s'immisçait régulièrement dans mon esprit, sans doute à cause du conflit entre ce que me dicte ma conscience et le désir d'échapper à l'isolement. Plus récemment, j'ai envisagé la possibilité de simuler la folie. Je connais mal les symptômes de la démence, mais je pourrais exploiter les étranges sensations que j'éprouve en les accentuant, notamment l'impression d'entendre des voix. Simuler la folie serait aussi une occupation et un défi intéressant. Mais non sans danger : mon esprit pourrait souffrir de dommages irréversibles. Qui plus est, s'ils découvraient le subterfuge, ils prendraient la mesure de ma faiblesse et seraient d'autant plus déterminés à me boucler. Non, l'idée même d'être malade a un effet délétère sur moi. Quelle que soit ma décision, j'ai intérêt à rester physiquement solide et ferme.

Autre voie de sortie à exclure, l'évasion. À l'époque où j'étais profondément désespéré, choqué, j'en rêvais. J'imaginais qu'on venait me sauver, que je sautais par-dessus les murs, au nez et à la barbe des gardiens. J'avais des visions cauchemardesques où je volais au-dessus de la ville à la recherche d'une planque, tandis que des voitures de police me traquaient en sillonnant les rues. Je comprends les détenus qui consacrent leur temps à élaborer des plans d'évasion. Avant mon arrestation, cinq prisonniers des 90 jours s'étaient évadés. Quatre y étaient parvenus en soudoyant un gardien, et les quatre ont réussi à quitter le pays. Depuis, les dispositifs de sécurité ont été renforcés, de telle sorte que les prisonniers des 90 jours se retrouvent rarement seuls et sous la surveillance d'un seul agent. Les gardiens n'ont pas le droit de nous adresser la parole, et – sécurité supplémentaire – ils doivent déposer la clé de nos cellules dans un coffre-fort, sous la supervision du sergent de service.

Le cinquième fugitif a « fait le mur », mais il s'est fait prendre une demi-heure plus tard. C'est pourquoi les portes de nos cellules ont aussi des cadenas, en plus des serrures ordinaires. Enfin, vues de l'extérieur, ces cellules ressemblent plus à des débarras qu'à des espaces habitables. Il est inimaginable d'y creuser un tunnel, et personne n'a jamais dû penser pouvoir fuir en perçant le plafond. À titre personnel, je n'ai eu que deux occasions de m'échapper. La première m'aurait obligé à assommer le commandant du poste de Wynberg, la seconde, à me précipiter sur la fenêtre à l'heure de la promenade. Chaque fois, il a fallu que je me décide en quelques secondes, et chaque fois j'ai préféré ne pas prendre ce risque. À moins d'avoir quelqu'un pour m'aider, à l'intérieur et à l'extérieur, toute tentative d'évasion est vouée à l'échec.

Quatrième solution pour sortir de mon calvaire : demander une autorisation de quitter le territoire. Il est possible que les autorités préfèrent m'exiler plutôt que me garder sous les verrous. Mais quitter mon pays avec une autorisation serait le comble de l'humiliation. Pire encore, la police pourrait tirer profit de mon départ en prétendant que j'ai été libéré à titre de récompense, après avoir trahi des camarades, et je n'aurais aucun moyen de rétablir la vérité.

Cinquième possibilité : je pourrais répondre à leurs questions en essayant de me limiter à celles qui n'incrimineraient personne d'autre que moi. Peut-être se contenteraient-ils d'une ou deux pages de détails insignifiants, ne fût-ce que pour confirmer la règle qui leur interdit de libérer quelqu'un refusant de coopérer. Cela dit, par principe, j'ai décidé de ne rien dire. Et ce principe correspond à la réalité de mon expérience. La moindre faille dans ma résistance provoquerait un effondrement total. S'ils voyaient qu'ils pourraient m'amener à parler, ils me harcèleraient jusqu'à ce que je sois entièrement lessivé. En outre, ils ont peut-être préparé des pièges qui leur faciliteraient la tâche pour me traduire en justice, si bien qu'en faisant une déposition je fragiliserais ma position.

Enfin, je peux persister à ne pas répondre à leurs questions. Ils peuvent me détenir encore des mois, des années, mais pas pour l'éternité. Le scandale serait trop évident. Je deviendrais la victime emblématique d'un régime tyrannique. Plus ils me garderont sous les verrous, plus ma détention aura des chances de se retourner contre eux. Il est important que je tienne, parce que ma situation peut contribuer à définir les lignes de la résistance. Je sais qu'il est difficile de survivre sans espoir, mais je pense pouvoir tenir jusqu'à la fin de cette deuxième série de quatre-vingt-dix jours. Il me reste à peine un mois, et il y a des chances qu'ils renouvellent ma détention. Ils anticipent peut-être le fait que le choc d'une troisième détention aurait raison de ma volonté. C'est possible, mais je m'en inquiéterai le moment venu. En attendant, il faut que j'organise ma journée de façon à garder le moral. C'est la seule solution, lutter pied à pied contre eux. Aujourd'hui, demain, et chaque jour qui suivra m'opposeront de nouveaux défis auxquels je répondrai quand ils se présenteront. *Ne vous inquiétez donc pas du lendemain, car le lendemain aura soin de lui-même. À chaque jour suffit sa peine.* Telle doit être ma devise.

La nuit dernière, j'ai fait un mauvais rêve. Je me faisais arrêter par la Special Branch pour avoir bravé mon interdiction de sortie. Il y a un an, j'ai reçu un ordre du gouvernement m'interdisant de quitter le Cap. Dans mon rêve, j'étais à des milliers de kilomètres, encerclé par les forces de police, de plus en plus angoissé.

« Oh, non ! je gémissais. J'ai résisté tellement longtemps, vous n'allez quand même pas me poursuivre et me condamner pour ça ! »

La tension était à son comble quand, soudain, je me suis réveillé. J'ai reconnu ma cellule et je me suis senti soulagé, presque submergé de joie. Je suis en sécurité, je suis en sécurité, me répétais-je. Je suis bien dans ma cellule, jamais je n'aurais pu enfreindre l'interdiction du gouvernement ; Dieu merci, je suis en sécurité dans ma cellule.

Un sifflement au rythme enlevé résonne de la cellule de l'autre côté du couloir. Un thème de jazz, dont les variations forment une longue cascade flûtée. Régulièrement, le siffleur s'arrête et hurle d'une voix angoissée : « P... de salopards, je me suis fait deux fois la belle, et je me la ferai une troisième ! Vous n'avez pas le droit de m'enfermer, je suis libre ! »

J'attends un peu, puis je siffle à son attention avant de lui demander :

« Vous êtes ici pour quoi ?

– C'est une longue histoire. Ils vont pas me boucler longtemps. Je leur ai déjà échappé deux fois, à ces salauds, et je leur réchapperai ! Si je suis condamné, j'en prends pour cinq à huit ans. Juste parce que j'étais au volant d'une voiture volée.

– Comment c'est possible ?

– Parce que j'ai purgé une peine de deux ou trois ans de rééducation il y a six mois. Si je suis jugé coupable de quoi que ce soit, je serai condamné à une peine obligatoire de cinq à huit ans. Mais ils m'auront pas, les salauds. La "justice", ils ont que ce mot à la bouche. Ils nous faisaient la leçon comme quoi il fallait essayer de bien se comporter. Quand je suis sorti, je leur ai dit que je me tiendrai à carreau. J'ai essayé, j'ai suivi leurs conseils. Trente-sept lettres, j'ai écrit. J'ai des copies de chacune, si tu ne me crois pas. Des lettres de candidature pour trente-sept boulots. J'ai dit la vérité. J'aurais pu mentir sur mon passé, mais j'ai dit la vérité. Résultat ? Personne n'a voulu de moi. J'ai écumé les rues de cette ville au point où j'en avais marre de marcher. Je crevais la dalle. Tu sais ce qu'il a fallu que je fasse ? Vivre avec un pédé. Oui, pour gagner ma croûte, j'ai été obligé de vivre avec un foutu pédé. Puis je suis tombé amoureux. Tu sais ce que c'est, l'amour fou ? Jusqu'à ce que je rencontre cette fille, je ne savais pas ce qu'était l'amour. Ç'a m'a changé la vie, je suis allé à Johannesburg pour trouver un boulot. Je voulais la faire venir après. Elle était enceinte et dès que j'aurais trouvé quelque chose, on devait se marier. J'ai essayé de trouver un job, tu peux demander à mes copains ! J'ai tout essayé. J'ai sillonné les rues jusqu'à ce que je puisse plus mettre un pied devant l'autre. Puis des potes m'ont proposé : "Viens, on va faire un tour en bagnole." Je ne savais pas que la voiture avait été volée ! Comment j'aurais pu le savoir ? La police nous a arrêtés, je savais que je prendrais cinq à huit ans de prison ferme. Du coup, je me suis échappé du commissariat et je suis revenu ici. Ils m'ont repris, je me suis ré-échappé. Ça se passait dans les cellules en dessous du tribunal. Ils ont appelé mon nom mais c'est un autre type qui s'est avancé. J'écoutais pas vraiment, ils l'ont embarqué à ma place. Ensuite, ils m'ont appelé par son nom et m'ont demandé de payer une amende. J'avais un peu de thune sur moi, j'ai payé l'amende et ils m'ont laissé partir. J'ai passé dix jours dehors avant qu'ils me rattrapent. Mais ils me garderont pas longtemps. Tu verras. Je me suis évadé deux fois, jamais deux sans trois ! »

Je lui conseille de prendre un avocat pour se faire aider avant d'entreprendre quoi que ce soit. Non seulement il pourrait être acquitté de l'accusation de vol de voiture, mais l'évasion ne fait pas partie des crimes qui obligeraient le juge à lui infliger une peine de cinq à huit ans. Il me remercie en m'assurant que je lui ai redonné de l'espoir, puis il recommence à siffler, et je me laisse envoûter par ses trilles fébriles mais si mélodieux.

Qu'est-ce que ça fait, de passer huit ans en prison ? Jack Tarshish[41] a pris dix ans pour avoir transporté de la dynamite, et, à l'heure qu'il est, les accusés du procès de Rivonia[42] ont peut-être été condamnés à mort. De toute façon, ils ne pouvaient pas écoper de moins que vingt à trente ans de détention. Comment sont-ils traités ? En Afrique du Sud, le nombre de prisonniers politiques doit être de plusieurs milliers. Il faut donc que je me prépare à l'idée de passer

41. Jack Tarshish était un militant anti-apartheid, membre du parti communiste, qui fut condamné à douze ans de prison pour sabotage (*N.d.T.*).

42. Le procès de Rivonia commence en octobre 1963, quand Nelson Mandela et une dizaine de dirigeants de la branche militaire de l'ANC sont arrêtés à Rivonia, près de Johannesburg. Plusieurs d'entre eux, dont Mandela, seront condamnés le 12 juin 1964 à la prison à vie (*N.d.T.*).

les plus belles années de ma vie derrière les barreaux, même si je garde l'espoir d'être libéré. Ils m'autoriseront peut-être à reprendre des études. J'aimerais écrire une thèse sur la littérature carcérale ; elle serait divisée en deux parties : une partie consacrée aux livres écrits en prison et une autre aux livres sur la prison. Elle mériterait peut-être d'être publiée. D'un autre côté, ils risquent de me condamner au travail obligatoire. Un gars qui est passé ici il y a un mois m'a fait un tableau terrifiant de la vie en prison : « Ça dépend où ils t'envoient. Il y a des prisons où tu trimes comme un chien douze heures par jour, et tu as tout le temps faim parce qu'on ne te donne rien de nourrissant. Et d'autres où le travail est plus intéressant et où les gardiens sont corrects. »

Imaginons que la direction de l'administration pénitentiaire me demande si je suis prêt à me repentir : je ne sais pas ce que je répondrais. De leur point de vue, la question serait légitime. Du mien, il serait impensable que je renie mes convictions, mais aussi imprudent de les défier. Sans doute faudrait-il que je réponde quelque chose comme :

« Messieurs, nous grandissons avec des valeurs qui sont profondément ancrées en nous et qu'il est impossible de changer du jour au lendemain. J'ai besoin de temps pour y réfléchir. Pour le moment, tout ce que je demande, c'est de reprendre mes études et d'avoir un peu de paix et de tranquillité. »

Comment faire face à une peine de plusieurs années d'emprisonnement ? La réponse, je suppose, c'est que l'univers carcéral devient votre nouveau monde. De même que vous passez une partie de votre vie à l'école, puis une partie à l'université ou au travail, vous en passez une autre sous les verrous. Les murs de la prison sont votre horizon. Vous vous adaptez à la vie dans cet étrange milieu, vous y trouvez des sources de satisfaction et des stimulants qui remplacent les anciens. Quand il s'agit de se soumettre volontairement à des privations, les êtres humains sont souvent faibles, mais quand la nécessité l'emporte, ils découvrent en eux des capacités de survie et d'adaptation extraordinaires. De même que j'ai déjà supporté cinq mois d'isolement, je pourrais supporter cinq ans, quinze ans, vingt-cinq ans derrière les barreaux, s'il le fallait.

Au début, à Maitland, je me surprenais souvent à écrire des lettres mentales à différents destinataires. Je me laissais aller à ces courriers fantaisistes tout en demeurant parfaitement formel. J'étais incapable d'engager une conversation spontanée avec quiconque. Si j'imaginais un échange, il se traduisait par un discours devant une foule – discours prononcé sur une scène, à la plage ou au tribunal. Je me souviens qu'une de mes lettres imaginaires était adressée au conseil de l'ordre, que je remerciais d'être intervenu en ma faveur. Puis j'en ai peaufiné et élagué les premières phrases jusqu'à ce qu'il n'en reste plus rien. J'ai adressé une autre lettre au sacristain d'une église voisine : je le remerciais au nom de tous les détenus des 90 jours pour les cloches que j'entendais sonner tous les dimanches, en lui demandant s'il ne pouvait pas varier un peu la mélodie.

À présent, j'ai un crayon et du papier, et je peux écrire de vraies lettres, qui seront envoyées à de vrais destinataires. La police a été maligne de ce point de vue. Elle m'a permis de recevoir deux courriers provenant d'Angleterre, qui, même si ce n'était pas voulu de sa part, ont fini par me saper le moral. Le premier était une lettre de mon frère qui me souhaitait un anniversaire aussi joyeux que possible, vu les circonstances, et m'affirmait qu'il faisait confiance à la médecine pour son opération. Le second était une lettre d'un habitant de la ville de Sheffield qui m'expliquait que beaucoup de gens se souvenaient de mon séjour là-bas dix ans plus tôt et seraient prêts à me payer un billet pour l'Angleterre si j'avais l'autorisation de quitter l'Afrique du Sud.

En même temps, la police n'a pas été si maligne que ça, puisqu'elle m'a également transmis un télégramme d'anniversaire envoyé de Londres. Il y a eu un cafouillage, si bien que, peu après, un sergent est venu dans ma cellule, tout penaud, pour me le reprendre.

Parmi les signataires figuraient Barbara Castle, Niall McDermot, Jeremy Thorpe et plusieurs éminents juristes et parlementaires britanniques. Je dois sans doute ce télégramme à mon père, qui fait campagne en ma faveur à Londres. C'est un homme audacieux, vigoureux, animé d'une fougue et d'une énergie qui l'emmènent sur des terrains où beaucoup auraient peur de s'aventurer. Je sais que je peux compter sur lui pour que mon incarcération suscite de l'indignation à Londres. Sa vie a été politiquement et personnellement houleuse, il a le chic de créer la controverse, mais sa force et son dévouement sont intacts. Je regrette de ne pas pouvoir interroger les auteurs du télégramme. Combien de fois faut-il les appeler à protester contre telle mesure et à réclamer telle autre ? Y a-t-il des moments où ils se lassent de plaider en faveur de peuples et de causes trop lointains ? Si seulement je pouvais leur dire à quel point leurs pétitions sont précieuses ! Certes, elles provoquent rarement un changement radical, mais elles sont plus que salutaires pour nous. Le but de nos bourreaux est de nous anéantir, sinon physiquement, du moins spirituellement, en tant qu'individus. Chaque fois qu'un nom ami est martelé par des gens hors d'Afrique du Sud, nous reprenons courage. Les détenus se sentent tellement impuissants, ils ont besoin de savoir qu'il y a des gens qui s'expriment et agissent en leur nom. Ce que j'éprouve pour les hommes et les femmes qui se mobilisent pour moi ? Ce n'est pas de la gratitude, c'est de l'affection et du respect. S'ils vivaient en Afrique du Sud, les Gerald Gardiner, les Barbara Castle et les Jeremy Thorpe seraient derrière les barreaux. Eux, moi et tous les prisonniers politiques, nous sommes unis par un même désir de progrès humain, peu importe les frontières qui nous séparent et les conditions dans lesquelles nous vivons. Leurs efforts et les nôtres sont fondamentalement indissociables. Prisonniers dans les geôles sud-africaines, nos corps souffrent pour eux ; libres de s'exprimer dans les auditoires et sur les écrans britanniques, ce sont eux qui plaident pour nous. Nous devons rester solidaires.

J'ai décidé de répondre à mon bienfaiteur de Sheffield pour le remercier de sa proposition et lui avouer que j'ai du mal à me fixer. Je lui dirai que je m'attends à ce qu'ils prolongent ma détention (plus je donne l'impression d'être capable de tenir, plus vite je serai libéré). Je mentionnerai aussi l'amour que j'ai pour mon pays et mon hésitation à m'exiler. Quant à mon frère, je lui écrirai après son opération. Pour l'instant, l'affaire est entre lui et les médecins. Que pourrais-je lui dire pour le rassurer ?

Enfin, j'ai un dernier courrier en tête, que je serais capable d'écrire et qui devrait parvenir à son destinataire, le ministre de la Justice. Si ce monsieur avait un minimum d'humour, je n'hésiterais pas, parce que l'idée à laquelle je pense n'est pas sans ironie, ce qui me réjouit. La lettre donnerait plus ou moins ce qui suit :

Monsieur le ministre,

Puisque vous êtes l'auteur de mon dilemme, c'est à vous que je m'adresse. Je suis détenu, sous votre autorité, parce que je refuse de répondre aux questions qui me sont posées. Vous-même, pendant la Seconde Guerre mondiale, vous avez été condamné à l'isolement par la police sud-africaine parce que vous refusiez de répondre aux questions. Récemment, au Parlement, vous avez reproché à d'anciens compagnons de route d'avoir « cafté » pendant le conflit. C'est donc en suivant votre exemple que je continue de refuser de répondre aux questions, alors qu'officiellement vous exigez que j'y réponde. Vorster, l'homme, affirme : « Ne répondez pas », quand Vorster, le ministre, affirme : « Répondez. » Dans trois semaines exactement, ce sera à la fois le Vendredi saint et la fin de mon deuxième cycle de quatre-vingt-dix jours. Vous pourriez en profiter pour prendre exemple sur Zeus, qui, après avoir appris que Perséphone avait goûté aux pépins d'une grenade aux Enfers, transigea et décréta qu'elle passerait six mois de l'année aux Enfers et six mois sur Terre. Mes six mois aux Enfers (pas sous Terre !) s'achèvent bientôt. Avec tout le respect que je vous dois, je vous demanderai donc d'exercer votre pouvoir en m'autorisant à retrouver la société des hommes.

J'imagine qu'il serait peu délicat de rappeler à notre honorable ministre que s'il fut détenu, c'est parce qu'il faisait partie d'une unité de sabotage pro-nazie alors que l'Afrique du Sud était en guerre contre l'Allemagne. Le bonheur des uns fait le malheur des autres. Comment réagirais-je si – disons dans vingt ans – j'étais dans une position d'autorité et que je recevais une lettre comme celle que j'ai envie de lui adresser ?

Il y a peu, j'ai revu le médecin, un homme que les policiers et moi-même respectons pour ses compétences. Je lui ai demandé si je pouvais être endormi le jour de l'opération de mon frère, en insistant sur le fait que je ne voulais pas le savoir à l'avance. Compte tenu de ma situation, il avait du mal à comprendre que je sois aussi inquiet. Je lui ai répondu que je voyais mal comment on pouvait comparer nos deux situations : certes, je souffre, mais ma vie n'est pas en jeu.

Vite, un agent de la Special Branch me demande de m'habiller.

« Qu'est-ce qui se passe ?

– Vous verrez. »

J'enfile ma chemise propre, mon costume, et je le suis jusqu'au « studio d'enregistrement ». Il ouvre la porte et je tombe sur ma mère, plongée dans des mots-croisés, ses lunettes sur le bout du nez. Elle lève les yeux et son visage s'illumine :

« Tout va bien, les nouvelles sont bonnes. Johnny s'est réveillé comme prévu, l'opération s'est bien passée. Ton père m'a téléphoné hier soir et m'a dit : “C'est une renaissance pour ton fils.” »

Quelle joie ! Nous sommes tellement soulagés que nous nous coupons sans cesse la parole. Je n'arrête pas de lui demander de me répéter ce que mon père a dit et de revenir sur le pronostic. Bouleversée, tiraillée entre le bonheur et la tristesse qu'elle éprouve pour moi, ma mère ne parvient pas à répondre clairement. Tout à coup, le capitaine fait irruption dans la salle en lui demandant si elle a autre chose à me dire. Elle répond que non, elle m'a dit l'essentiel, et s'en va.

Le capitaine s'assied sur sa chaise, je le remercie de l'avoir autorisée à venir.

« Comme quoi, la police d'Afrique du Sud n'est pas aussi inhumaine qu'on le dit », réagit-il.

Il en profite pour essayer de m'interroger, mais je suis trop distrait pour prêter attention à ses questions. Le soleil brille haut dans le ciel, je lui en veux de me refuser quelques minutes de répit pour savourer mon bonheur. De retour dans ma cellule, je comprends : s'il a autorisé ma mère à me rendre visite, c'est parce qu'il pensait que je serais trop ému pour résister à son interrogatoire.

Une fois de plus, le capitaine m'interroge. Ses questions sont plus formelles que d'habitude et je perçois une pointe d'irritation dans sa voix.

« Le bras armé de la loi est fort, m'assène-t-il après plusieurs refus de répondre de ma part. Le jour où j'en aurai assez de vous poser des questions, j'en connais qui sont prêts à prendre le relais. »

Je ne bronche pas. Il est encore plus déconcerté par mon silence que par ma position de principe.

« Si je comprends bien, votre refus de répondre est un refus catégorique.

– Oui.

– Bien, vous savez ce que ça implique ?

– Oui.

– On ne risque pas d'être tendre avec vous.

– Je sais.

– Vous ne pourrez pas dire qu'on ne vous aura pas prévenu.

– En effet, je ne pourrai pas.

– Si vous souhaitez me voir, n'hésitez pas : vingt-quatre heures sur vingt-quatre, il suffit de me faire appeler.

– Merci. Je ne pense pas que j'en aurai besoin.

– S'il y a quelqu'un que vous préférez...

– Non, je n'ai rien contre vous personnellement. Vous êtes dur, mais c'est votre rôle.

– Bien. »

Il lâche son mégot et l'écrase avec le talon de sa chaussure. Ma cellule sent le tabac brûlé. Il met son chapeau vert, sort et s'éloigne le long du passage. Curieusement, il avait quelque chose de gamin et de boudeur, aujourd'hui. Une dernière volute de fumée s'élève du mégot. Ouste ! J'éteins les derniers brins rougeoyants avec ma pantoufle et balance les restes en les pulvérisant d'un coup de pied sous la porte, loin de ma cellule.

31
La mer

Je suis libre. Il est cinq heures moins le quart, le soleil est bas et je cours vers la mer. Je suis libre ! Toutes les trois foulées, je me répète ces trois mots : « Je suis libre ! » Je passe devant le tribunal d'instance et je hurle : « Je suis libre ! » Je lève les bras au ciel et frappe des mains en signe de victoire.

Tous les regards se tournent vers moi. Si vous saviez ! Si vous saviez ! je scande en silence. Si vous saviez ! La phrase rebondit dans mon esprit au rythme des mouvements de mes jambes et de mes bras. Oyez, bonnes gens qui allez travailler, vous pensez que je suis un coureur un peu zinzin qui entretient son corps ? Pas du tout. Je suis un détenu des 90 jours qui vient d'être libéré. Je sors de cinq mois et demi d'isolement et je suis enfin libre.

Je cours vers la mer.

Je suis libre. Je suis libre.

Je cours vers la mer.

J'ai besoin de sentir la ville sous mes pieds, de sentir mon corps filer au milieu des voitures, des bus et des immeubles. Besoin de voir des hommes, des femmes et des enfants marcher, bavarder et rire, parce que mes geôliers viennent d'ouvrir ma cage et que c'est la plus belle échappée de ma vie. Émerveillé, je contemple le monde qui s'étend devant moi. Quand je pense que je me demandais ce qu'était la joie et que je croyais ne jamais retrouver le goût du bonheur.

Il y a une demi-heure exactement, le colonel est passé me voir à l'improviste dans ma cellule. Avec son nouveau dentier tout sourire, il m'a tendu un papier en m'annonçant :

« J'ai une bonne nouvelle pour vous. »

Ha, ha, ha, ha, ha ! J'ai beau en rire, sur le moment j'étais tellement sur mes gardes que j'ai eu un mouvement de recul. Je m'étais habitué à recevoir de mauvaises nouvelles, je ne savais plus comment réagir aux bonnes. J'ai pris le papier et l'ai lu.

« ... ordonne la libération d'Albert Louis Sachs... » Libération ! Liberté ! Enfin la liberté, la vraie.

« Il va de soi que votre avis d'interdiction est toujours valide, me dit le colonel, mais si vous respectez la règle, vous ne devriez pas avoir d'ennuis. »

Je suis libre. J'ai gagné, et ils ont perdu. Il a fallu au moins dix minutes pour que l'idée arrive à briser les digues qui séparaient mon cerveau de mon cœur, mais, à présent, c'est mon corps tout entier qui fend la ville et court à la plage, où il rêve de se jeter à l'eau et de se laisser submerger par les vagues.

Dire qu'avant on débattait pour savoir ce que signifiait la liberté ! C'est ça, la liberté : courir dans la rue, sentir l'air frais vous caresser les joues, entendre des voix humaines parler au rythme de la ville et de ses accents, croiser des femmes et des enfants déambulant sans que des gardiens les houspillent et que des murs leur bloquent la vue, observer la foule, le commerce de l'humanité, ses bâtiments, ses biens, ses plaisirs, avoir le droit de courir jusqu'au bout du monde, dans n'importe quelle direction – c'est ça, la liberté.

Je me doute que j'ai une drôle d'allure, à filer comme un zèbre en pleine ville. Mais un homme que l'on vient de libérer a toujours une drôle d'allure, non ? Les cheveux longs et négligés, une moustache sombre et mal entretenue, des manches de chemise trop courtes, un pantalon trop long, des vieilles savates usées...

Je suis encore à dix kilomètres de la mer, mais qu'importe : j'ai décidé de courir jusqu'au bout et de me jeter dans les vagues. Ce sera mon marathon, ma fête de la liberté. Je ne m'arrêterai que lorsque je sentirai l'eau déferler sur mon corps. C'est le plus beau jour de ma vie. Le monde m'appartient. Tant pis si les gens me regardent.

Mon corps n'a rien perdu de sa souplesse, mais il faut que je fasse attention aux croisements. Quelle catastrophe si j'étais renversé par une voiture le jour de ma libération ! Les gens roulent vite. Je me concentre avant de traverser. Pourvu que ma mère soit à la plage. Elle m'attend depuis si longtemps, mais elle n'était pas chez elle quand ils m'ont libéré. Jack, mon collègue, m'a promis de la retrouver. C'est ce que j'appelle un ami. Il est venu directement du Parlement. Je n'oublierai jamais la façon dont il m'a serré la main, sa chaleur, sa ferveur. Quel bonheur d'avoir des gens qui vous aiment, qui sont fiers de vous et qui vous le disent.

Quand je lui ai annoncé que je voulais courir jusqu'à la mer, il a cru que j'étais fou. Il m'a demandé quel jour on était pour vérifier que j'avais toute ma tête, mais je lui ai dit que je m'en fichais. Je savais très bien ce que je faisais, j'étais juste un peu excité ; ça faisait des mois que j'en rêvais. Il a voulu me faire plaisir en me proposant d'y aller en voiture après être passé chez moi, mais j'ai éclaté de rire.

« Je suis libre ! lui ai-je répondu, j'ai le droit de décider ce que je veux faire en priorité ! »

On a rangé mes affaires dans sa voiture, garée en face du commissariat, et j'ai failli me faire écraser. J'avais perdu l'habitude de la circulation.

« T'as pas de maillot de bain, comment tu vas nager ? »

Je ris encore de sa question.

« Pas de maillot ? J'ai été enfermé pendant cinq mois et demi, alors le maillot... »

Je rêve de courir sur le sable et de me jeter tout habillé dans l'eau. Je peux enfin tirer parti des centaines de kilomètres que j'ai parcourus en tournant dans des cours de prison. C'est la première fois que je cours dix kilomètres. C'est aussi la première fois que je suis libéré de prison. La liberté est le plus beau, le plus galvanisant carburant pour un coureur.

Je cours, je cours, comme si je repoussais du pied tous mes sentiments refoulés. À chaque pas, je sens que je draine de la haine et de la fureur hors de moi. Je m'affermis, je respire, je bois le monde ; je suis entouré mais seul, sans personne pour me menacer. C'est exactement ce dont j'avais besoin : une longue traversée de la ville qui mène à la liberté de la mer. Il sera bien assez tôt pour que je m'exprime et que je sache ce qui s'est passé en discutant avec les autres. Ma priorité est de redécouvrir le monde, de regarder l'univers où je fais mon retour, d'éprouver ses dimensions, son mouvement.

Je longe un stade. Un stade vide, dont je suis le seul athlète. Mais j'ai déjà gagné haut la main et j'ai droit au tour d'honneur du vainqueur. Pourquoi faudrait-il que je sois modeste le plus beau jour de ma vie ? J'ai été humilié et brimé pendant cent soixante-huit jours. Ils m'ont nargué, ils m'ont puni, ils ont tout fait pour briser ma volonté. Mais j'ai gagné. J'ai refusé de répondre à leurs questions et je suis libre. Ils n'ont pas réussi à me casser. Ma position était justifiée, j'ai bien fait de ne pas transiger, j'ai vu juste et je l'ai emporté. J'ai gagné. Je suis libre.

Je traverse un carré de pelouse et jouis de la douceur de l'herbe verte sous mes pieds. Le bord de mer n'est plus très loin. J'aperçois un commissariat à ma gauche. Bas les pattes, les flics. Je sors de vos geôles, je suis immunisé contre votre despotisme. Peu importe ce que l'avenir me réserve. Pour le moment, tout ce que je veux, c'est fêter ma libération. Je penserai aux autres plus tard, j'organiserai mon avenir plus tard. Je suis trop heureux – pourquoi réfléchir, s'inquiéter, se sentir coupable, contraint ?

J'arrive bientôt au niveau des grands immeubles luxueux du boulevard qui est parallèle au front de mer. J'ai fait les deux tiers du chemin. La fraîcheur de l'air marin me picote la peau parce que je transpire. Mes jambes battent la mesure avec une régularité machinale, ma respiration est lourde, j'ai le dos en nage. Si seulement j'avais des amis pour m'encourager en voiture. Jack m'a promis de me rejoindre, et de ne pas oublier son appareil pour prendre une photo de moi.

À présent, la route bifurque et grimpe en s'éloignant de la mer. Chaque foulée me coûte un effort, j'hésite à m'arrêter pour marcher les derniers cent mètres. Courage, Albie, cours jusqu'au prochain lampadaire, puis jusqu'au suivant. Même pour profiter de ma liberté, je suis obligé de me discipliner et de me motiver par étape. La route finit par virer à nouveau et je me retrouve sur un terrain plat et parallèle à la mer. Je n'avance pas bien vite, mais je sais que j'y arriverai.

Ma montre ! Qu'est-ce que j'en ferai quand je plongerai dans l'eau ? J'espère que je ne me noierai pas ; ce serait le comble. Encore un kilomètre. La montagne s'élève brusquement sur ma gauche et au fond, en bas, à droite, j'entends les vagues qui se brisent contre les rochers. Je tourne quand soudain, devant moi, je découvre une faille dans les rochers et une longue plage de sable blanc – ma porte d'entrée vers la mer. J'arrive bientôt en haut des marches qui y mènent. Un homme est agenouillé devant moi, le dos tourné. Il essaie de photographier la plage et la montagne. Je sais, je vais lui demander de me prendre en photo.

« Excusez-moi, lui dis-je en tournant autour de lui (il ne faut pas que j'arrête de courir). Ne vous inquiétez pas, je ne suis pas fou, je voudrais juste vous demander un petit service. Je sors de prison où j'ai été détenu à cause de la loi des 90 jours ; j'arrive du Cap. Je voudrais que quelqu'un me prenne en photo. Mes amis sont censés me rejoindre, mais ils ne sont pas encore là. »

Je trotte autour de lui, et il m'observe comme tous les passants : éberlué. Je suis à bout de souffle, je mouline des bras comme des pistons – ma dégaine doit lui sembler aussi saugrenue que ma requête.

« Je m'appelle Albie Sachs. Je sais que ça peut vous paraître bizarre, mais c'est la vérité, et je vous serais reconnaissant si vous pouviez me prendre en photo. Je vous rembourserai la pellicule. C'est une journée exceptionnelle pour moi, je voudrais avoir un souvenir de mon arrivée ici en courant.

– D'accord, mais je vous conseille de courir dans l'autre sens à cause du soleil. »

Je fais ce qu'il me dit et il prend la photo. Je lui demande comment le contacter parce que j'ai hâte d'aller nager : son nom, l'hôtel où il loge. Je le remercie chaleureusement, à bout de souffle, et je file en haut des marches. Une voiture klaxonne. Qui vois-je ? Mon collègue, Hirshel, qui s'arrête et se précipite vers moi.

« Albie ! Sacré Albie ! s'écrie-t-il, très élégant dans son costume. Personne ne pensait que tu tiendrais aussi longtemps. Je rêve, tu as une moustache ! Comment tu vas ?

– Attends, prends ma montre. C'est super de te voir, mais je vais nager et après je te raconterai. Viens avec moi, on ne sait jamais, au cas où je me noie ! »

J'arrive en haut de l'escalier et descends les marches de l'autre côté. Je sens que mes jambes tremblent contre le ciment, ma course est saccadée, je suis à bout, épuisé, prêt à lâcher et à m'abandonner à la gravité. Ça y est, je suis sur la plage. Le sable est doux, blanc, mais j'avance péniblement. J'aperçois une fille appuyée contre un rocher et deux types bronzés qui jouent au ballon sur une bande de sable dur au bord de l'eau. Je les dépasse en trottant comme un cheval de course usé. Le bruit du ressac résonne. Mes vieilles savates impriment le sable humide. Une eau froide me lèche les chevilles et éclabousse mes mollets. Je me précipite en avant, plonge dans une vague et sens la fraîcheur de la mer me laver et déferler sur mon corps en loques. La tête sous l'eau, je me laisse porter par le courant et dérive vers la plage. L'eau se retire et je m'allonge, trempé, sur le sable mouillé. Je me relève, revivifié par l'eau froide, mais exténué, les membres, le torse, tout. Je lève les yeux vers les marches : Himie, Dot, ma mère, Michael… Ils ont l'air tellement drôles, avec leurs tenues de ville élégantes, surtout mes collègues, en costume sombre, très sobre. Je me dirige vers eux en haletant, les bras et les jambes tremblants, le corps parcouru de frissons. J'ai les cheveux longs et trempés, la moustache qui tombe aux coins de ma bouche, des vêtements qui me collent, des chaussures gonflées d'eau. J'arrive à peine à marcher sur le sable. Mes amis, mes collègues, ma mère, ils sont tous là et m'attendent.

« J'arrive, deux minutes ! » leur crié-je en agitant la main.

Je me retourne et je regarde la mer. Puis, lentement, j'avance vers l'eau. Je les embrasserai tout à l'heure. J'ai besoin de me jeter dans les vagues, encore. Je franchis la bande de sable mouillé et je plonge. Une vague déferle et je me laisse porter par le courant, purifié par la fraîcheur de la mer.

Postcriptum

Il y a peu de temps, au Cap, j'ai rendu visite, en tant qu'avocat de la défense, à deux jeunes prisonniers de la loi des 90 jours. J'en suis ressorti impressionné par leur force, mais écœuré par ce qu'ils m'ont raconté ; et j'ai pleinement mesuré la chance qui a été la mienne pendant ma détention. Mes clients ont tous deux été placés en isolement cellulaire en attendant d'être jugés pour des infractions politiques passibles de cinq ans de prison à la peine capitale. La seule chose qui est reprochée à Alan, un jeune homme de 24 ans, né britannique, c'est de ne pas avoir supporté le traitement auquel il a été soumis. Il a été battu, roué de coups, on lui a tordu la jambe et cassé la cheville, m'a-t-il expliqué. Il a fait une déposition. Stephanie, 23 ans, issue d'une vieille famille sud-africaine, a elle aussi été battue : on lui a tiré les cheveux et meurtri le visage. Elle a également fait une déposition.

Tout le monde sait que la police d'Afrique du Sud pratique la torture. Ce qu'on ignore, c'est la violence de cette torture et le fait qu'on l'inflige aussi à des Blancs. Alan est maître de conférences à l'université, fils de médecin, citoyen britannique. Stephanie est physiothérapeute, belle, jeune, délicate – l'incarnation même de la féminité blanche sud-africaine que le gouvernement prétend protéger. Si ces deux jeunes gens « respectables » sont violentés, alors il faut s'attendre à tout de la part de la police de ce pays. Cela m'a un peu consolé d'apprendre que les « mots pompeux » (selon leur formule) que j'avais écrits sur les murs de ma cellule à Wynberg avaient donné du courage à Stephanie dans les pires moments. Elle m'a même raconté ce que l'on avait griffonné à ma suite à Maitland : *Quatre jours sans manger, sans dormir, sans pouvoir s'asseoir*. D'après les révélations faites devant les tribunaux partout dans le pays, la police a mis au point une arme redoutable pour casser les prisonniers : ils les maintiennent debout, au même endroit, pendant des jours et des jours en les interrogeant et en les harcelant à tour de rôle. S'ils s'évanouissent, ils les raniment en les aspergeant d'eau froide et les obligent à se relever. Et ça continue jusqu'à ce que la personne s'effondre, moralement et physiquement. Comment s'étonner que, le mois dernier, un jeune détenu indien ait échappé à ses bourreaux pour se jeter d'une fenêtre du septième étage ? Deux autres se sont pendus ; au moins cinq ont sombré dans de graves dépressions. Après sa libération, un éminent professeur qui m'a précédé à Caledon Square – celui qui avait écrit des phrases en latin – a dû suivre un traitement psychiatrique. Apparemment, deux experts de Pretoria l'ont déshabillé, aspergé d'eau froide et lui ont touché les parties intimes. Zollie Malindi, mon compagnon de Maitland, a connu pire encore. Il a confié à ses avocats avoir été transporté par avion à Pretoria où, entre autres horreurs, il a subi des décharges électriques. Toujours à Pretoria, le corps d'un suicidé a été exhibé à des détenus à qui l'on a dit qu'ils subiraient le même sort. Zollie a fini par être traduit en justice et, après plus d'un an sous les verrous, déclaré non coupable et libéré.

Au Parlement, un membre du Parti progressiste a évoqué la pratique des décharges électriques en citant le témoignage d'un détenu :

On m'a demandé de me déshabiller, sauf mon pantalon. Un policier africain a été convoqué, il m'a menotté les mains derrière le dos, puis on m'a mis un sac sur la tête. Ils m'ont branché des fils électriques aux petits doigts. J'ai éclaté en sanglots, je me suis écroulé. J'ai été roué de coups de poing et de coups de bâton. Là, je leur ai promis de parler. Quand je me suis plaint en disant qu'ils allaient me tuer, ils ont rebranché les fils. Je suis retombé, un policier m'a marché sur la tête. J'avais le visage enflé et les mâchoires bloquées. Je n'ai pas pu manger pendant une semaine.

Dorothy Adams, ma troisième camarade de Maitland (c'est elle qui sifflait), a été piégée. On l'a convaincue de faire une déposition et de témoigner à charge. En entrant dans le box des témoins, cependant, elle a dit : « Non, je ne peux pas », et elle a été arrêtée et inculpée. Les poursuites ont été finalement abandonnées ; de fait, mes camarades de Maitland et moi avons tous été déclarés libres.

Parmi ceux qui ont eu moins de chance, près d'un millier sont condamnés à des travaux forcés à Robben Island, un pénitencier situé à sept miles au large du Cap. Plusieurs dirigeants africains, comme Nelson Mandela, Walter Sisulu et Govan Mbeki – tous des hommes d'une grande dignité –, y purgent une peine de prison à perpétuité en cassant des pierres. Robert Sobukwe y est détenu pour une durée illimitée, alors même que sa peine a expiré depuis longtemps. D'autres procès sont en cours à travers le pays. La plupart des accusés sont de jeunes Blancs progressistes et socialistes : des journalistes, des enseignants, des étudiants – des personnalités brillantes qui, ailleurs, gouverneraient, écriraient des pièces de théâtre ou dénonceraient la bombe atomique, mais qui, en Afrique du Sud, risquent la peine de mort. Des hommes et des femmes de toutes origines et de toutes sensibilités politiques, des ouvriers, des paysans, des avocats, des médecins, des femmes enceintes, des collégiens, des épouses, des pères et des fils sont détenus, par vagues successives, en vertu de la loi des 90 jours. Au moins huit détenus, dont trois femmes, tous africains, ont été placés en isolement cellulaire continu pendant plus de six mois. Les statistiques raciales, qui existent même pour les détenus des 90 jours, montrent qu'à l'heure actuelle mes cent soixante-huit jours constituent la plus longue période de détention d'un Blanc victime de cette loi. Ce n'est pas de la vanité de ma part, mais j'espère que personne ne battra ce record. Je suis devenu une sorte d'attraction touristique : des visiteurs de différentes régions du pays et de l'étranger viennent me voir. J'ai l'impression d'être un imposteur. Non seulement de nombreux facteurs ont joué en ma faveur, mais je n'ai jamais été torturé physiquement : mon histoire fait pâle figure à côté de celle de tant d'autres détenus. Le capitaine Rossouw affirme que, si je n'avais pas reçu de livres en vertu d'une ordonnance de la Cour suprême (annulée en appel par un arrêt rendu une semaine après ma libération, la Cour d'appel ayant statué que les détenus n'avaient pas droit à du matériel de lecture ni d'écriture), il aurait eu ma peau. C'est peut-être vrai. Je l'ai croisé dans la rue deux semaines après avoir été libéré. Il se dirigeait d'un pas allègre vers la Cour suprême pour assister au verdict du procès d'un groupe de jeunes intellectuels *coloured*. Je lui ai adressé un signe de tête, sur quoi il s'est précipité vers moi et m'a serré la main en me disant combien il était heureux que je le salue. Je l'ai revu plusieurs fois, de loin. L'Afrique du Sud est un pays merveilleux pour un policier qui aime l'exercice du pouvoir, et l'entrain du capitaine est renforcé par chaque nouvelle vague d'arrestations. Pour lui, l'augmentation de la population carcérale est une forme d'hommage rendu aux prouesses des services de sécurité. Je serais curieux de savoir s'il est toujours contre la torture physique et, si c'est le cas, pourquoi il n'a pas ordonné qu'on épargne Alan et Stephanie. Peut-être que je lui poserai ces questions lors du contre-interrogatoire, au tribunal. Peut-être qu'il y répondra en acte et en parole, en me réincarcérant. En attendant, je n'ai pas quitté l'Afrique du Sud. J'écris, j'écris encore, de même qu'avant je restais assis, éternellement assis. Je tiens à raconter mon histoire le plus précisément et le plus honnêtement possible. De fait, s'ils m'arrêtent à nouveau, quelque chose de moi continuera à vivre, quoi qu'ils me fassent.

Table des matières

Premier Parallèle

DERNIÈRES PARUTIONS :

Joëlle Zask,
Face à une bête sauvage.

Lise Barnéoud,
Vaccins. Petit guide par temps de covid.

Olivier Haralambon,
Comment lire des livres qu'on ne comprend pas.

Susan Neiman,
Grandir.
Éloge de l'âge adulte à une époque qui nous infantilise.

Coralie Lemke,
Ma santé, mes données.
Comment nous semons nos informations les plus précieuses et pourquoi elles sont si convoitées.

Gil Bartholeyns et Manuel Charpy,
L'Étrange et folle aventure du grille-pain, de la machine à coudre et des gens qui s'en servent.

Mikaëla Le Meur,
Le Mythe du recyclage.

Rebecca Benhamou,
Sur la bouche.
Une histoire insolente du rouge à lèvres.

David Enon,
La Vie matérielle mode d'emploi.

Jan-Werner Müller,
Liberté, égalité, incertitude.
Puissance de la démocratie.

Joëlle Zask,
Écologie et démocratie.

Joëlle Zask,
Se réunir.
Du rôle des places dans la cité.

Christophe Schaeffer et Jos Houben,
Le Chien de Bergson.
Dialogue autour de l'art du rire.

Olivier Haralambon,
Le Versant féroce de la joie.

Matthieu Duperrex,
La Rivière et le bulldozer.

Murielle Joudet,
La Seconde Femme.
Ce que les actrices font à la vieillesse.

Susan Neiman,
Penser le mal.
Une autre histoire de la philosophie.

Nicolas Nova,
Exercices d'observation.
Dans les pas des anthropologues, des écrivains,
des designers et des naturalistes du quotidien.

Eva Illouz,
Les Émotions contre la démocratie.

David Wahl,
Le Sexe des pierres.

Philippe Garnier,
La Démence du percolateur.
Courtes rêveries sur les machines et les émotions.

Nancy Murzilli,
Changer la vie par nos fictions ordinaires.
Du tarot aux rêves éveillés,
comment nous mettons nos avenirs en jeu.

Franck Cochoy et Claire Dutrait,
Affaires de règles.
Coupe menstruelle, choses publiques
et techniques du corps.